Oldenbourg

C# für Ingenieure

Mit Beispielen zur Analyse elektrischer Schaltungen

von
Lothar Czarnecki

Oldenbourg Verlag München Wien

Bibliografische Information Der Deutschen Bibliothek

Die Deutsche Bibliothek verzeichnet diese Publikation in der Deutschen
Nationalbibliografie; detaillierte bibliografische Daten sind im Internet
über <http://dnb.ddb.de> abrufbar.

© 2003 Oldenbourg Wissenschaftsverlag GmbH
Rosenheimer Straße 145, D-81671 München
Telefon: (089) 45051-0
www.oldenbourg-verlag.de

Lektorat: Sabine Krüger, Kathrin Veigel
Herstellung: Rainer Hartl
Umschlagkonzeption: Kraxenberger Kommunikationshaus, München
Gedruckt auf säure- und chlorfreiem Papier
Druck: R. Oldenbourg Graphische Betriebe Druckerei GmbH

ISBN 3-486-27357-4

Vorwort

Dieses Buch ist aus den Lehrveranstaltungen für Ingenieure und Wirtschaftsingenieure entstanden, die vom Autor an der Fachhochschule Kempten gehalten werden. Es führt in die Informatik und die Grundgebiete der neuen Programmiersprache C# ein und verwendet dazu Beispiele aus der Elektrotechnik.

Warum ausgerechnet C#? Diese bei der Firma Microsoft entstandene Programmiersprache erfüllt alle Anforderungen, die an eine moderne Sprache gestellt werden müssen: Sie ermöglicht im Gegensatz zu älteren Programmiersprachen wie FORTRAN und C objektorientiertes Programmieren, was für größere Projekte und das Arbeiten im Team unerlässlich ist. Im Gegensatz zu C++ ist sie weitgehend frei von den Fallstricken und Ungereimtheiten, die gerade dem Informatiker im Nebenfach das Leben oft sehr schwer machen. Und schließlich wurde sie von Microsoft, dem größten Softwarehersteller der Welt, auf den Markt gebracht und von ihm selbst für die eigenen Softwareentwicklungen verwendet, was die Garantie gibt, dass sich die Beschäftigung mit ihr nicht irgendwann mangels Verbreitung als nutzlose Investition erweist. Obwohl von Microsoft entwickelt, ist sie überdies standardisiert und somit für andere Anbieter offen.

Ingenieure haben ihre eigene Sicht der Welt. Kein Ingenieur programmiert gerne Beispiele, die mit seinem Fachgebiet nichts zu tun haben – nicht einmal zu Übungszwecken. Daher werden fast ausschließlich Beispiele aus den Ingenieurwissenschaften als Übungsbeispiele verwendet, vorwiegend aus der Elektrotechnik. Im Verlauf des Buchs entstehen Programme, die ausgesprochen nützlich sind – ein Rechner ähnlich demjenigen, der mit dem Betriebssystem Windows als Zubehör mitgeliefert wird, allerdings mit einem großen Unterschied: Dieser Rechner kann auch mit komplexen Zahlen umgehen, die in der Wechselstromtechnik und in der Schwingungslehre eine große Rolle spielen. Außerdem entsteht im letzten Kapitel ein Werkzeug zur Schaltungsanalyse, das ausgezeichnet zur Kontrolle der Lösung von Prüfungsaufgaben aus dem Gebiet der Grundlagen der Elektrotechnik verwendet werden kann.

Das Buch setzt im zweiten Teil (ab Kapitel 9) elementare Grundkenntnisse der Elektrotechnik voraus, wie sie in den ersten beiden Semestern eines Hochschul- oder Fachhochschulstudiums vermittelt werden. Diese Grundlagen werden vor ihrer Verwendung hier nur kurz zusammengefasst und zitiert. Die Grundlagen der Informatik dagegen werden ausführlich eingeführt, ebenso wie die Notationsweisen der Informatik und die grundlegenden Gemeinsamkeiten der Programmiersprachen.

Natürlich bin ich für Anregungen offen. Für Fragen oder Kommentare stehe ich unter

Lothar.Czarnecki@fh-kempten.de

zur Verfügung. Die Beispielaufgaben sollen möglichst von jedem Lernenden selbst gelöst werden. Meine Lösungen stehen auf der Homepage des Verlags zur Verfügung.

Ganz herzlich bedanken möchte ich mich bei meinen Fachkollegen von der Fachhochschule Kempten für viele Anregungen und Diskussionen, besonders bei Prof. Dr. Bernhard Neude-cker und Dipl.-Ing. Norbert Grotz für das Korrekturlesen des Manuskripts. Meiner Frau Marlis sei Dank für ihre Geduld und ihr Verständnis mir gegenüber beim Schreiben dieses Buchs.

Haldenwang im Allgäu,

Prof. Dr.-Ing. Lothar Czarnecki

Inhalt

1   Einführung

Die Programmiersprache „C#" wurde von Anders Heijlsberg bei der Firma Microsoft[1] entwickelt. Sie ist Teil eines Rahmenwerks, des „.net-Frameworks", das darauf ausgerichtet ist, Anwendungen für das Internet zu entwickeln und stellt die Antwort von Microsoft auf die Sprache „Java" der Firma Sun[2] dar. Beide Sprachen unterstützen im Gegensatz zur Sprache „C++" die vollständig objektorientierte Programmierweise[3] und ermöglichen eine saubere Trennung der Datentypen[4]. C# vermeidet darüber hinaus im Gegensatz zu C++ und Java typische Fehler, die entstehen, wenn Operatoren verwechselt werden.

Die Namensgebung soll darauf hinweisen, dass C# (englisch c-sharp oder deutsch cis ausgesprochen, wie der Halbton über c in der Musik) der Nachfolger von C bzw. C++ ist. Tatsächlich erinnert die Syntax der Sprache jedoch eher an Java.

Die gesamte Struktur des Rahmenwerks zeigt Abbildung 1. C# ist eine von mehreren Programmiersprachen, die auf einer gemeinsamen Sprachspezifikation („Common Language Specification", CLS) aufsetzen. Alle diese Sprachen haben einen gemeinsamen Vorrat an Datentypen und Klassen[5]. Dadurch wird der Übergang zwischen den Sprachen sehr einfach. Aus diesem Grund kann man auch Klassen, die in einer dieser Sprache erstellt wurden, in einer anderen Sprache weiterverwenden. Die CLS baut wiederum auf einer Anzahl Klassen auf, die für die Anwendung zur Verfügung stehen. Die gemeinsame Laufzeitumgebung („Common Language Runtime", CLR) schließlich ist für die Programmausführung zuständig. Dabei wird der Programmcode zunächst in einen Zwischencode („Intermediate Language", IL) umgewandelt, der erst unmittelbar vor der Programmausführung in den Maschinencode umgewandelt wird, den der im Rechner vorhandene Mikroprozessor verstehen und ausführen kann.

---

[1] 1975 von Bill Gates und Paul Allen gegründeter amerikanischer Softwarehersteller mit Sitz in Redmond, Washington.

[2] Sun Microsystems, gegründet 1982.

[3] Beim objektorientierten Programmieren besteht ein Programm aus einer Reihe von Objekten, die Nachrichten untereinander austauschen. Eine genaue Besprechung dieses Programmierkonzeptes erfolgt in Kapitel 7.

[4] Datentypen werden in Kapitel 3 behandelt.

[5] Eine Klasse ist eine Art Schablone, aus der die Objekte erzeugt werden. Näheres hierzu siehe Kapitel 7.

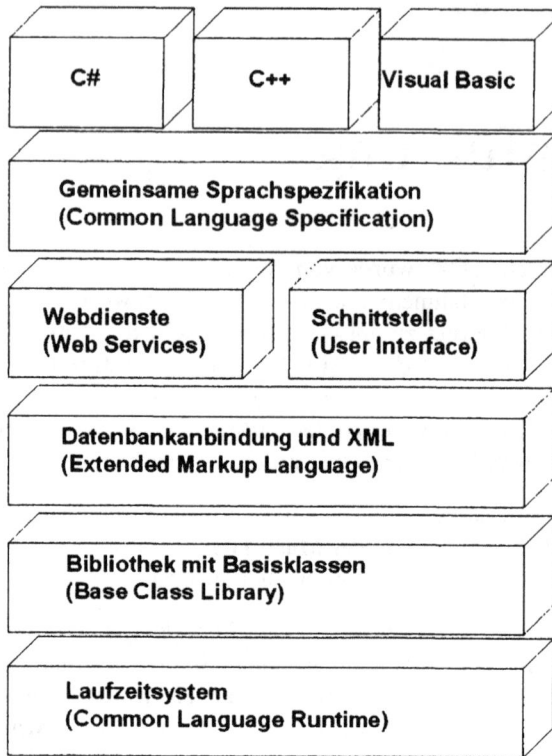

Abbildung 1: Struktur des .net-Frameworks

1.1   Konzeption

Dieses Buch soll den Leser in die Grundkonzepte des modernen objektorientierten Programmierens mit Hilfe dieser neuen Programmiersprache einführen. Dazu werden im nächsten Abschnitt[6] die benötigten Grundlagen aus der praktischen Informatik[7] zusammengestellt. Darauf aufbauend werden in Abschnitt 3 die elementaren Anweisungen, Variablen, Datentypen und Operatoren behandelt. Die Abschnitte 4 und 5 zeigen Kontrollstrukturen im Allge-

---

[6] Die Begriffe Abschnitt und Kapitel werden in diesem Buch synonym verwendet.

[7] Unter Informatik (engl. computer science) versteht man die Wissenschaft von der systematischen Darstellung, Speicherung, Verarbeitung und Übertragung von Informationen mit Hilfe von Computern. Sie ist unterteilt in die Teilbereiche der theoretischen, praktischen, angewandten und technischen Informatik. Die praktische Informatik beschäftigt sich mit dem Erstellen von Computerprogrammen.

meinen und eine besondere Kontrollstruktur bei der Fehlerbehandlung. Abschnitt 6 beschäftigt sich mit den Prozeduren. Die Abschnitte 7-9 führen die objektorientierte Programmierung zunächst allgemein und dann C#-spezifisch ein. Die Abschnitte 10 und 11 behandeln dann zwei spezielle Klassen von C#, nämlich Felder und Zeichenketten. In den übrigen Abschnitten geht es dann um den Entwurf grafischer Oberflächen.

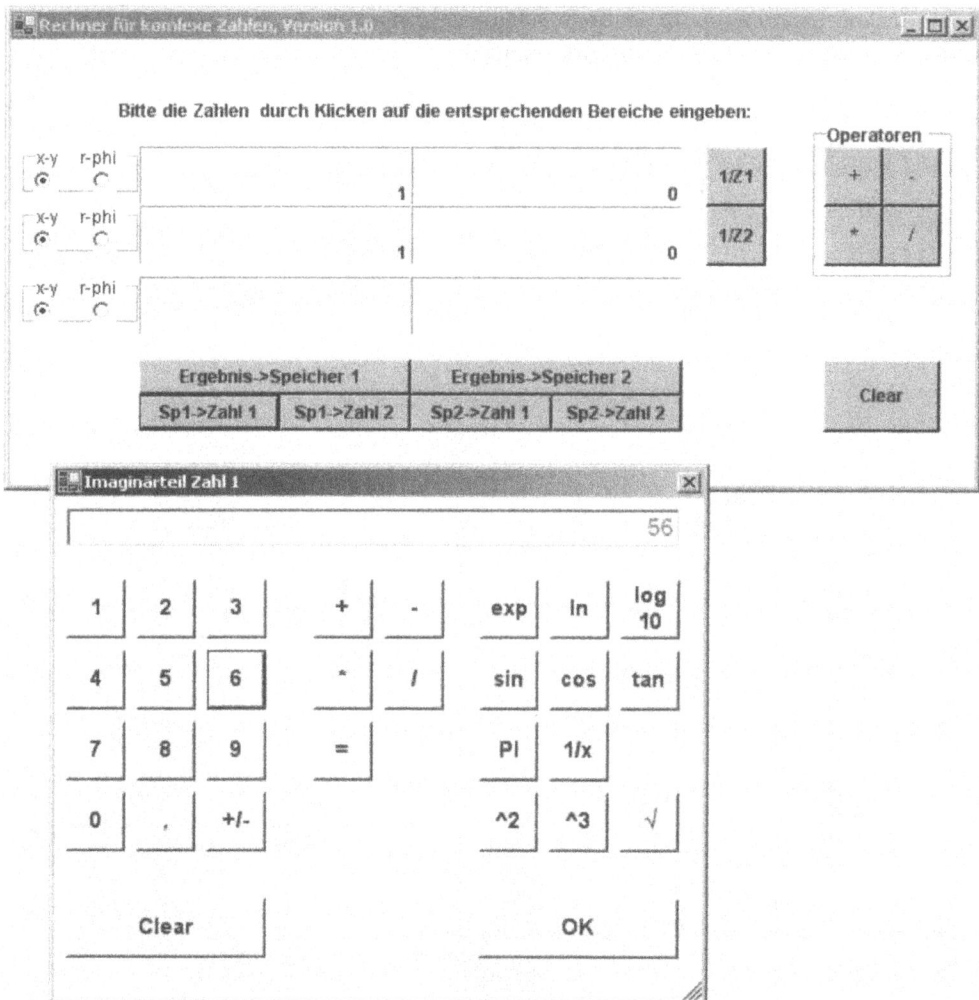

Abbildung 2: Ein "Taschenrechner" mit komplexer Rechnung

Für einen Ingenieur ist eine Programmiersprache nicht Selbstzweck, sondern Werkzeug. Daher entstehen im Rahmen der Beispiele und Übungsaufgaben Programme, die im Lauf des gesamten Elektrotechnikstudiums verwendet werden können. Ein Rechner, der mit komplexen Zahlen umgehen kann, ist hierfür sehr nützlich. Abbildung 2 zeigt die Variante des Autors.

Eines der beliebtesten Prüfungsthemen in den Grundlagen der Elektrotechnik ist die Schaltungsanalyse. Kein Elektrotechnikstudent verlässt die Hochschule ohne gründliche Übung auf diesem Gebiet. Hier kann es sehr hilfreich sein, die dazu notwendigen Lösungsschritte auf den Rechner zu bringen. In den Beispielaufgaben entsteht ein Werkzeug zur Schaltungsanalyse, die Lösung des Autors zeigt Abbildung 3.

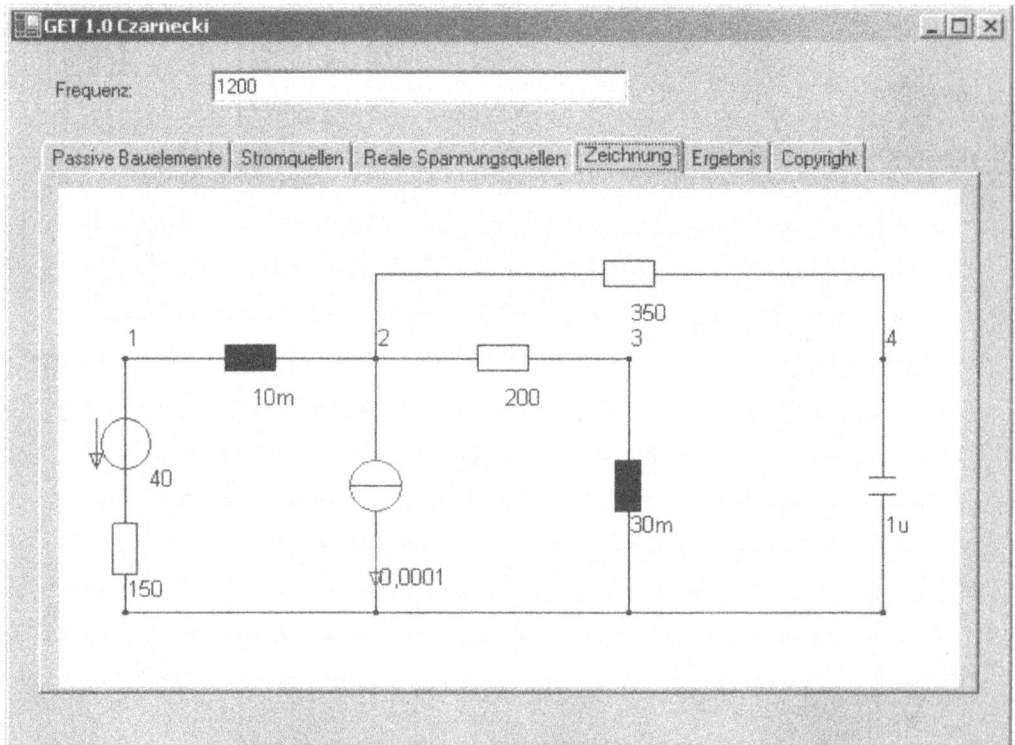

Abbildung 3: Das selbst entwickelte Werkzeug zur Schaltungsanalyse

Als Entwicklungsumgebung wird „Visual Studio.net" von Microsoft verwendet. Diese Entwicklungsumgebung enthält eine Vielzahl von Werkzeugen, die den Programmierer beim Erstellen und Testen unterstützen. Beispielsweise gibt es eine kontextsensitive Hilfe. Wenn man mehr zu einer Klasse oder einem Schlüsselwort erfahren möchte, genügt es daher, die Schreibmarke (den „Cursor") irgendwo in das Wort zu stellen und die F1-Taste zu drücken.

Dann öffnet sich ein Hilfefenster mit dem Eintrag für dieses Wort. Die Namen aller Eigenschaften eines Objektes erscheinen automatisch, wenn man den Namen des Objektes eintippt und anschließend den Dezimalpunkt eingibt (IntelliSense[8]). Ein integrierter Debugger[9] ermöglicht es, schrittweise durch den Programmcode hindurchzugehen und die Werte aller Variablen in einem Beobachtungsfenster anzuzeigen, auch bei Anwendungen für das Internet. Eine Projektverwaltung erleichtert die Bearbeitung großer Projekte. Insbesondere lassen sich die grafischen Oberflächen der Programme visuell entwerfen.

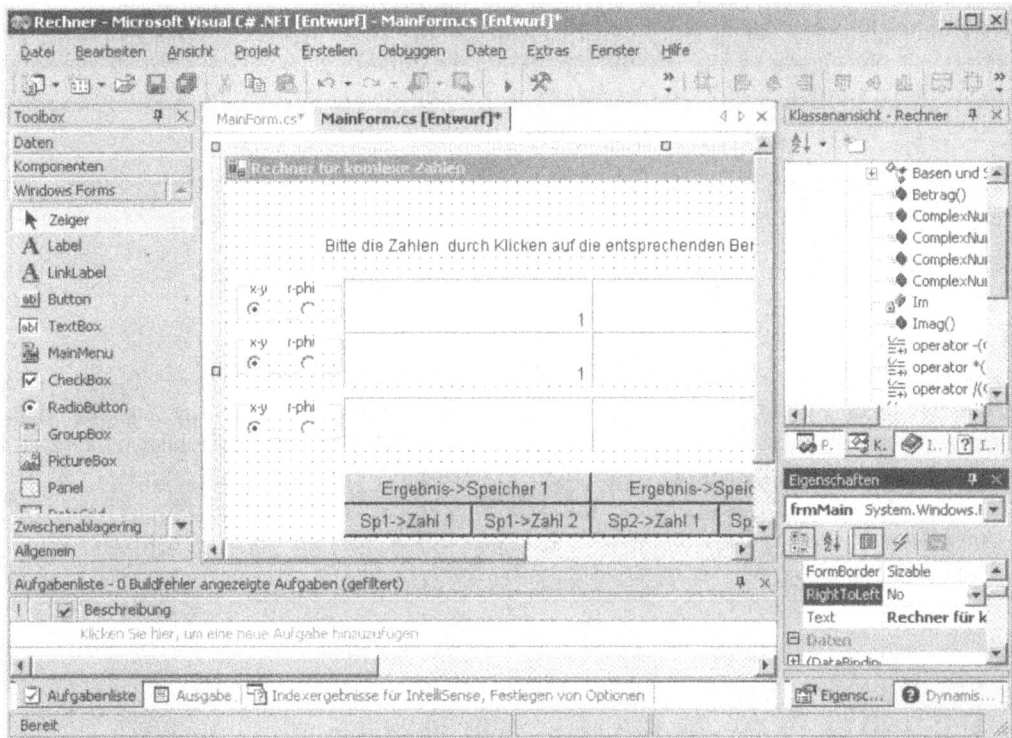

Abbildung 4: Die Entwicklungsumgebung Visual Studio.net der Firma Microsoft

Die Entwicklungsumgebung ist in Abbildung 4 dargestellt. Zu sehen ist das Werkzeug zum visuellen Entwurf einer dialogbasierten Anwendung mit grafischer Oberfläche. Ganz links auf der schmalen vertikalen Leiste sind die Steuerelemente wie Schaltflächen, Textfelder,

---

[8] Eine Wortschöpfung von Microsoft: Die gewünschten Informationen können im aktuellen Kontext gesucht, Sprachelemente direkt in den Code eingefügt und Eingaben vervollständigt werden.

[9] Das Wort Debugging geht zurück auf den Gebrauch des Wortes bug (dt. Wanze, Insekt, Käfer) für Fehler in einem technischen System.

Auswahlfelder etc. angeordnet, die mit der Maus auf das Windows-Formular im großen Bereich in der Mitte gezogen werden können. Dabei wird automatisch Programmcode generiert, der anschließend weiter bearbeitet werden kann. Unten am rechten Rand können die Eigenschaften des angewählten Steuerelements verändert werden. Darüber befindet sich eine Ansicht der Klassen, die im Projekt verwendet werden.

Falls Visual Studio.net nicht zur Verfügung steht, kann man die Übungen und Beispiele auch mit kostenlosen Werkzeugen erstellen. Zum Ausführen von bereits fertig entwickelten und übersetzten „.net-Programmen" gibt es das „.net-framework" (Microsoft, 21 MB, kostenlos für Windows 98, ME, NT4, 2000, XP, CE). Für die Entwicklung von C#-Programmen mit der Kommandozeile[10] steht das „.net-framework-SDK" (Microsoft, 131 MB kostenlos, ab NT 4) zur Verfügung. Einen Editor mit Syntax-Highlighting (darunter versteht man das automatische Einfärben von Schlüsselwörtern, Kommentaren, usw.), den „CSharpDevelop-Editor", gibt es kostenlos unter „www.icsharpcode.net".

Microsoft gibt außerdem derzeit[11] auch eine 60-Tage-Testversion von „Visual Studio.net" heraus, die gegen eine Schutzgebühr bezogen werden kann.

1.2   Ein einfaches Beispielprogramm

Ein erstes kleines C#-Programm zeigt das Beispielprogramm 1, welches die Ausgabe eines Textes auf der Befehlszeile und das Einlesen einer Eingabe von dieser Befehlszeile zeigt. Es ist sehr einfach gehalten und läuft nur in einem „MS-DOS-Fenster" („Befehlszeile"). In den neueren Betriebssystemvarianten von Windows heißt dieses Fenster „Eingabeaufforderung". Man erreicht es z.B. im Betriebssystem „Windows 2000" über die „Start-Schaltfläche" links unten (Start->Programme->Zubehör->Eingabeaufforderung).

```
/*
  Hallo.cs:
  Ein erstes Programm mit Ein- und Ausgabe
*/

using System;
class Name
{
  static void Main()
  {
    string Name;
```

---

[10] Wie man das genau macht, folgt in Kapitel 1.2.

[11] Stand 1.1.2003

```
      Console.Write("Bitte geben Sie Ihren Namen ein: ");
      Name = Console.ReadLine();
      Console.WriteLine("Hallo,  " + Name + "!");
   }
}
```

Beispielprogramm 1: Ein einfaches C#-Programm für die Ein- und Ausgabe auf der Befehlszeile

Wir besprechen kurz den Sinn und Zweck der einzelnen Zeilen: Die erste Zeile ist ein Kommentar, der Informationen für den Leser der Programmzeilen enthält und keinen Einfluss auf die Programmausführung hat. Allgemein gilt: Alles was zwischen /* (Kommentarbeginn) und */ (Kommentarende) steht, wird vom Compiler, der das Programm in Maschinencode übersetzt, ignoriert. Das heißt, dass sich dieser Kommentar auch über mehrere Zeilen erstrecken kann. Einzeilige Kommentare werden dagegen durch zwei Schrägstriche vorwärts (//) eingeleitet. Ein abschließendes Zeichen brauchen wir bei diesem Kommentar nicht, weil das Zeilenende das Kommentarende festlegt.

Im obigen Beispiel ist als Kommentar der Name der Datei angegeben, in der das Programm gespeichert ist sowie eine kurze Erläuterung dessen, was das Programm bewirkt.

Die nächste Zeile (*using System*;) bindet mehrere Klassenbibliotheken ein, die für die Ein- und Ausgabe von Zeichen auf dem Bildschirm benötigt werden. Alle diese Klassen befinden sich in einem „Namensraum" mit dem Namen *System*. Diese Zeile braucht man praktisch immer. Der Strichpunkt schließt jede Anweisung ab.

Die folgende Zeile, nämlich *class Name*[12], gefolgt von der öffnenden geschweiften Klammer und der schließenden geschweiften Klammer ganz unten bildet einen „Block", sozusagen eine Umrahmung für den innerhalb stehenden Programmtext. Alles was hier programmiert wird, gehört zu einer Klasse mit dem frei gewählten Namen *Name*.

In diesem äußeren Block ist ein weiterer Block geschachtelt, in dem das Hauptprogramm steht, welches den festgelegten Namen *Main()* trägt und bei dem die Programmausführung beginnt. Innerhalb dieses Blocks wird die eigentliche Funktionalität des Programms festgelegt.

Das Programm verwendet Methoden[13] der Klasse *Console* im *namespace* („Namensraum") *System*, nämlich *Write()*, *WriteLine()* und *ReadLine()*. *Write()* und *WriteLine()* schreiben eine Ausgabe in ein Fenster mit einer Eingabeaufforderung (auch Befehlszeile oder Konsolenfenster genannt). *ReadLine()* liest den eingegebenen Text in das Programm ein.

---

[12] Schlüsselwörter wie *class* werden meist klein geschrieben, während Bezeichner wie *Name* üblicherweise mit einem Großbuchstaben beginnen. Genaueres hierzu siehe Kapitel 3. Schlüsselwörter und Bezeichner werden im Text fett und kursiv geschrieben, um sie vom übrigen Text abzuheben.

[13] Genaueres zu Methoden finden Sie in Kapitel 7. Wenn Methoden im Text erwähnt werden, werden sie fett und kursiv geschrieben und mit abschließenden runden Klammern versehen.

Um dieses Programm zu übersetzen und auszuführen, können Sie diesen Text zum Beispiel mit dem Editor[14] eingeben, den das Betriebssystem Windows zur Verfügung stellt (unter „Zubehör") und unter dem Namen „Hallo.cs" abspeichern. Achten Sie darauf, dass der Editor nicht automatisch die Dateiendung .txt an den Dateinamen anhängt. Dann suchen Sie mit Hilfe des „Windows-Explorers" das Übersetzungsprogramm (den Compiler) „csc.exe". Falls es nicht vorhanden ist, müssen Sie erst das SDK von Microsoft installieren. Als nächstes öffnen Sie eine „Eingabeaufforderung" und fügen mit dem DOS-Kommando „PATH" dieses Verzeichnis denjenigen Verzeichnissen hinzu, in denen nach Programmen und Dateien gesucht wird, die ohne vollständige Pfadangabe eingegeben wurden. Auf meinem System[15] lautet dieses Kommando:

```
SET PATH=%PATH%;C\:WINDOWS\Microsoft.net\Framework\v1.0.3705
```

Hier dürfen außer zwischen SET und PATH keine Leerzeichen eingegeben werden. Danach geben Sie *csc*, gefolgt von dem Namen, unter dem Sie die Datei mit dem Programmtext gespeichert haben, ein.

```
Eingabeaufforderung                                                    _ □ ×

C:\>PATH
PATH=C:\WINDOWS\system32;C:\WINDOWS;C:\WINDOWS\System32\Wbem;C:\Adabas\bin;C:\Ad
abas\pgm

C:\>set PATH=%PATH%;C:\WINDOWS\Microsoft.net\Framework\v1.0.3705

C:\>cd C:\Czarnecki\32_CSfuerIngs\01_Einfuehrung\01_LV

C:\Czarnecki\32_CSfuerIngs\01_Einfuehrung\01_LV>csc Hallo.cs
Microsoft (R) C#-Compilerversion 7.00.9466
für Microsoft (R) .NET Framework Version 1.0.3705
Copyright (C) Microsoft Corporation 2001. Alle Rechte vorbehalten.


C:\Czarnecki\32_CSfuerIngs\01_Einfuehrung\01_LV>Hallo
Bitte geben Sie Ihren Namen ein: Lothar
Hallo, Lothar!

C:\Czarnecki\32_CSfuerIngs\01_Einfuehrung\01_LV>_
```

Abbildung 5: Befehlszeile bei Ausführung des Beispielprogramms 1

---

[14] Mit einem Editor können Texte erstellt und verändert werden.

[15] Windows XP Professional, Visual Studio.net wurde in die standardmäßig vorgeschlagenen Verzeichnisse installiert.

Wenn Sie keine Fehler gemacht haben, entsteht eine ausführbare Datei mit dem Namen „Hallo.exe". Diese kann schließlich durch Eintippen von „Hallo" ausgeführt werden. Den ganzen Vorgang zeigt Abbildung 5.

Diese Möglichkeit zum Übersetzen und Ausführen von C#-Programmen steht jedem zur Verfügung, der ein NT-basiertes Windows-Betriebssystem (NT4, 2000, XP) oder Windows CE auf seinem Rechner hat. Zum Herunterladen der Werkzeuge (SDK, Editor) sollten Sie über einen Internet-Anschluss verfügen.

Wenn Sie die Programmierumgebung Visual Studio.net zur Verfügung haben, klicken Sie auf der Startseite auf die Schaltfläche „Neues Projekt" und wählen in dem dann erscheinenden Dialog als Programmmiersprache „C#" und als Vorlage eine „Konsolenanwendung" aus. Dadurch wird der folgende Programmrahmen automatisch erzeugt:

```
using System;
namespace ConsoleApplication1
{
  /// <summary>
  /// Zusammendfassende Beschreibung für Class1.
  /// </summary>
  class Class1
  {
    /// <summary>
    /// Der Haupteinstiegspunkt für die Anwendung.
    /// </summary>
    [STAThread]
    static void Main(string[] args)
    {
      //
      // TODO: Fügen Sie hier den Code hinzu,
      // um die Anwendung zu starten
      //
    }
  }
}
```

Beispielprogramm 2: Der von Visual Studio erzeugte Programmrahmen

Auch hier findet man wie oben wieder die Prozedur mit dem Namen *Main()*, allerdings sind die vormals leeren runden Klammern hinter dem Namen *Main()* jetzt mit dem Parameterfeld *string[] args* gefüllt. Über ihn wird die Übergabe von Parametern beim Programmstart ermöglicht, was aber bei diesem Programm noch nicht notwendig ist. Daher wurde es in Beispielprogramm 1 weggelassen. Wenn man innerhalb der geschweiften Klammern von *Main()* die Kommentare durch den obigen Programmcode ersetzt, funktioniert das Programm ganz genauso wie unser erstes. Allerdings brauchen wir noch eine zusätzliche Zeile, die das automatische Schließen des Konsolenfensters nach der Ausführung des Programms verhindert. Der gesamte Programmtext sieht dann folgendermaßen aus:

```
using System;
namespace ConsoleApplication1
{
  /// <summary>
  /// Zusammendfassende Beschreibung für Class1.
  /// </summary>
  class Class1
  {
    /// <summary>
    /// Der Haupteinstiegspunkt für die Anwendung.
    /// </summary>
    [STAThread]
    static void Main(string[] args)
    {
      string Name;
      Console.Write("Bitte geben Sie Ihren Namen ein: ");
      Name = Console.ReadLine();
      Console.WriteLine("Hallo,  " + Name + "!");
      // Die folgende Zeile ist notwendig,
      // um das Konsolenfenster offenzuhalten.
      // Nach einer beliebigen Tastatureingabe wird
      // das Fenster dann geschlossen.
      Console.Read();
    }
  }
}
```

Beispielprogramm 3: Das zu Beispielprogramm 1 äquivalente Visual-Studio-Programm

Einige Gemeinsamkeiten zu unserem ersten Programm sind leicht zu erkennen. Auch hier werden wieder viele Kommentare verwendet, allerdings diesmal einzeilige (der dritte Schrägstrich hinter manchen Kommentaren wird für eine interne Kennzeichung innerhalb von Visual Studio verwendet). Neu sind der zusätzliche Block, eingeleitet mit dem Wort *namespace* und die Wörter vor und nachdem Namen *Main()*. Auch der Name der Klasse ist hier ein anderer. Diese Unterschiede zum ersten Programm sind im Moment noch nicht wichtig. Das „Attribut" *[STAThread]* wurde ebenfalls automatisch hinzugefügt. Es kennzeichnet die Ausführungsweise des Programms. Betrachten Sie das Ganze einfach vorerst als Gerüst, das benötigt wird, um innerhalb von *Main()* die eigenen Programmierarbeiten durchzuführen. Die Bedeutung der einzelnen Programmzeilen wird Ihnen nach und nach klar werden, wenn Sie dieses Buch durcharbeiten.

Wenn der Programmcode komplettiert ist, kann das Programm über das Menü von Visual Studio ausgeführt werden. Dazu wählt man zunächst den Menüpunkt „Debug" und anschließend „Start". Dann öffnet sich eine Eingabeaufforderung und das Programm läuft genauso wie in Abbildung 5 ab.

1.3   Übungen

Übung 1:

Geben Sie das angegebene Programm in Ihren Rechner ein, übersetzen Sie es und führen Sie es aus.

2 Grundlagen der Programmierung

In diesem Abschnitt werden die gemeinsamen Grundlagen des Programmierens für alle Programmiersprachen behandelt, soweit sie für unsere Zwecke notwendig sind. Weitergehende Informationen können z.B. aus [1] und [2][16] entnommen werden.

Jedes Fachgebiet hat seine eigene Sprache, seine „Terminologie". Ein zentraler Begriff ist der des „Algorithmus", der sprachunabhängig formuliert werden kann, zur Ausführung auf einem Rechner jedoch in ein Programm, zum Beispiel ein C#-Programm, umgesetzt werden muss. Algorithmen und Terminologie werden in Abschnitt 2.1 behandelt.

Mittel zur Beschreibung der „Syntax" der dazu verwendeten Programmiersprachen sind unter anderem Syntaxdiagramme bzw. die „Backus-Naur-Form", die in Abs. 2.2 erläutert werden.

Bei der Programmentwicklung unterscheidet man verschiedene Entwicklungsphasen. Für die Entwicklung selbst gibt es verschiedene Entwicklungswerkzeuge (Abs. 2.3).

Die Programme werden heutzutage üblicherweise auf einem „Personal Computer" (PC) ausgeführt. Abschnitt 2.4 geht kurz auf Arbeitsweise, Hardware, Software und Speicher ein.

2.1 Terminologie

Unter dem Begriff Softwareentwicklung versteht man die Methoden zur Lösung von Problemen mit dem Computer. Die Erstellung von Computerprogrammen wird als Programmierung bezeichnet. Ein Programm setzt einen Algorithmus, d.h. eine Arbeitsanleitung, in eine computerverständliche Notation um. Beispiele solcher Arbeitsanleitungen aus dem täglichen Leben sind Kochrezepte, Bastelanleitungen, Partituren oder Spielregeln. Dabei ist die Frage, ob diese Arbeitsanleitungen wirklich eindeutig formuliert sind. Eine Partitur zum Beispiel ist es sicher nicht, sie lässt dem Menschen (absichtlich) Freiraum für seine Interpretation.

---

[16] Die Literaturangaben beziehen sich auf die Liste in Abschnitt 16.1.

Alle diese Anleitungen sind ähnlich aufgebaut. Sie bestehen aus Folgen von Anweisungen, die hintereinander ausgeführt werden müssen (z.B. Andante-Allegro-Andante bei der Partitur), aus bedingten Anweisungen (z.B. wenn Geschmack zu fad: Nachsalzen), aus Anweisungsschleifen (rühren, bis die Soße aufgekocht ist) und aus Zutaten oder Voraussetzungen.

Ein Computer kann mit Freiräumen natürlich (zumindest beim gegenwärtigen Entwicklungsstand von Computern) nichts anfangen. Die Arbeitsanleitung zur Lösung eines Problems bzw. einer Aufgabe muss also so präzise formuliert sein, dass sie von einem Computer ausgeführt werden kann. Dafür gibt es Programmiersprachen. Als Hilfe bei der Programmerstellung existieren verschiedene grafische Darstellungen, z.B. „Flussdiagramme" oder „Struktogramme". Die Elemente von Flussdiagrammen und ein Beispiel eines Flussdiagramms zur Bildung der Summe der Zahlen von 1 bis n zeigt Abbildung 6:

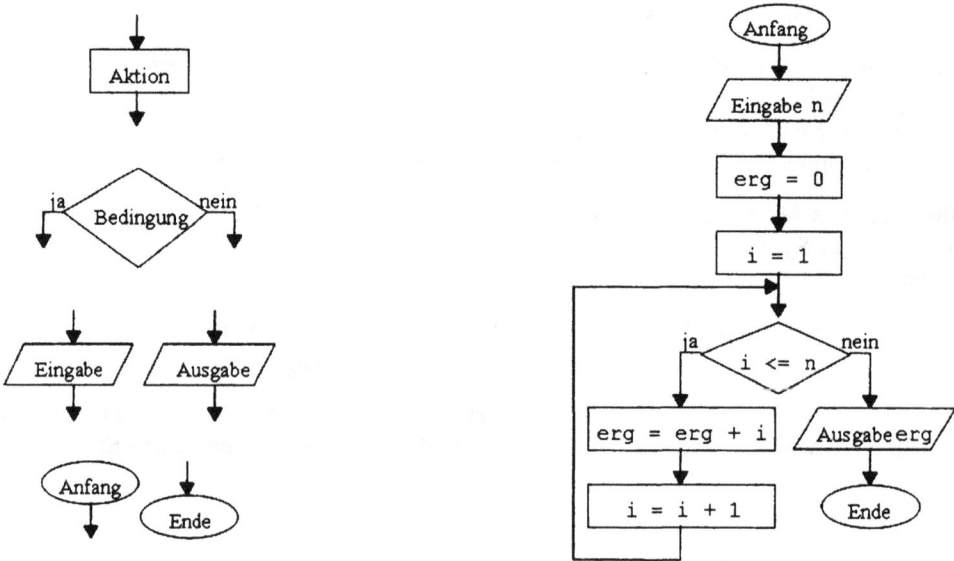

Abbildung 6: Elemente von Flussdiagrammen und ein Flussdiagramm zur Bildung der Summe der ersten n Zahlen.

Das Flussdiagramm symbolisiert die einzelnen Programmschritte als „Programmfluss" von oben nach unten. Verzweigungen werden als Rauten dargestellt. Die Verzweigungsrichtung ist von der Bedingung abhängig, die in die Raute geschrieben wird. Lautet die Antwort auf die als Frage gestellte Bedingung „ja", wird die Programmausführung bei dem mit „ja" beschrifteten Pfeil fortgesetzt, ansonsten bei dem mit „nein" beschrifteten Pfeil. Das Flussdiagramm nach Abbildung 6 enthält eine Schleife, die so lange durchlaufen wird, bis die Bedingung nicht mehr erfüllt ist. Da die Variable i mit Eins initialisiert wird und sich bei jedem Durchlauf durch die Schleife um Eins erhöht, wird die Schleife n mal durchlaufen. Bei jedem Durchlauf wird zu dem bisherigen in *erg* gespeicherten Wert der Wert i dazugezählt und das Ergebnis wieder in *erg* gespeichert[17]. Sind alle Schleifendurchläufe abgearbeitet, ist die Summe der Zahlen von 1 bis *n* in der Variablen *erg* gespeichert und kann ausgegeben werden.

Der in Abbildung 6 beschriebene Algorithmus ist zwar einfach zu verstehen, daher ist er an dieser Stelle auch als Beispiel aufgeführt. Er ist allerdings nicht besonders rationell entworfen. Man könnte das Ergebnis nämlich auch ohne Schleife berechnen. Nehmen wir dazu für *n* beispielsweise die Zahl 100 an. Dann gibt der erste Wert, nämlich 1, addiert mit dem letzten, nämlich 100, insgesamt den Wert 101, der zweite Wert 2 mit dem vorletzten Wert 99 ebenfalls usw. Das Ergebnis ist also einfach gleich 50 * 101, und das ergibt die Zahl 5050.

Etwas leichter zu zeichnen als ein Flussdiagramm ist ein Struktogramm, obwohl der wesentliche Inhalt der gleiche ist, wie Abbildung 7 zeigt.

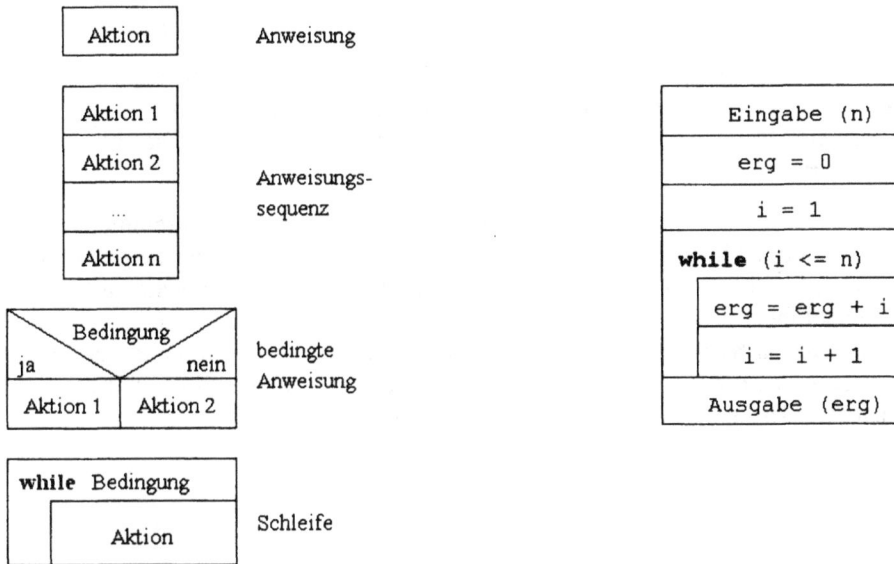

Abbildung 7: Elemente eines Struktogramms und äquivalentes Struktogramm zu Abbildung 6

Eigene Darstellungen für Programmanfang und Programmende existieren hier nicht, ebensowenig für Eingabe und Ausgabe. Dagegen hat die Schleife hier eine eigene Darstellung.

---

[17] Das Gleichheitszeichen wird in diesem Zusammenhang also anders verwendet als in der Mathematik. Es bedeutet hier folgendes: Werte den Ausdruck rechts vom Gleichheitszeichen aus und speichere das Ergebnis dieser Auswertung in der Speicherstelle, die links vom Gleichheitszeichen steht. Genaueres hierzu siehe Kapitel 3.6.

2.2   Syntaxbeschreibung von Programmiersprachen

Damit ein Programm, das in einer Programmiersprache geschrieben ist, vom Computer ausgeführt werden kann, muss es zuvor in Maschinensprache übersetzt werden. Dies geschieht
normalerweise entweder komplett vor dem Aufruf des Programms durch einen „Compiler"
(Übersetzer nach Art eines Übersetzungsbüros) oder zeilenweise beim Aufruf durch einen
„Interpreter" (zeilenweiser Simultanübersetzer nach Art eines Dolmetschers). Damit das
Programm fehlerfrei übersetzt wird und korrekt läuft, müssen folgende Bedingungen erfüllt
sein:

1. Die „Lexikalik" muss stimmen, d.h. das Programm darf nur gültige Zeichen und Wörter
der Sprache enthalten,

2. Die „Syntax" muss stimmen, d.h. der Aufbau von Sätzen der Sprache muss korrekt sein.
Syntax und Lexikalik werden vom Compiler während des Übersetzungsvorgangs überprüft.

3. Die „Semantik" muss ebenfalls korrekt sein, d.h. die Bedeutung von Sätzen der Sprache
muss die vom Programmierer gewünschte sein. Wichtigstes Hilfsmittel zur Überprüfung der
Semantik ist ein „Debugger", der es ermöglicht, das Programm zeilenweise auszuführen und
alle gespeicherten Werte anzuzeigen.

Die korrekte Syntax von Programmiersprachen wird durch „Syntaxdiagramme" oder in der
„Backus-Naur-Form" beschrieben. Das Beispiel eines Syntaxdiagramms zeigt Abbildung 8.
Dieses Syntaxdiagramm hat natürlich nichts mit einer Programmiersprache zu tun, sondern
eher mit einem mehr oder weniger reichhaltigen Mittagessen mit Verdauungsbeschleuniger.
Durchläuft man ein Syntaxdiagramm von der Eingangs- zur Ausgangskante (so heißen die
Linien) entlang den Pfeilen, dann ist die Folge der Knoteninhalte (Ellipsen), die dabei „auf-
gesammelt" werden, aus dem Syntaxdiagramm ableitbar:

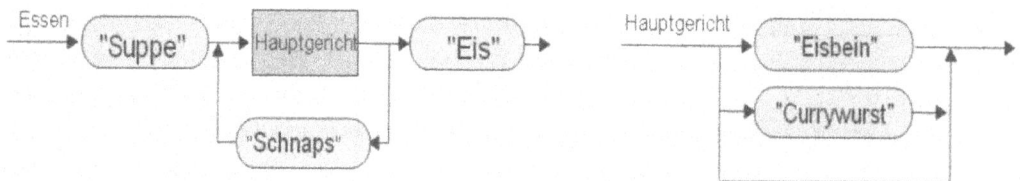

Abbildung 8: Ein „Syntaxdiagramm" für ein Mittagessen

Syntaktisch korrekt sind also die Folgen:

–   Suppe - Eis (im Hauptgericht gibt es einen „Bypass", man muss also kein Hauptgericht
     essen),

- Suppe – Eisbein – Schnaps – Eis (hier kommt der Bypass beim zweiten Durchlauf durch das Hauptgericht zur Anwendung),
- Suppe – Eisbein – Schnaps – Currywurst – Eis,

oder

- Suppe – Eisbein – Schnaps – Eisbein – Schnaps – Eis.

Die letzte Kombination könnte allerdings gesundheitsschädlich sein. Syntaktisch nicht korrekt sind dagegen

- Eisbein – Eis (hier fehlt die Suppe),
- Suppe – Schnaps (hier fehlt das Eis),
- Suppe – Eisbein – Currywurst – Eis (hier fehlt der Schnaps),
- Suppe – Schnaps – Suppe – Eis (Suppe nach Schnaps geht nicht, da sind wir an der Suppe schon vorbei).

Zusammenfassend kann man sagen, dass in einem Syntaxdiagramm folgende Elemente vorhanden sein können:

- 2 Arten von „Knoten", nämlich
  - „Terminale" („Token"), die als Ellipsen dargestellt werden,
  - „Nichtterminale", die weiter aufgelöst werden müssen und als Rechtecke dargestellt werden,
- „Kanten" wie z.B. die knotenverbindenden Pfeile, der eintretender Pfeil (Eingangskante), oder der austretende Pfeil (Ausgangskante).

Dabei besitzt jedes Syntaxdiagramm (SD) eine Bezeichnung (in unserem Beispiel Essen oder Hauptgericht), die Elemente eines Syntaxdiagramms sind Knoten (Ellipsen oder Rechtecke) und Kanten (Pfeile). Die Rechtecke enthalten die Bezeichnung eines (anderen oder sogar des gleichen) Syntaxdiagramms, die Ellipsen enthalten Token. In jeden Knoten führt genau ein Pfeil hinein, aus jedem Knoten führt genau ein Pfeil hinaus. Die Pfeile dürfen sich aufspalten bzw. zusammengezogen werden. Jedes SD besitzt genau eine eintretende Kante (kein Eingangsknoten) und genau eine austretende Kante (kein Ausgangsknoten).

Syntaxdiagramme sind zwar sehr anschaulich, aber auch umständlich zu zeichnen oder zu drucken. Daher gibt es als weitere Form die Backus-Naur-Form[18] (BNF), welche Ersetzungsregeln verwenden. Auf der linken Seite steht innerhalb von spitzen Klammern < > ein Nichtterminalsymbol. Alternativen werden durch | gekennzeichnet, e bezeichnet die leere Alternative. Unser Mittagsmenü sieht in BNF folgendermaßen aus:

```
<Essen>              ::= "Suppe"
                         <Hauptgericht-Nachtisch>
```

---

[18] Die Form hat ihren Namen nach John Backus und Peter Naur, die diese Form der Notation zur Definition der Syntax der Programmiersprache ALGOL 60 einführten. Die Form besitzt eine linke und rechte Seite.

```
<Hauptgericht-Nachtisch>::=  <Hauptgericht>
                             "Schnaps"
                             <Hauptgericht-Nachtisch>
                             |
                             <Hauptgericht>
                             "Eis"

<Hauptgericht>        ::=  "Eisbein"
                           | "Currywurst"
                           | e
```

Die Begriffe in doppelten Hochkommata (") müssen so eingegeben werden, wie sie dastehen, die Symbole in spitzen Klammern (<>) dagegen müssen weiter aufgelöst werden.

Eine Erweiterung der BNF führt zusätzlich Abkürzungsmöglichkeiten ein:

– [...] bedeutet: Symbole in diesen Klammern können auch weggelassen werden
– {...} bedeutet: Symbole in diesen Klammern können beliebig oft verwendet werden

Damit kann unser Mittagessen in folgender Form dargestellt werden:

```
<Essen>        ::=  "Suppe"
                    <Hauptgericht>
                    {"Schnaps" <Hauptgericht>}
                    "Eis"

<Hauptgericht> ::=  "Eisbein"
                    | "Currywurst"
                    | e
```

Im weiteren Verlauf des Buches werden BNF-Beschreibungen dann verwendet, wenn sie das Verständnis der Syntax erleichern. Sie werden allerdings nicht bis zum letzten Nichtterminalsymbol aufgelöst, wenn dies zu aufwändig werden würde.

2.3   Programmentwicklung und Entwicklungsphasen

Abbildung 9 zeigt die einzelnen Stufen der Softwareentwicklung nach dem „Wasserfallmodell". Dieses Modell ist nicht das einzige, das es gibt, die Unterschiede zwischen den verschiedenen Modellen sollen uns hier aber nicht interessieren. Wichtig sind in diesem Zusammenhang nur die einzelnen Phasen des Softwareentwicklungsprozesses. In der Analyse wird das Problem untersucht und mit anderen Personen besprochen. Ist die Problemstellung exakt und vollständig in Bezug auf die gegebenen Anfangszustände und Eingabeparameter, die gewünschte Endzustände und Ausgabewerte? Welche Randbedingungen sind zu beachten?

In der Entwurfsphase wird der Algorithmus entwickelt, hier findet der eigentlich kreative Prozess statt, in dem Auffassungsgabe, Intelligenz und Erfahrung die größte Rolle spielen. Man wird zunächst einmal versuchen herauszufinden, ob bereits Lösungen für vergleichbare Probleme existieren. Falls nicht, wird man das Problem in Teilprobleme aufteilen („Teile und herrsche") und dann Entwurfsprozess für Teilprobleme wiederholen. Schließlich setzt man aus den Lösungen der Teilprobleme die Lösung des Gesamtproblems zusammen.

Während der Implementierung überträgt man den Entwurf in eine Programmiersprache (erst jetzt!).

Beim Test schließlich prüft man das Programm auf Fehler. Leider kann man nur die Existenz von Fehlern nachweisen, nicht deren Abwesenheit! Ist das Programm korrekt und vollständig? Wichtig ist, dass auch andere Personen testen, nicht nur diejenige Person, welche das Programm entwickelt hat.

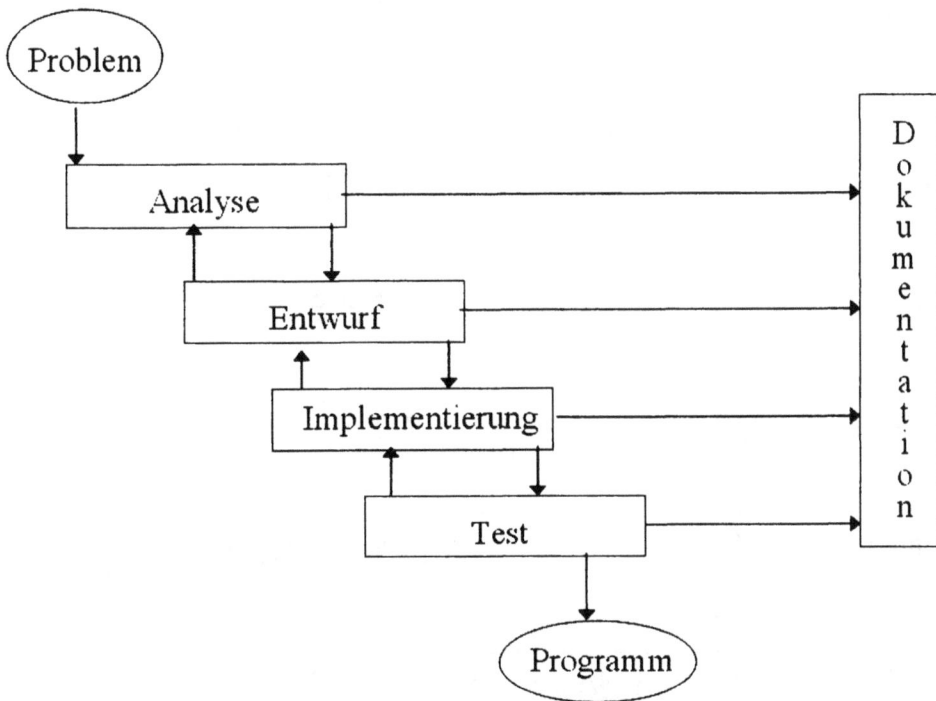

Abbildung 9: Entwicklungsphasen bei der Softwareentwicklung

2.4   Computer

„Computer" bestehen aus „Hardware" (physikalische Geräte wie z.B. die „Zentraleinheit" und die „peripheren" Geräte) und „Software" (Programmen). Die Hardware ist fast immer nach Prinzipien aufgebaut, die von dem Mathematiker von Neumann zum ersten Mal formuliert wurden. Diese Prinzipien kann man folgendermaßen kurz zusammenfassen: Die Hardware ist unabhängig von zu bearbeitenden Problemen und wird mit Hilfe von Programmen gesteuert. Programme und Daten werden im gleichen Hauptspeicher abgelegt, alle Daten werden „binär" (mit 0 oder 1, Spannung oder keine Spannung) codiert. Dieser Speicher wird in gleichgroße „Zellen" mit eindeutiger Adresse unterteilt, aufeinander folgende Befehle stehen meistens in aufeinander folgenden Zellen (Ausnahme: Sprungbefehle). Auf die Befehle wird der Reihe nach („seriell") zugegriffen, die Befehlsausführung wird durch ein Steuerwerk gesteuert. Neben den Sprungbefehlen, bei denen die Programmausführung an anderer Stelle fortgesetzt wird, gibt es arithmetische Befehle (Addition, Multiplikation...), logische Befehle (Negation, Vergleiche, ...), Transportbefehle, Schiebeoperationen und Ein- und Ausgabebefehle.

Der Hauptspeicher des Rechners ist so organisiert, dass jederzeit auf beliebige Speicherbereiche lesend und schreibend zugegriffen werden kann („RAM"-Speicher, „Random Access Memory").

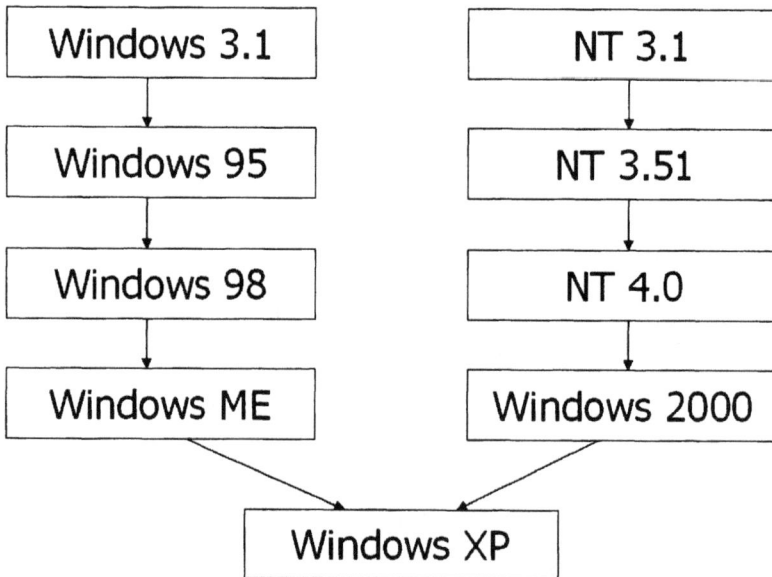

Abbildung 10: Die Betriebssystemfamilie Microsoft Windows

Die wichtigste Software eines Computers ist sein „Betriebssystem". Darunter versteht man die Menge aller Programme, die den Betrieb eines Computers bewältigt. Dazu gehören die Verwaltung der Rechenleistung des „Mikroprozessors", die Speicherverwaltung, die Dateiverwaltung und die Verwaltung der angeschlossenen Geräte. Die wichtigsten Versionen des weit verbreiteten Betriebssystems Microsoft Windows zeigt die Abbildung 10. Links ist die Aufeinanderfolge der Versionen für den Heim- und Hobby-Bereich dargestellt, rechts die professionelle Linie. Obwohl beide Linien von der Bedienung her sehr ähnlich sind, ist die rechte Linie deutlich stabiler und für den Einsatz mit mehreren wechselnden Benutzern oder im Netzwerk besser geeignet. Windows XP vereinigt beide Linien, baut aber auf dem stabilen Kern der NT-Linie auf.

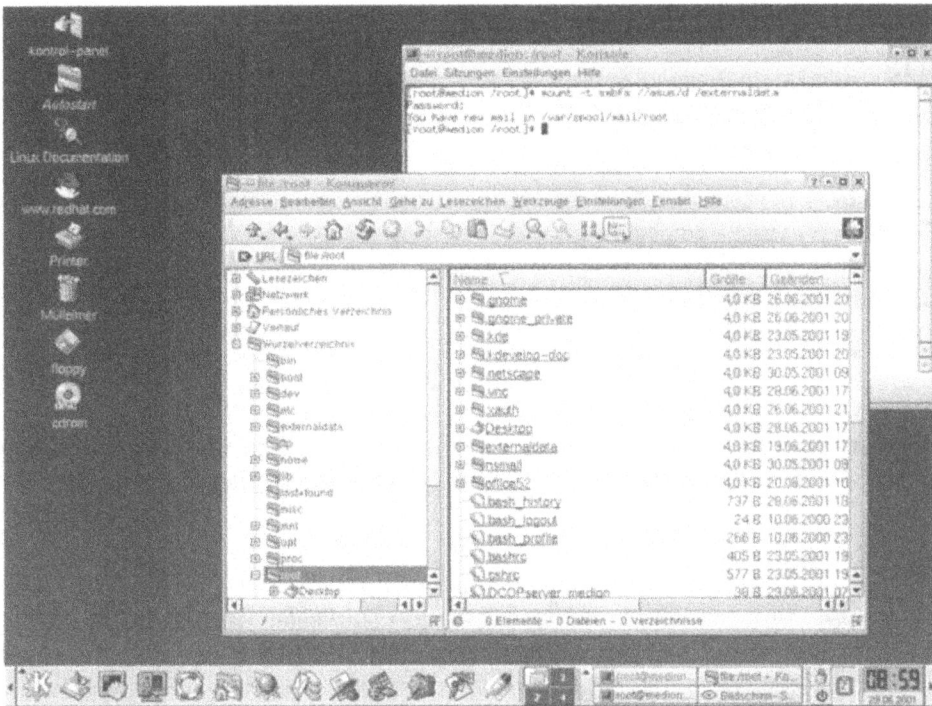

Abbildung 11: Linux mit graphischer Oberfläche „KDE".

Das Betriebssystem „Linux" ist eine kostengünstige[19] Alternative zu den Microsoft-Betriebssystemen. Linux basiert auf dem Betriebssystem „UNIX", das ursprünglich im Jahr 1973 von

---

[19] „Kostengünstig" bezieht sich auf die Anschaffungskosten. Über die Gesamtkosten beim Einsatz dieses Betriebssystems wird hier keine Aussage gemacht.

Ritchie und Thompson in den „Bell Laboratories" der amerikanischen Telefongesellschaft AT&T entwickelt wurde. Linux ist aber im Gegensatz zu UNIX „Open Source", d.h. der Quellcode ist frei verfügbar. Viele Anwendungsprogramme unter Linux sind ebenfalls als Open Source verfügbar. Derzeit wird C# auf Linux portiert (Mono-Projekt, näheres unter der www-Adresse http://mononet.sourceforge.net). Abbildung 11 zeigt einen typischen Linux-Bildschirm mit grafischer Oberfläche.

2.5   Übungen

Fragen zur Lernzielkontrolle:

Frage 1:

Betrachten Sie das Syntaxdiagramm nach Abbildung 8. Welche der folgenden Folgen sind syntaktisch korrekt, welche nicht:

- Currywurst – Eis
- Suppe – Currywurst – Schnaps – Eis
- Suppe – Eis
- Suppe – Schnaps – Schnaps – Eis
- Suppe – Eisbein – Currywurst – Eis

Frage 2:

Was passiert, wenn im Flussdiagramm nach Abbildung 6 rechts im vierten Block statt i=1 der Anfangswert i=0 gewählt wird? Ergibt das Programm dann immer noch das gleiche Ergebnis?

Übung 1:

Im Rahmen der Lehrveranstaltung, für die dieses Buch entstanden ist, soll ein Rechner programmiert werden, der sich wie ein handelsüblicher Taschenrechner bedienen lässt. Er soll die für Sie wichtigen Aufgaben ausführen können. Ein mögliches Beispiel für einen solchen Rechner finden Sie auch im Zubehör von Windows. Erfüllt dieser Rechner alle Anforderungen, die Sie als Student im täglichen Leben haben? Denken Sie dabei auch an Übungsaufgaben aus dem Bereich der Elektrotechnik, an die Praktikumsberichte, die Sie zu schreiben haben, etc.

Falls Sie Student sind, setzen Sie sich bitte in Gruppen zu ca. 2-3 Personen (möglichst mit gleichem Studienschwerpunkt) zusammen und entwerfen Sie ein Anforderungsprofil für einen selbst zu entwickelnden Rechner. Fixieren Sie die Ergebnisse schriftlich. Was soll der Rechner alles können? Wie soll er zu bedienen sein?

3 Variablen, Datentypen und Operatoren

3.1 Grundlagen

Jedes Programm in einer beliebigen Programmiersprache besteht aus einer Folge von „Token", ein englischer Begriff, in etwa mit Zeichen (eine weitere Beutung ist auch „Andenken") zu übersetzen. Token sind die kleinsten Elemente, sozusagen die „Atome" (oder nach neuesten Erkenntnissen der Teilchenphysik die „Quarks") einer Programmiersprache. Es gibt verschiedene Arten von Token:

- Symbole wie <, ==, <=, >. Die genannten Beispiele dienen zum Vergleich von Ausdrücken, sind also „binäre Operatoren", mehr dazu später,
- Schlüsselwörter wie *if, else, for*. Diese Wörter haben eine ganz bestimmte Bedeutung, *if* und *else* steuern den Programmfluss in Abhängigkeit von einer Bedingung und *for* leitet eine Schleife ein. Eine Liste aller Schlüsselwörter von C# finden Sie im Anhang.
- „Bezeichner" wie *iLauf* oder *frmHauptformular*. Sie können vom Programmierer nach gewissen Regeln frei vergeben werden und benennen beispielsweise Variablen oder Klassen. Sie beginnen mit einem Buchstaben oder einem Unterstrich und können danach weitere Buchstaben, Ziffern oder Unterstriche enthalten. Sie dürfen also nicht mit einer Ziffer beginnen, um sie von den Literalen (siehe unten) zu unterscheiden. Groß- und Kleinschreibung wird unterschieden. Die Namen von Bezeichnern dürfen natürlich nicht mit einem Schlüsselwort übereinstimmen. In C# kann man ein @-Zeichen voranstellen, d.h. eine Variable mit dem Namen *@else* wäre möglich. Natürlich könnte man dann diese Variable auch z.B. *_else* nennen. Allerdings hat das @-Zeichen Vorteile, wenn man in einem Projekt verschiedene Programmiersprachen verwendet.
- Literale wie *42, 471.00, "Hallo"*. Literale sind Konstanten, die direkt in den Programmtext hineingeschrieben werden.

Die einzelnen Token werden durch sogenannte „Whitespaces" (Leerräume) getrennt, das sind zum Beispiel Leerzeichen, Tabulatoren oder Zeilenvorschübe. Der Compiler, der das Programm in Maschinensprache übersetzt, zerlegt das Programm in diese Token und erstellt einen Baum, der die Zuordnung dieser Token zueinander enthält. Dabei kommt der Compiler mit erstaunlich wenig Leerzeichen aus. Es genügt ihm, wenn er Anfang und Ende von

Schlüsselwörtern, Bezeichnern und Literalen erkennen kann. Das kann er bereits dann, wenn diese nicht unmittelbar aufeinander folgen, sondern durch mindestens ein Leerzeichen voneinander getrennt werden. Diejenigen Symbole, die nicht in Schlüsselwörtern, Bezeichnern und Literalen vorkommen dürfen, können dagegen direkt an diese anschließen. Die Lesbarkeit eines Programms für den Menschen kann allerdings durch zusätzliche Leerzeichen, die sinnvoll gesetzt werden, deutlich erhöht werden.

Auf die genauen Details des entstehenden Baums soll an dieser Stelle nicht eingegangen werden, näheres hierzu findet sich unter [3] und [4].

3.2   Variablen

Ein Programm verarbeitet Eingangsdaten und berechnet daraus Ausgangsdaten. Alle diese Daten werden im Hauptspeicher gehalten und unter einem bestimmten Namen angesprochen. In der Variablendefinition wird der Speicherplatz reserviert und der Name, unter dem dieser Speicher im Programm angesprochen wird, dem Compiler bekannt gemacht (Deklaration).

Daten können unterschiedliche Eigenschaften haben, je nachdem, ob es sich um ganze Zahlen, reelle Zahlen, Buchstaben oder Zeichenketten handelt. Sie belegen auch unterschiedlich viel Platz im Hauptspeicher. Die verschiedenen Typen, die bei der Definition von Variablen vereinbart werden können, zeigt die Tabelle 1 (Auszug):

Datentyp	Wertebereich	Platzbedarf
Ganzzahlen		
byte	0 bis 255	8 Bit
sbyte	-128 bis 127	8 Bit
short	-32768 bis 32767	16 Bit
ushort	0 bis 65535	16 Bit
int	-2 147 483 648 bis 2 147 483 647	32 Bit
uint	0 bis 4 294 967 295	32 Bit
long	etwa $\pm 9*10^{18}$	64 Bit

ulong	etwa 0 bis $18*10^{18}$	64 Bit
Gleitpunktzahlen		
float	$\pm 1.5 * 10^{-45}$ bis $\pm 3.4 * 10^{38}$	32 Bit
double	$\pm 5.0 * 10^{-328}$ bis $\pm 1.7 * 10^{308}$	64 Bit
Zeichen		
char	einzelnes Zeichen	16 Bit
string	Zeichenkette	je nach Länge
Sonstiges		
bool	*true* und *false* (wahr und falsch)	1 Bit

Tabelle 1: Die Datentypen der Programmiersprache C#

Wie kommt es zu den Wertebereichen, z.B. für die Ganzzahlen? Um diese Frage zu beantworten, ist ein kleiner Exkurs in das Thema „Informationsdarstellung im Rechner" notwendig: Ein Rechner speichert binär, d.h. in Form von „Spannung – keine Spannung", „Magnetisierung – keine Magnetisierung" usw. Eine elementare Speichereinheit wird ein „Bit" genannt. Bei 1 Bit lassen sich 2 Zustände speichern, bei 2 Bit 4, bei 3 Bit 8, bei n Bit 2^n. Die kleinste Zahl ist das „byte" mit 8 Bit, daraus ergeben sich 256 Zustände. Diese werden beim *byte* den Zahlen 0 bis 255 zugeordnet, die Zuordnung besorgt das „Dualsystem". Beim *sbyte* wird etwa die Hälfte dem negativen Zahlenbereich zugeordnet, damit auch diese Zahlen verarbeitet werden können. Die Zuordnungsvorschrift heißt hier „Zweierkomplement-Darstellung", die Details sollen uns hier aber nicht interessieren (genaueres siehe [4]). Analog verfährt man bei allen anderen Ganzzahlen.

Bei den Gleitpunktzahlen teilt man die Speicherstellen zwischen Mantisse und Exponent auf, die Art und Weise, wie man dabei verfährt, ist genormt. Da die Anzahl der Nachkommastellen begrenzt ist, lassen sich reelle Zahlen meist nur angenähert darstellen.

Bei den Zeichen schließlich ordnet man jedem Bitmuster ein bestimmtes Zeichen eindeutig zu, bei 16 Bit kann man also etwa 65000 Zeichen beschreiben. Das reicht für alle Sprachen der Welt.

Eine Variablendefinition lässt sich im einfachsten Fall wie folgt durchführen:

```
<Vardefinition1> ::= <Datentyp> <Whitespace> <Bezeichner> ";"
<Datentyp>       ::= "sbyte" | "short" | . . . | "bool"
```

```
<Whitespace>        ::= " "
                        { " "}
<Bezeichner>        ::= <Anfangszeichen> [<Zeichenkette>]
<Anfangszeichen>    ::= <Buchstabe> | "_"
<Zeichenkette>      ::= {"_" | <Buchstabe> | <Ziffer>}
<Buchstabe>         ::= "A" | "B" | . . . | "y" | "z"
<Ziffer>            ::= "0" | "1" | . . . | "8" | "9"
```

Ein Whitespace (Leerraum) ist nach dieser Definition eine Folge von beliebig vielen Leerzeichen, jedoch mindestens ein Leerzeichen. Hierbei sollen auch „Abkürzungszeichen" wie
z.B. der Tabulatorschritt oder der Zeilenumbruch mit eingeschlossen sein. Bei den folgenden
Syntaxbeschreibungen, die in der erweiterten Backus-Naur-Form dargestellt werden, werden
die Whitespaces zwischen den einzelnen Token nicht mehr extra aufgeführt, sondern durch
den Beginn einer neuen Zeile in der Syntaxbeschreibung gekennzeichnet, wobei auch Les-
barkeits-Aspekte berücksichtigt werden. Es sind also nicht immer alle durch die Syntax-
berschreibungen geforderten Leerräume notwendig für den Compiler.

Wie man sieht, ist die Beschreibung für einen Bezeichner ziemlich umfangreich. Die Präzi-
sion hat also durchaus ihren Preis. Die umgangssprachliche Bezeichnung für einen Bezeichner würde in etwa so lauten: Ein Bezeichner ist ein Name, der beliebig gewählt werden kann.
Er darf Buchstaben, Ziffern und einen Unterstrich enthalten. Das erste Zeichen darf jedoch
keine Ziffer sein (siehe auch die Erläuterung am Anfang von Abschnitt 3).

Gültige Beispiele für Variablendefinitionen sind danach:

```
int i1;
float _1a;
double dblStrom;
char chZeichen;
```

Von der in C# gegebenen Möglichkeit, deutsche Sonderzeichen wie „äüö" zu verwenden,
sollte man keinen Gebrauch machen, weil die Übertragung oder Weiterverwendung des
Programms in andere Programmiersprachen dadurch unter Umständen schwierig wird.

Groß- und Kleinschreibung wird unterschieden, *hallo* und ***Hallo*** sind also unterschiedliche
Bezeichner. C# ist also „case-sensitive", so der neudeutsche Fachausdruck.

Man kann auch mehrere Bezeichner hintereinander schreiben, die durch Kommata getrennt
werden. Dann wird der gleiche Datentyp für alle Variablen vereinbart:

```
<Vardefinition2>  ::= <Datentyp>
                      <Bezeichner> { ", " <Bezeichner>} ";"
```

Beispiele:

```
int iLauf, j, k;
double R1, R2;
```

Eine Variablendefinition ist eine der einfachsten Formen einer Anweisung. Jede Anweisung wird mit einem Strichpunkt abgeschlossen.

3.3   Gültigkeitsbereich (Kontext) von Variablen

Es ist möglich, mit den geschweiften Klammern Blöcke zu bilden. Jeder dieser Blöcke geht von einer öffnenden geschweiften Klammer bis zu der zugehörigen schließenden geschweiften Klammer. Die Blöcke können ineinander verschachtelt sein. Zum Beispiel kann dadurch die folgende Struktur entstehen:

```
. . .
{
  // Beginn Block 1
  int iB1;
  . . .
  // Ende Block 1
}

{
  // Beginn Block 2
  . . .
  int iB2;
  {
    // Beginn Block 3
    int iB3;
    . . .
    // Ende Block 3
  }
  . . .
  // Ende Block 2
}
```

Alle nach Abschnitt 3.2 definierten Variablen gelten nur in dem Block, in welchem sie definiert sind sowie in den von diesem Block eingeschlossenen Blöcken. Daher ist die Variable *iB1* nur innerhalb von Block 1 vorhanden, die Variable *iB3* nur in Block 3. Die Variable *iB2* ist dagegen in Block 2 und Block 3 vorhanden, da der Block 2 den Block 3 umschließt. Daran ändert sich auch dann nichts, wenn die Variablennamen in den verschiedenen Blöcken gleich gewählt werden. Die Namen bezeichnen dann verschiedene Speicherstellen.

Den Fall, dass in verschachtelten Blöcken gleiche Variablennamen gewählt werden, soll hier nicht weiter behandelt werden, weil es meist nicht sinnvoll ist, so etwas zu tun.

3.4   Werttypen und Referenztypen

Jede Variable muss irgendwo als Folge von Nullen und Einsen gespeichert werden. Dazu gibt es im Rechner wie bereits erwähnt den Hauptspeicher, den man sich als Folge von hintereinander angeordneten Speicherzellen vorstellen kann. Jede Speicherzelle hat eine eindeutige "Hausnummer", seine Adresse. Die Art der Speicherung unterscheidet sich bei Werttypen und Referenztypen. Alle bisher besprochenen Datentypen bis auf *string* sind Werttypen. Der Datentyp *string* ist ein Referenztyp. Den Unterschied verdeutlicht Abbildung 12.

	Wert	Referenz
Variable enthält	Wert	Referenz
Speicherbereich	Stack	Heap
Initialisierung mit	0 oder false	Konstante: null
Wirkung der Zuweisung	kopiert den Wert	kopiert die Referenz

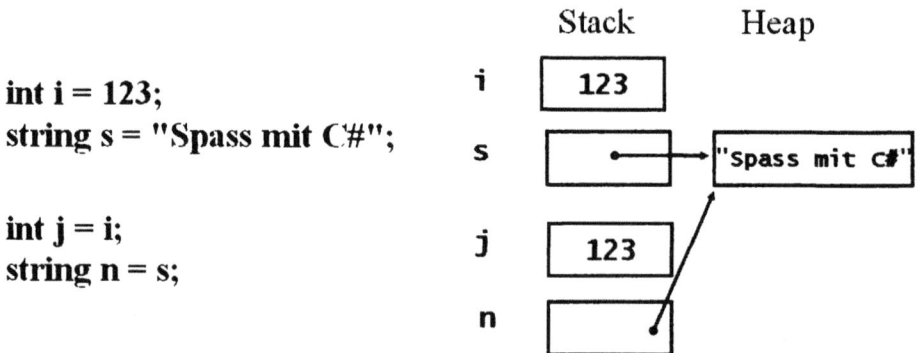

```
int i = 123;
string s = "Spass mit C#";

int j = i;
string n = s;
```

Abbildung 12: Werttypen und Referenztypen

In diesem Diagramm werden die Begriffe „Stack" und „Heap" verwendet. Beides sind Speicherbereiche, die im Hauptspeicher des Rechners angelegt sind. Der Stack ist ein Stapelspeicher, der von unten nach oben wächst und von oben nach unten schrumpft (last in, first out, lifo), er wird für kurzlebige Daten benutzt. Dieser Bereich ist normalerweise in der Größe begrenzt. Der Heap ist dagegen ein Teil des Speichers, der einem Programm längerfristig vom System zur Verfügung gestellt wird. Auch der Heap kann wachsen. Falls seine Größe die physikalische Speichergröße des RAM überschreitet, werden Teile auf Festplatte ausgelagert.

Werttypen werden nach Abbildung 12 im Stack gespeichert. Bei Referenztypen wird nur eine Referenz auf dem Stack gespeichert. Eine Referenz ist eine Art Zeiger, mit dem das Betriebssystem die Adresse der Daten auf dem Heap herausfinden kann. Die Daten selbst sind auf dem Heap gepeichert. Beim Zuweisen eines Referenztyps wird nur die Referenz kopiert, damit zeigen unter Umständen mehrere Zeiger auf die gleichen Daten. Im obigen Beispiel ist dies für die Zeichenkette mit dem Inhalt "Spass mit C#" der Fall.

Der Heap wird von einem Hintergrundprozess verwaltet, dem „Garbage Collector" (GC, engl. für Müllabfuhr). Dieser GC findet heraus, ob noch mindestens eine Referenz auf die Daten zeigt. Falls das nicht der Fall ist, wird der Datenspeicher freigegeben. Neben *strings* werden alle „Objekte" (siehe Abschnitt 7) auf dem Heap angelegt.

3.5   Literale

In C# werden alle Variablen mit einem Anfangswert versehen, beispielsweise 0 bei Ganzzahlen oder *false* bei booleschen Variablen. Will man diese Initialisierung selbst beeinflussen, kann man zum Beispiel ein Literal verwenden:

```
<Vardefinition2> ::= <Datentyp>
                     <Bezeichner2> { ", " <Bezeichner2>} ";"


<Bezeichner2>        ::= <Bezeichner> ["=" <Literal>]
```

Bisher habe ich die Backus-Naur-Form (BNF) durchgängig verwendet. Sie haben sicher bemerkt, dass man die Vorgehensweise damit exakt beschreiben kann. Allerdings wird die Beschreibung unter Umständen recht umfangreich. Daher wird im folgenden Text die BNF zwar verwendet, aber nicht mehr bis zum letzten Nichtterminalsymbol (das sind die Symbole in spitzen Klammern) aufgelöst. Auch hier soll das Nichtterminalsymbol <Literal> nicht vollständig aufgelöst werden (dafür würde man etwa zwei Seiten benötigen), sondern direkt am Beispiel erklärt werden. Direkt nach jeder Definition steht ein Kommentar, der bei der Zeichenkombination /* beginnt und bei */ endet. Wie bereits erwähnt, werden solche Kommentare vom Compiler ignoriert, sind aber für den Leser hilfreich.

```
int i = 42;
/* ganzzahlige Literale haben den Datentyp int */
double d=3.76;
/* Literale mit Dezimalpunkt haben den Datentyp double */
```

```
double e=2.32e-13;
/* Exponentialschreibweise für sehr große oder sehr kleine
Zahlen, bekannt vom Taschenrechner */

char eins = '1', zwei = '2';
/* Zeichenkonstanten werden in einfache Anführungsstriche ein-
geschlossen */

string begruessung = "Guten Morgen";
/* Zeichenketten stehen dagegen zwischen doppelten Anführungs-
strichen */

long big = 1234567891234567L;
/* ein großes oder kleines angehängtes L kennzeichnet eine
Ganzzahl vom Datentyp long */

float x=2.7F;
/* ein großes oder kleines angehängtes f kennzeichnet eine
Gleitpunktzahl von Datentyp float */

char neueZeile = '\n';
/* Eine Ersatzdarstellung: Die Schreibmarke (der Cursor)
springt bei der Ausgabe auf  Bildschirm oder Drucker auf den
Beginn einer neuen Zeile */
```

Literale können nicht nur bei der Initialisierung, sondern auch überall sonst im Programm verwendet werden.

Gelegentlich ist es notwendig, eine Variable in einen anderen Datentyp umzuwandeln, bevor man sie weiter verwendet. Einige solche Umwandlungen werden vom Compiler sogar automatisch (implizit) vorgenommen, z.B. in die Richtungen *short -> int -> long* sowie *float-> double*, zwischen ganzen Zahlen und Gleitkommazahlen und von *char* nach *int*. Die letzte Umwandlung ist deswegen möglich, weil jedes Zeichen intern im Rechner durch eine Ganzzahl codiert wird. Damit sind die folgenden Programmzeilen möglich:

```
short s = 3;
int i = s;
long l = i;
float f = 3.4F;
double d = f * 2.3;
float g = 3 + i;
int b = 'a';
```

Will man andere Umwandlungen als die eben beschriebenen vornehmen, muss man den neuen Datentyp in runden Klammern vor den Variablennamen schreiben, z.B.

```
double d = 7.99;
int i = (int) d;   // i == 7
```

Wie man sieht, wird der in der Variablen gespeicherte Wert durch die Typwandlung verändert, weil die Nachkommastellen wegfallen. Eine solche explizite Typwandlung nennt man auch einen „cast". Der in der Variablen *d* gespeicherte Wert wird im obigen Beispiel übrigens nicht verändert. Ein cast ist also nur Teil eines Ausdrucks, der zu einem neuen Wert führt.

3.6   Operatoren

Die Operatoren von C# wurden bis auf wenige Ausnahmen, bei denen sich die Verwendung aus Gründen der Fehlervermeidung verändert hat, aus der Programmiersprache C übernommen. Daher erfolgt in diesem Kapitel nur eine kurze Zusammenfassung, die aber für die weitere Lektüre des Buchs ausreicht. Falls Ihnen die Darstellung zu knapp sein sollte, empfehle ich Ihnen die Lektüre eines Lehrbuchs über C, z.B. das ausgezeichnete Werk von Goll, Grüner und Wiese mit dem Titel "C als erste Programmiersprache" [5].

Ein Ausdruck ist eine Folge von Operatoren und Operanden. Ausdrücke berechnen Werte, bezeichnen oder verändern die in Speicherstellen gespeicherten Werte. Zum Beispiel ist:

```
x + 13.6
```

ein Ausdruck, der aus den Operanden x und 13.6 und dem (binären) Operator + besteht.

Unäre Operatoren besitzen nur einen Operanden, binäre Operatoren zwei. Einige Operatoren können als unäre und binäre Operatoren vorkommen, z.B. das Minuszeichen, das als Vorzeichen (unär) und für die Subtraktion (binär) eingesetzt wird.

Mit den binären arithmetischen Operatoren

```
+ - * / %
```

werden Berechnungen durchgeführt. Bis auf das Prozentzeichen dürften Ihnen die Symbole bekannt sein. Das Prozentzeichen (der „Modulo-Operator") ermittelt den Rest, der entsteht, wenn man zwei Zahlen durcheinander dividiert und das Ergebnis wieder ganzzahlig sein muss. Beispielsweise ergibt 7%2 den Wert 1. Daher ist diese „Modulodivision" nur auf ganzzahlige Operanden anwendbar.

Bei der Division ganzzahliger Operanden mit dem Symbol / ist das Ergebnis wieder ganz-zahlig. Beispielsweise ergibt 7 / 2 die Zahl 3. Hat dagegen mindestens einer der Operanden den Typ einer Gleitpunktzahl, so ist das Ergebnis auch eine Gleitpunktzahl. Daher ergibt 7.0 / 2 das Ergebnis 3.5. Das Verhalten bei ganzzahligen Operanden führt bei Programmieran-fängern erfahrungsgemäß immer wieder zu Fehlern. Kaum ein Anfänger rechnet damit, dass die folgende Programmzeile

```
y = 1 / 2;
```

bewirkt, dass in y der Wert Null gespeichert wird.

Soviel zu den binären arithmetischen Operatoren. Nun zu den unären: Es gibt vier davon, nämlich die Vorzeichen-Operatoren + und -, sowie den Inkrement-Operator ++ und den Dekrement-Operator--. Inkrementieren heißt Erhöhen um Eins und Dekrementieren heißt Verringern um Eins. Je nachdem, ob die Operatoren vor oder hinter der Variablen stehen, wird der Wert der Variablen vor oder nach ihrer Verwendung in einem Ausdruck erhöht oder erniedrigt. Zum Beispiel verwendet die Anweisung

```
y = i++ / 2;
```

den aktuellen Wert von i, um y zu berechnen und erhöht diesen Wert anschließend. Arithme-tische unäre Operatoren dieser Art machen ein Programm nicht unbedingt lesbarer. Daher sollte man statt der obigen Programmzeile lieber folgendes schreiben:

```
y = i / 2;
i = i + 1;
```

Im letzten Beispiel haben wir bereits zwei Zuweisungen durchgeführt. Insgesamt gibt es 11 Zuweisungsoperatoren in C#. Der Operator = wird als einfacher, die anderen zehn als kom-binierte Zuweisungsoperatoren bezeichnet. Zum Beispiel weist die Anweisung

```
Geschwindigkeit = 13.0/2.0;
```

der Variablen *Geschwindigkeit* den Wert 6.5 zu. Die Zuweisung ist also gleichbedeutend mit einer Ausführungsvorschrift, die folgendermaßen lautet:

1. Werte den Ausdruck rechts vom Gleichheitszeichen aus,

2. Speichere das Ergebnis in der Speicherstelle, die links vom Gleichheitszeichen steht.

Eine Anweisung der Art

```
6.5 = Geschwindigkeit;        // Fehler
```

wäre also falsch, weil links keine Speicherstelle steht, sondern ein Literal. Es ist also ein großer Unterschied, ob der Name einer Variablen links oder rechts vom Gleichheitszeichen steht. Rechts vom Gleichheitszeichen wird der Inhalt der zugeordneten Speicherstelle gelesen, links wird diese Speicherstelle dagegen beschrieben. Das Gleichheitszeichen in Programmiersprachen bedeutet also etwas ganz anderes als das mathematische Gleichheitszeichen.

Allgemein kann man die Funktionsweise der Zuweisungsausdrücke folgendermaßen zusammenfassen: Im Zuweisungsausdruck E1 = E2 (das E soll hier allgemein für einen Ausdruck, englisch expression stehen) muss der links vom Gleichheitszeichen stehende Name E1 eine Speicherstelle bezeichnen, deren Inhalt verändert werden kann (zum Beispiel eine Variable). Im Hilfe-System von Compilern oder in Fehlermeldungen wird eine solche Speicherstelle auch oft als „L-Value" bezeichnet. Dabei steht das „L" für Links (Left).

E2 kann ein arithmetischer Ausdruck sein, der auch einen Funktionsaufruf beinhalten kann. Auf Funktionen wird in Abschnitt 6 eingegangen. Der Ausdruck wird ausgewertet und der Ergebniswert wird (gegebenenfalls nach seiner impliziten Umwandlung in den Typ von E1) in der von E1 angegebenen Speicherstelle gespeichert. Der frühere Wert von E1 wird dadurch ersetzt, geht also verloren.

Der Wert des Zuweisungsausdrucks ist der Wert von E1 nach der Zuweisung. Dies ermöglicht Kettenzuweisungen der Form E3 = E2 = E1, die von rechts nach links ausgewertet werden.

Die zusammengesetzten Zuweisungsoperatoren machen das Programm unter Umständen lesbarer und schneller in der Ausführung. Beispiele für zusammengesetzte Zuweisungsoperatoren sind:

```
*=
/=
%=
+=
-=
```

Dabei sind * / + und - die bekannten arithmetischen Operatoren für Multiplikation, Division, Addition und Subtraktion. Der Operator % ist der bereits erwähnte Modulo-Operator.

Zum Beispiel hat der Ausdruck E1 *= E2 den gleichen Effekt wie E1 = E1 * E2. Der Operand E1 wird jedoch im Gegensatz zur ausführlichen Schreibweise nur einmal ausgewertet. Das ergibt eine schnellere Programmausführung. Außerdem muss man den Ausdruck E1 nur einmal hinschreiben, was dann von Vorteil ist, wenn er sehr lang ist.

Als nächstes sollen die Vergleichsoperatoren behandelt werden: Der Operator == (zwei hintereinander geschriebene Gleichheitszeichen) stellt fest, ob die Ausdrücke links und rechts des Operators gleich sind, der Operator != stellt dagegen fest, ob sie ungleich sind.

Beispiel:

```
x == y;
```

stellt fest, ob in der Variable x und der Variable y die gleichen Werte gespeichert sind.

Jeder Vergleich mit der Hilfe eines Vergleichsoperators ist ein Ausdruck vom Typ *bool*, der den Ergebniswert *true* oder *false* besitzt.

Die relationalen Operatoren sind

> (größer), < (kleiner), >= (größer oder gleich) und <= (kleiner oder gleich).

Sie vergleichen die Werte auf ihrer linken und rechten Seite. Das Ergebnis dieses Vergleichs ist wie bei den Vergleichsoperatoren vom Datentyp bool.

Die logischen Operatoren sind

- &, && für das logische UND. Bei einer solchen Verknüpfung müssen alle Teilausdrücke den Wert *true* besitzen, damit der gesamte Ausdruck *true* ist. Sobald ein Teilausdruck *false* ist, kann der Gesamtausdruck nicht mehr true werden. Das doppelte && bricht dann die Auswertung des Ausdrucks ab. Das einfache & wertet die übrigen Ausdrücke trotzdem noch aus. Das kann dann von Bedeutung sein, wenn im Restausdruck z.B. noch ein ++ vorkommt. Dann wird die entsprechende Variable im ersten Fall nicht mehr inkrementiert, im zweiten dagegen schon.
- |, || für das logische ODER. Hier reicht ein Teilausdruck mit dem Wert *true*, damit der gesamte Ausdruck *true* wird. Sobald ein Teilausdruck *true* ist, kann der Gesamtausdruck nicht mehr *false* werden. Das doppelte || bricht dann die Auswertung des Ausdrucks ab. Das einfache | wertet die übrigen Ausdrücke trotzdem noch aus.
- ! für das logische NICHT.

Mit diesen Operatoren werden zusammengesetzte Bedingungen formuliert. So können Programmverzweigungen wie in Abbildung 6 von mehreren Bedingungen abhängig gemacht werden.

Für alle Operatoren gibt es eine „Priorität", auch „Präzedenz" oder „Rangfolge" genannt, die festlegt, in welcher Reihenfolge die Operatoren innerhalb eines Ausdrucks bewertet werden. Beispielsweise hat der Multiplikationsoperator * eine höhere Priorität als der Plusoperator + (dies entspricht der Rechenregel: "Punktrechnung geht vor Strichrechnung"), so dass der Ausdruck:

```
3 + 7 * 2
```

den nach den üblichen Rechenregeln erwarteten Wert 17 ergibt. Die Klammeroperatoren () haben die höchste Priorität, wodurch sich die Reihenfolge der Bewertung beeinflussen lässt. Der Ausdruck:

```
( 3 + 7 ) * 2
```

hat deswegen den Wert 20.

In Tabelle 2, welche die Priorität (Rangfolge) der Operatoren darstellt, sind die C#-Operatoren in 14 Kategorien unterteilt. Die Kategorie 1 hat die höchste Priorität; die Kategorie 2 hat die zweithöchste Priorität usw.

Die Priorität bestimmt die Auswertungsreihenfolge, wenn mehrere Operatoren in einem Ausdruck vorkommen. Der Operator mit der höchsten Priorität wird zuerst ausgeführt.

Es gelten folgende Regeln:

- Wie in der Mathematik werden als erstes Teilausdrücke in Klammern ausgewertet.
- Als nächstes werden Ausdrücke mit unären Operatoren von rechts nach links ausgewertet. Man nennt diese Operatoren daher rechtsassoziativ. Das ist wichtig, wenn zwei unäre Operatoren bei einem Operanden stehen, und zwar einer davor und einer dahinter. Dann wird nämlich zuerst der Operator, der hinter dem Operanden steht (der sog. Postfix-Operator) auf ihn angewendet, und dann der davor (der Präfix-Operator).
- Anschließend werden die Teilausdrücke mit binären Operatoren nach der untenstehenden Auslistung ausgeführt. Treten Operatoren der gleichen Priorität in einem Ausdruck auf, wird von links nach rechts ausgewertet. Binäre Operatoren sind also (mit Ausnahme der Zuweisungsoperatoren) linksassoziativ.

Die Priorität der Operatoren, die in diesem Buch verwendet werden, zeigt folgender Überblick:

Kategorie/Operator/Beschreibung

```
1.      ()
        Funktionsaufruf,
        Veränderung der Auswertungsreihenfolge
2.      + - ++ --
        Vorzeichen, Vorzeichen, um Eins erhöhen,
        um Eins verringern
3.      * / %
        Multiplikation, Division,
        Rest bei Division von ganzen Zahlen
```

```
4.      + -
        Addition, Subtraktion
5.        leer (Verschiebung)
6.        > < >= <=
        Größer, Kleiner, Größer gleich, Kleiner gleich
7.        == !=
        Überprüfung auf Gleichheit,
        Überprüfung auf Ungleichheit
8.        &
        logisches und
9.        ^
        logisches exclusive oder
10.     |
        logisches oder
11.     &&
        bedingtes und
12.     ||
        bedingtes oder
13. leer (ternäres if)
14.     =
        (usw.)
        Zuweisungen
```

Tabelle 2: Operatoren und Priorität

Die Kategorien, die leer sind, werden in diesem Buch nicht verwendet.

Es gilt inzwischen als ausgesprochen schlechter Programmierstil, zu viele Operatoren in einer Programmierzeile zu verwenden. Vermeiden Sie also zu komplizierte Ausdrücke, weil die Lesbarkeit des Programms darunter leidet. Berechnen Sie lieber Zwischenwerte oder setzen Sie wenigstens Klammern.

3.7 Übungen

Fragen zur Lernzielkontrolle:

Frage 1:

Was ist ein Token und welche verschiedenen Arten von Token werden in einem C#-Programm verwendet?

Frage 2:

Ist es möglich, die Zahl -3 in einer Variablen mit dem Datentyp *uint* abzuspeichern?

Frage 3:

Welche der folgenden Variablendefinitionen führen zu einem Fehler beim Übersetzen und warum?

```
int _123;
short s=36123;
double lvar = 1.7;
char c = 'd';
int i,j = 1, k;
```

Frage 4:

Welcher Wert wird durch die Zeilen

```
double d;
d = 5/6;
```

in der Variablen d abgespeichert?

Frage 5:

Welcher Wert wird durch die Zeilen

```
double d;
d = 5.5 / 2.0 - 3 + 4 / 15;
```

in der Variablen d abgespeichert?

Übung 1:

Schreiben Sie ein C#-Programm, das zwei Widerstandswerte von der Tastatur einliest und den resultierenden Widerstand bei Reihenschaltung und bei Parallelschaltung berechnet und mit einem erläuternden Zusatz auf der Konsole ausgibt.

Hinweise:

1. Die Eingabe wird als Datentyp *string* eingelesen und kann durch Aufrufen der Methode *Convert.ToDouble()* in eine Variable vom Datentyp *double* umgewandelt werden. Beispiel:

```
double dblTest = Convert.ToDouble("3,14");
```

konvertiert die Zeichenkette *"3,14"* in die *double*-Zahl *3.14*.

2. Bei Reihenschaltung addieren sich die Widerstandswerte, bei Parallelschaltung die Leitwerte.

3. Um den errechneten Widerstandswert auszugeben, kann man die folgende Programmzeile verwenden:

```
Console.WriteLine(
    "Der Reihenwiderstand ist " + dRs + " Ohm.");
```

Hier wird eine Hintereinanderschaltung von mehreren Zeichenketten erzeugt, wobei die Variable vom Datentyp *double* mit dem Namen *dRs* zuerst implizit in eine Zeichenkette umgewandelt wird. Nähere Einzelheiten hierzu siehe Abschnitt 11.

4. Wie die Zahl einzugeben ist bzw. ausgegeben wird, hängt davon ab, ob Sie eine deutsche oder englische „Umgebung" haben. Ist die Umgebung deutsch, muss bei der Eingabe das Dezimalkomma verwendet werden, obwohl Literale im Programm selbst international einheitlich mit dem Dezimalpunkt dargestellt werden. Testen Sie das erstellte Programm! Was passiert, wenn Sie bei der Eingabe einen Dezimalpunkt statt eines Dezimalkommas eingeben?

Übung 2:

Schreiben Sie ein C#-Programm, das die Resonanzfrequenz eines Reihenschwingkreises berechnet. Überlegen Sie selbst: Welche Werte müssen eingelesen werden? Wie lautet die Gleichung?

Hinweise:

mathematische Funktionen finden sie in der Klasse *Math*, die innerhalb des Namensraums *System* zur Verfügung steht Näheres finden Sie in der Hilfe zu dieser Klasse. Falls Sie Visual Studio.net verwenden, reicht es, den Klassennamen einzugeben, den Cursor in das Wort zu stellen und die F1-Taste zu drücken.

Die Gleichung für die Resonanzfrequenz f_r lautet:

$$f_r = \frac{1}{2 \cdot \pi \cdot \sqrt{L \cdot C}}$$

mit L: Induktivität, C: Kapazität sowie der Kreiszahl π.

4 Verzweigungen und Schleifen

Bisher haben wir nur „lineare" Programme geschrieben. Bei diesen beginnt die Programmausführung in der ersten Zeile und endet in der letzten. Der Programmfluss ist also von oben nach unten gerichtet. Mit den unten vorgestellten Möglichkeiten werden wir jetzt in der Lage sein, deutlich flexibler zu werden.

Verzweigungen und Schleifen dienen zur Kontrolle des Programmflusses. Verzweigungen machen die Ausführung von Anweisungen abhängig von Bedingungen, z.B. den Ergebnissen von Zwischenrechnungen. Schleifen dienen dazu, Anweisungen wiederholt auszuführen.

4.1 Verzweigungen

Für Verzweigungen wird die *if*-Anweisung verwendet. Ihre Syntax lautet in Backus-Naur-Form:

```
<if-Anweisung> ::= "if" "(" <boolescher Ausdruck> ")"
                      <Anweisung 1>
                   [ "else"
                      <Anweisung 2> ]
```

Das dazugehörige Flussdiagramm zeigt Abbildung 13. Zunächst wird also der boolesche Ausdruck ausgewertet. Ergibt das Ergebnis der Auswertung den Wert *true*, wird die Anweisung 1 ausgeführt. Ergibt seine Auswertung dagegen den Wert *false*, wird die Anweisung 2 ausgeführt, sofern sie vorhanden ist. Anschließend wird mit der Anweisung fortgefahren, die nach der *if*-Anweisung steht.

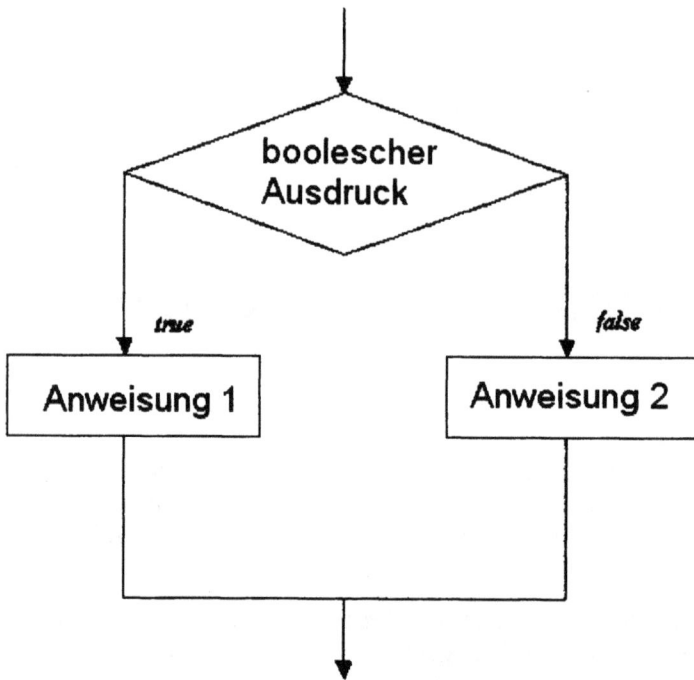

Abbildung 13: Flussdiagramm der if-Anweisung

Bemerkungen:

- Der *else*-Teil kann fehlen, in diesem Fall wird keine Anweisung ausgeführt, wenn die Auswertung des booleschen Ausdrucks *false* ergibt.
- Sollen statt Anweisung 1 oder Anweisung 2 mehrere Anweisungen ausgeführt werden, müssen diese in geschweifte Klammern gesetzt werden. Damit wird anstelle einer Anweisung der gesamte Anweisungsblock ausgeführt. Man nennt dies eine Verbundanweisung, die als eine logische Anweisung zählt.
- Ein Verschachteln von *if*-Anweisungen ist möglich, d.h. man kann als Anweisung 1 oder Anweisung 2 wieder eine *if*-Anweisung verwenden. Da das Schachteln allerdings den Programmtext schwerer lesbar macht, sollte geprüft werden, ob als Alternative eine *switch-case*-Anweisung (siehe unten) in Betracht kommt.
- Zur Formulierung von logischen Bedingungen im booleschen Ausdruck können z.B. die Operatoren <, <=, ==, >=, > verwendet werden.
- In der Bedingung können auch Funktionen aufgerufen werden.
- Bedingungen können mit logischen Operatoren wie & oder | verknüpft werden.

Beispiel:

```
int i1 = 2, i2 = 3, iMax;
   ....
if (i1 <= i2)
   iMax = i2;
else
   iMax = i1;
```

Wichtig ist hier, dass die Auswertung des booleschen Ausdrucks einen Wert vom Datentyp *bool* ergeben <u>muss</u>. Die Sprachen C und C++ akzeptieren hier auch Zahlen, wobei alles au-ßer der Zahl Null als *true* gewertet wird. Dadurch können dort leicht Fehler entstehen, die der Compiler nicht entdeckt, z.B. wenn der Programmierer versehentlich statt des Ver-gleichsoperators (==) den Zuweisungsoperator (=) verwendet. Dann wird statt eines Ver-gleichs von linker Seite und rechter Seite der Wert der rechten Seite in der Variablen gespei-chert, die links vom Gleichheitszeichen steht. Wenn dieser Wert ungleich Null ist, ist der boolesche Ausdruck immer *true*, und das Programm erfüllt wahrscheinlich nicht die Aufga-be, die sein Programmierer ihm zugedacht hat. Bei C# kann das nicht passieren, weil in der Bedingung keine Ausdrücke mit einem anderen Datentyp als *bool* akzeptiert werden. Hier wird der Programmierer also schon beim Versuch, den fehlerhaften Code zu übersetzen, vom Compiler auf den Fehler aufmerksam gemacht.

Statt *if*-Anweisungen zu verschachteln, nimmt man besser die *switch-case* Anweisung. Sie ermöglicht eine Auswahl aus einer Reihe von Alternativen. Ihre Syntax lässt sich wie folgt darstellen:

```
<switch-Anweisung>  ::=  "switch" "(" <Ausdruck> ")"
                         "{"
                            { <Fallunterscheid> }
                            [ <DefaultAnw> ]
                         "}"

<Fallunterscheid>   ::=  "case " <const-Ausdruck> ":"
                            { <Anweisung> }
                         "break;"

<DefaultAnw>        ::=  "default:"
                            { <Anweisung> }
                         "break;"
```

Für diese Anweisung gelten die folgenden Bedingungen:

- Die const-Ausdrücke müssen Literale vom Typ *char*, *byte*, *short*, *int* oder *string* sein,
- alle const-Ausdrücke müssen den selben Typ haben,
- es dürfen keine keine doppelten const-Ausdrücke vorkommen,
- der Typ von Ausdruck muss konform zum Typ der const-Ausdrücke sein,
- es darf höchstens ein *default* geben.

Hierzu als Beispielprogramm 4 ein Programmauszug aus einem größeren Programm, das in Abschnitt 14 noch genauer behandelt wird:

```
char op;
. . .
switch (op)
{
    case '+':
      cZahl3 = cZahl1 + cZahl2; break;
    case '-':
      cZahl3 = cZahl1 - cZahl2; break;
    case '*':
      cZahl3 = cZahl1 * cZahl2; break;
    case '/':
      if(cZahl2.Betrag() != 0.0)
        cZahl3 = cZahl1 / cZahl2;
      else
      {
        Console.WriteLine(
            "Division durch Null nicht möglich");
        . . .
      }
      break;
} . . .
```

Beispielprogramm 4: Eine switch-Stuktur

Im Moment ist nur die *switch*-Struktur von Bedeutung. Die durchgeführte Rechenoperation, mit der die Zahl *cZahl3* ermittelt wird, ist abhängig von dem in *op* gespeicherten Zeichen. Dieses wird der Reihe nach mit den Werten der hinter *case* stehenden Literale verglichen. Ergibt ein Vergleich eine Übereinstimmung, werden die nach dem Doppelpunkt stehenden Anweisungen durchgeführt, bis das Schlüsselwort *break* erreicht wird. Jeder nichtleere *case*-Zweig muss in C# zwingend mit *break* abgeschlossen werden, womit eine weitere Fehlerquelle von C, C++ und Java beseitigt ist.

4.2   Schleifen

Die Syntax der kopfgesteuerten (auch abweisende Schleife genannten) *while*-Schleife sieht folgendermaßen aus:

```
<while-Anweisung> ::= "while" "(" <boolescher Ausdruck> ")"
                            <Anweisung>
```

Das Flussdiagramm ist in Abbildung 14 dargestellt:

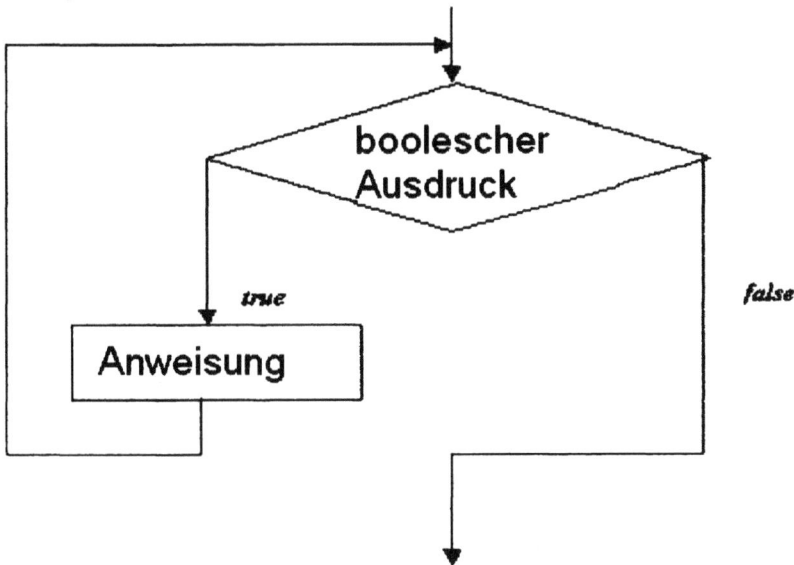

Abbildung 14: Flussdiagramm der while-Schleife

Es werden also folgende Schritte durchgeführt:

– der boolesche Ausdruck wird berechnet,
– falls der Ausdruck *true* liefert, wird die Anweisung ausgeführt (bei mehreren Anweisungen sind auch hier wieder geschweifte Klammern zu setzen), der boolesche Ausdruck wird anschließend erneut berechnet, ...

– falls Ausdruck *false* liefert, wird die ***while***-Anweisung beendet.

Beispiel:

```
int iDimension = 2, iMax = 4;
while (iDimension <= iMax)
{
    System.Console.Writeln(iDimension);
    iDimension++;
}
```

Bei dieser Schleife kann es also sein, dass die Anweisung kein einziges Mal ausgeführt wird, wenn der boolesche Ausdruck beim ersten Mal gleich den logischen Wert *false* ergibt. Daher wird diese Schleife auch abweisende Schleife genannt. Bei der folgenden Schleife ist dies anders:

Syntax der fußgesteuerten (annehmenden) ***do-while-*** Schleife:

```
<do-Anweisung> ::= "do"
                      <Anweisung>
                   "while" "(" <boolescher Ausdruck> ")" ";"
```

Diese Schleife besitzt das Flussdiagramm nach Abbildung 15.

Beispiel:

```
int iDimension = 2, iMax = 4;

    do
    {
      System.Console.WriteLine(iDimension);
      iDimension++;
    } while (iDimension <= iMax);
```

Eigentlich sind nicht beide Schleifen notwendig. Es gilt die folgende semantische Äquivalenz:

```
<Anweisung> while (<boolescher Ausdruck>) <Anweisung>
```

```
                      <=>
```

```
do <Anweisung> while (<boolescher Ausdruck>);
```

Statt der fußgesteuerten *do-while*-Schleife kann man also die kopfgesteuerte *while*-Schleife verwenden, wenn man vorher die gleiche Anweisung ausführen lässt, die auch in der Schleife steht. Natürlich ist das zusätzlicher Schreibaufwand.

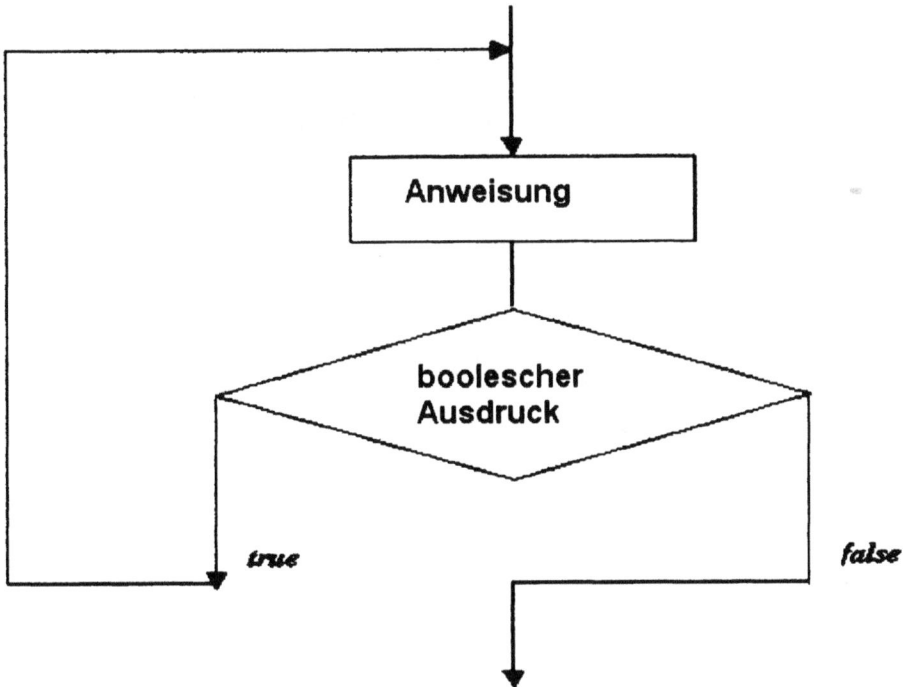

Abbildung 15: Flussdiagramm der do-while Anweisung

Es gibt noch eine weitere Schleife, die es gestattet, sehr kompakt (aber nicht unbedingt verständlich) zu programmieren, die *for* -Schleife:

Syntax:

```
<for-Anweisung> ::= "for"
                    "(" [ <Init-Ausdruck> ]        ";"
                    [ <boolescher Ausdruck> ] ";"
                    [ <Inkrement-Ausdruck> ]
                    ")" <Anweisung>
```

Das Flussdiagramm hierzu sieht wie in Abbildung 16 aus:

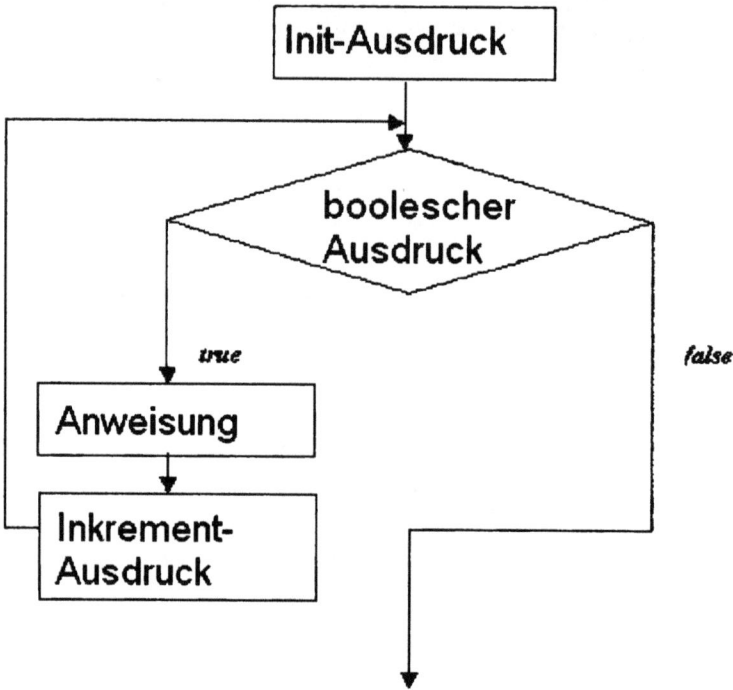

Abbildung 16: Flussdiagramm der for-Schleife

Es werden also folgende Schritte durchlaufen:

- Werte den Init-Ausdruck aus,
- berechne den booleschen Ausdruck,
- falls Ausdruck **true** liefert:
- Führe die Anweisung aus;
- berechne den Inkrement-Ausdruck,
- berechne erneut den booleschen Ausdruck, ...
- falls Ausdruck **false** liefert, beende die **for**-Anweisung.

Beispiel:

```
int euro;
  double kurs = 1.10;
```

```
System.Console.WriteLine ("Euro Dollar \n");

for (euro = 1; euro <= 5; ++euro)
   System.Console.WriteLine (" {0}    {1} ", euro, euro/kurs);
```

Dieses Beispiel druckt eine Umrechnungstabelle zwischen Euro und Dollar. Die Ausgabe mit *WriteLine()* enthält zwei Platzhalter in geschweiften Klammern. In diese Platzhalter werden die Werte eingesetzt, die innerhalb der runden Klammern nach dem Zeichenkettenausdruck stehen, nämlich *euro* und das Ergebnis des Ausdrucks *euro/kurs*. Man kann also *WriteLine()* eine Liste von Werten übergeben, das erste Listenelement hat den Index 0, das zweite 1, usw. Diese Werte werden an derjenigen Stelle in die auszugebende Zeichenkette eingesetzt, an der ihr Index in geschweiften Klammern auftaucht. Es besteht auch die Möglichkeit, die ausgegebenen Zahlen zu formatieren. Dazu wird nach dem Index ein Doppelpunkt eingegeben, gefolgt von einem Formatierungszeichen. Weitere Einzelheiten finden Sie in der Hilfe zu Visual Studio.net unter dem Stichwort „Standardmäßige Zahlenformatzeichenfolgen".

Ergänzung:

- wird eine Variable in der Init-Anweisung (Init-Ausdruck und Strichpunkt) definiert, so erstreckt sich ihr Gültigkeitsbereich über die gesamte *for*-Anweisung, aber nicht weiter
- die Init-Anweisung und der Inkrement-Ausdruck können eine durch Kommata getrennte Liste von Ausdrücken enthalten, diese Ausdrücke werden von links nach rechts ausgewertet.

Im Zusammenhang mit den Schleifen sind zwei weitere Schlüsselwörter wichtig:

- *break*: Es wird aus der Schleife herausgesprungen. Die Programmausführung wird bei der ersten Programmzeile nach der Schleife fortgesetzt. Dieses Schlüsselwort wurde in der *switch*-Anweisung bereits mit gleicher Bedeutung verwendet. Dort war es allerdings zwingend notwendig, während es hier optional ist.
- *continue*: Die Programmausführung wird bei der Überprüfung der booleschen Bedingung fortgesetzt. Die nach *continue* stehenden Anweisungen in der Schleife werden nicht mehr ausgeführt.

Wenn man Visual Studio.net verwendet, hat man eine einfache Möglichkeit, sich den Wert jeder verwendeten Variablen zu jeder beliebigen Zeit während des Programmlaufs anzusehen. Dazu muss man nur in der entsprechenden Zeile auf den linken Rand im Codefenster klicken. Dann erscheint dort ein brauner Punkt und diese Zeile wird braun unterlegt. Wird das Programm dann mit „Debuggen"->"Starten" gestartet, wird das Programm bis zu dieser Stelle ausgeführt. Mit „Debuggen"->"Einzelschritt" kann das Programm dann Schritt für Schritt ausgeführt werden. Die in den Variablen gespeicherten Werte kann man sich ansehen, indem man den Mauscursor über die Variable stellt oder sie im Überwachungsfenster hinzufügt. Diese Eigenschaft erleichtert die Beobachtung des Programmflusses bei Schleifen und Verzweigungen.

4.3 Übungen

Frage zur Lernzielkontrolle:

Frage 1:

Welche Bildschirmausgabe erzeugt der folgende Programmausschnitt

```
int erg = 0;
int i;
for(i = 1; i<6; i++)
{
  erg = erg+i;
  while(true)
  {
    if (i>=3) break;
    erg = erg + i++;
  }
}
Console.WriteLine(erg);
```

Übung 1:

Der Blindwiderstand X_C eines Kondensators der Kapazität C ist von der Frequenz f abhängig, es gilt:

$X_C = -1/(2\pi fC)$.

Schreiben Sie ein Programm, das den Wert der Kapazität C nach einer Eingabeaufforderung von der Tastatur einliest. Anschließend soll eine Tabelle auf dem Bildschirm ausgegeben werden, die für die Frequenzen von 1 bis 1000 Hertz den kapazitiven Blindwiderstand ausgibt. Von 1 bis 10 Hertz soll die Ausgabe in Stufen von 1 Hertz erfolgen, von 10 bis 100 Hertz in Stufen von 10 Hertz und zwischen 100 und 1000 Hertz in Stufen von 100 Hertz.

Übung 2:

Gegeben sei ein Reihenschwingkreis aus einer Kapazität C = 1 µF und einer Induktivität L = 1 mH an einer Sinusspannung mit dem Effektivwert U = 1 V. Berechnen Sie die Resonanzfrequenz f_R des Reihenschwingkreises und geben Sie eine Tabelle für den Effektivwert des Stroms durch den Schwingkreis aus. Dabei soll die Frequenz in Stufen von $f_R / 100$ inkrementiert werden. Die Tabelle soll den Bereich von 0,9 f_R bis 1,1 f_R umfassen. Kann der Wert des Stroms bei der Resonanzfrequenz berechnet werden?

Übung 3:

In der Praxis haben Reihenschwingkreise einen mehr oder weniger großen Reihenwiderstand. Will man aus der dann sich ergebenden Gleichung für den Scheinwiderstand der Gesamtschaltung die zu einem Scheinwiderstand gehörende Frequenz f berechnen, erhält man eine quadratische Gleichung für f, die je nach den Werten von Scheinwiderstand, Reihenwiderstand, Induktivität und Kapazität verschieden viele Lösungen haben kann. Ein C#-Programm könnte diese Lösungen automatisch berechnen.

Allgemein lässt sich das Problem folgendermaßen formulieren:

Schreiben Sie ein Programm, mit dem Sie alle Lösungen (reell oder komplex) der quadratischen Gleichung

$$a \cdot x^2 + b \cdot x + c = 0$$

für beliebige reelle Koeffizienten a, b, c vom Typ double berechnen und auf dem Bildschirm ausgeben können.

Die Lösungsformel lautet:

$$x_{1,2} = \frac{-b \pm \sqrt{b^2 - 4ac}}{2a}$$

Natürlich darf man nur dann durch den Koeffizienten a teilen, wenn er ungleich Null ist. Falls er gleich Null ist, ergibt sich im Fall $b \neq 0$ aus der quadratischen Gleichung die Lösung $x_1 = -c/b$. Falls b auch gleich Null ist, ist im Fall c=0 jedes x Lösung, ansonsten gibt es keine Lösung für x.

Im Fall $a \neq 0$ muss der unter der Wurzel stehende Ausdruck (die sog. Diskriminante) weiter untersucht werden. Ist er positiv, gibt es zwei reelle Lösungen, ansonsten zwei konjugiert komplexe.

Insgesamt ergibt sich also folgendes Flussdiagramm:

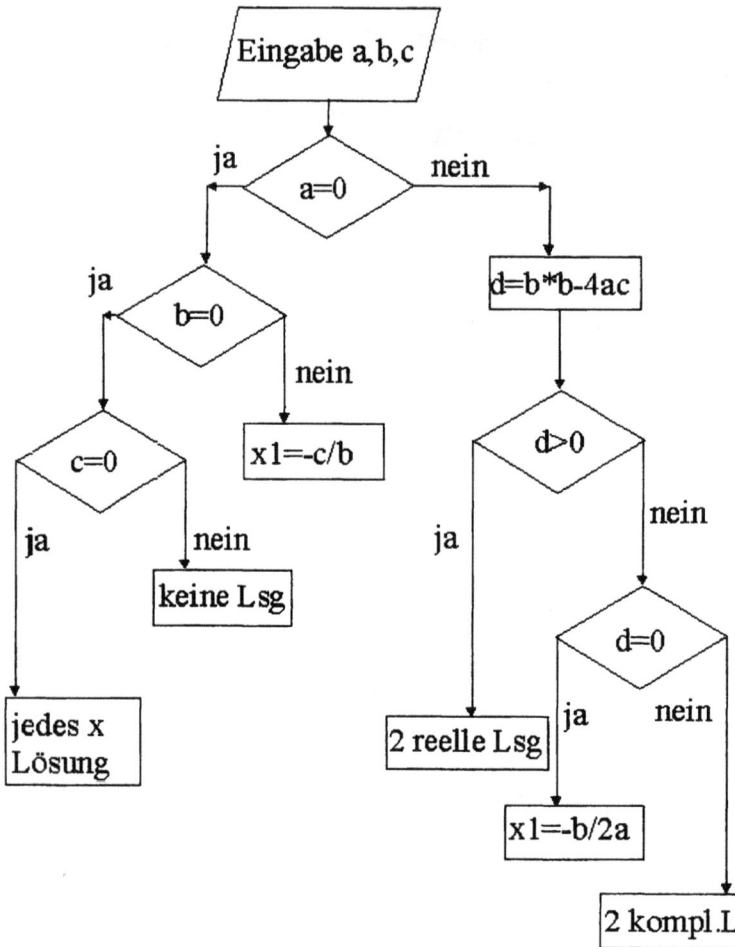

Hinweis: *Math.Sqrt(Zahl)* ermittelt die Wurzel von Zahl, *Math.Abs(Zahl)* ermittelt den Betrag von Zahl.

5   Fehlerbehandlung

5.1   Arten von Fehlern

Fehler kann nicht nur der Programmierer machen, sondern auch der Benutzer des Programms. Professionelle Software versucht, möglichst alle Fehler, die ein Benutzer machen kann, vorherzusehen und abzufangen. Es gibt drei Arten von Fehlern:

- „Syntaktische Fehler" werden vom Compiler entdeckt.
- „Laufzeitfehler" treten erst bei der Ausführung auf, weil sie z. B. von Variablen abhängen, die der Benutzer verändern kann. Beim Auftreten eines solchen Fehlers bricht die Ausführung des Programms üblicherweise ab, falls der Fehler nicht innerhalb des Codes erkannt und abgefangen wird.
- „Semantische" oder „logische" Fehler bewirken Fehlfunktionen. Die Auswirkungen treten oft nicht dort auf, wo der Fehler stattgefunden hat, sondern an einer ganz anderen Stelle im Code.

In diesem Abschnitt geht es um Laufzeitfehler. Solche Fehler entstehen beispielsweise,

- wenn der Anwender statt der erwarteten Zahl einen Buchstaben eingibt,
- wenn versucht wird, durch die Zahl Null zu dividieren,
- wenn der darstellbare Zahlenbereich einer Variablen überschritten wird.

Wie man sehen wird, tauchen hier genauso wie im vorigen Abschnitt Strukturen zur Steuerung des Programmflusses auf. Daher passt das Kapitel Fehlerbehandlung gut an diese Stelle. Allerdings müssen wir an einigen Stellen einen Vorgriff auf die Abschnitte 7 und 8 machen, worauf an den entsprechenden Stellen hingewiesen wird.

Ein häufiger Laufzeitfehler ist der „Überlauf", der auftritt, wenn die Größe der zu speichernden Zahl den Wertebereich der Variablen übersteigt. Zum Abfangen von Überlauffehlern gibt es zwei Möglichkeiten:

1. Beim Kompilieren wird der Parameter „/checked+" angegeben. Dies schaltet die Überlaufkontrolle für den gesamten Code ein.

2. Die zu überprüfenden Stellen werden in ein Paar geschweifter Klammern eingeschlossen, das vom Schlüsselwort *checked* eingeleitet wird.

Programmabschnitte, die auf keinen Fall überprüft werden sollen, werden mit dem Schlüsselwort *unchecked* gekennzeichnet.

Betrachten wir ein Beispiel: Wie viele Möglichkeiten gibt es, einen Zug mit fünf Wagons zu bilden? Wenn man davon ausgeht, dass zuerst die Lokomotive kommt, gibt es fünf Möglichkeiten für den ersten Wagen, beim zweiten sind es noch vier, usw. Das sind also 5! =5*4*3*2*1 = 120 Möglichkeiten. Der Ausdruck 5! wird als „Fakultät von Fünf" bezeichnet.

Wir wollen die Fakultät einer Zahl berechnen, die von der Tastatur eingelesen wird. Die Fakultät ist dabei das Produkt einer Zahl mit allen kleineren Zahlen, die noch größer als Null sind. Sie können sich sicher vorstellen, dass die Zahlen sehr schnell sehr groß werden. Deshalb kann bei Eingabe einer großen Zahl der darstellbare Zahlenbereich nach Tabelle 1 schnell überschritten werden.

5.2   Überlauf ohne Fehlerprüfung

Unsere erste Variante für die Berechnung der Fakultät könnte zum Beispiel so aussehen:

```
class Fakultaet1
{
    static void Main()
    {
        Console.WriteLine("Bitte eine Zahl: ");
        // Aufruf der Methode Console.ReadLine()
        // Der Wert, den diese Funktion einliest,
        // wird in der Variablen eingabe gespeichert
        string eingabe;
        eingabe = Console.ReadLine();

        // Umwandlung einer Zeichenkette in
        // eine Ganzzahl vom Datentyp long.
        long Zahl;
        Zahl = Int64.Parse(eingabe);

        long erg = 1;
        Console.WriteLine("Fakultät1");
        for(long i = 1; i <= Zahl; i++)
```

```
      erg *= i;
   Console.WriteLine(
      "Die Fakultät von {0} ist {1}.", Zahl, erg);
   }
}
```

Beispielprogramm 5: Fakultätsberechnung ohne Fehlerkorrektur

Dieses Programm verwendet wieder die Funktion (auch „Klassenmethode" genannt) *Read-Line()* der Klasse *Console*, um eine Zeichenkette von der Tastatur zu lesen. Die Eingabe wird durch Betätigen der Return-Taste abgeschlossen. Dann übergibt diese Funktion eine Zeichenkette, die in der links vom Gleichheitszeichen stehenden Variablen eingabe gespeichert wird. Die Funktion *Parse()* der Klasse *Int64* nimmt diese Zeichenkette entgegen und macht daraus eine Zahl vom Datentyp *long*, die in einer Variablen mit dem Namen *Zahl* gespeichert wird. Auf Funktionen, Methoden und Klassen kommen wir in den Abschnitten 6, 7 und 8 zu sprechen. Bis dahin betrachten Sie die beiden Programmzeilen bis dahin einfach als eine Möglichkeit, eine Zahleneingabe von der Tastatur entgegenzunehmen.

Innerhalb von *Console.Write()* verwenden wir wie bereits in Abschnitt 4.2 wieder die Möglichkeit, die Inhalte von Variablen auszugeben. Die Zahl Null in der ersten geschweiften Klammer innerhalb der Zeichenkette ist ein Platzhalter, in den der Wert der Variablen *Zahl* eingesetzt wird. Die Zahl Eins in der zweiten geschweiften Klammer innerhalb der Zeichenkette ist dagegen der Platzhalter, in den der Wert der Variablen *erg* eingesetzt wird. Warum *Zahl* und *erg*? *Zahl* steht an erster Stelle in der Liste nach der Zeichenkette, hat also bei Zählung ab Null die laufende Nummer Null, *erg* dagegen die laufende Nummer Eins. Eine weitere Möglichkeit wäre die Stringverkettung mit dem Pluszeichen, siehe dazu die Übung zu Abschnitt 3.

Wenn wir das Programm laufen lassen und die Zahl 5 eingeben, wird es als Ergebnis völlig richtig den Wert 120 ausgeben. Übergeben wir jedoch eine viel größere Zahl wie beispielsweise 100000, so wird bei einer der Multiplikationen das Ergebnis größer als die größte Zahl, die in einer *long*-Variablen gespeichert werden kann. In diesem Fall gibt das Programm als Ergebnis eine 0 aus. Das ist natürlich falsch, denn das Ergebnis ist sicher nicht Null.

5.3   Fehlerprüfung

Das Programm muss also verändert werden. Bei der nächsten Variante findet die Multiplikation innerhalb eines *checked*-Blocks statt. Der Überlauf wird nun bei der Ausführung des Programms erkannt und das Programm daraufhin mit der Ausnahme „Unhandled Exception:

System.OverflowException: Exception of type System.OverflowException was thrown"
abgebrochen.

```
class Fakultaet2
{
  static void Main()
  {
    Console.WriteLine("Bitte eine Zahl");
    string eingabe;
    eingabe = Console.ReadLine();

    long Zahl;
    Zahl = Int64.Parse(eingabe);

    long erg = 1;
    Console.WriteLine("Fakultät2");
    for(long i = 1; i <= Zahl; i++)
      checked
      {
        erg *= i;
      }
    Console.WriteLine(
      "Die Fakultät von {0} ist {1}.", Zahl, erg);
  }
}
```

Beispielprogramm 6: Fakultätsberechnung mit Abbruch bei Überlauf

Natürlich ist es unschön, dass das Programm jetzt bei einem Überlauf mit einer Fehlermeldung „abstürzt", allerdings ist das immer noch besser, als wenn mit falschen Zahlenwerten weiter gearbeitet würde. C# bietet jedoch auch eine Möglichkeit, Ausnahmefehler während der Laufzeit zu erkennen und abzufangen, so dass sie im Programm behandelt werden können. Dazu dienen die Anweisungen *try* und *catch*.

Das Schlüsselwort *try* leitet einen Block ein, der den Programmabschnitt enthält, in welchem der Fehler auftreten kann. Der Block selbst wird in geschweifte Klammern eingeschlossen. Daran anschließend wird durch *catch* ein weiterer Block definiert, der nur im Falle einer Ausnahme ausgeführt wird. Die allgemeine Syntax sieht also folgendermaßen aus:

```
try
{
  // Anweisungen, die eine Ausnahme verursachen könnten
}
catch
```

```
    {
        // Anweisungen zur Behandlung der Ausnahme
    }
```

Dieser *catch*-Block fängt jede Ausnahme ab, die innerhalb des *try*-Blocks auftritt. Das ist aber meistens nicht gewünscht, weil nicht alle Ausnahmen vorhersehbar sind. Beispielsweise könnte im *catch*-Block der Überlauf einer Berechnung behandelt werden. Wenn dagegen zum Beispiel versucht wird, eine nicht vorhandene Datei zu öffnen, kann das Programm nicht entsprechend reagieren.

Daher gibt man dem *catch*-Block noch die Art der Ausnahme als Parameter mit, auf die er reagieren soll. Alle anderen Ausnahmen, die damit dann nicht mehr abgefangen werden, werden einfach an die aufrufende Methode (Methodenaufrufe werden ebenfalls in den Abschnitten 7 und 8 behandelt) beziehungsweise im Fall der *Main()*-Methode an das Betriebssystem durchgereicht. Falls die Ausnahme eingetreten ist, wird der *catch*-Block ausgeführt. Anschließend wird die Ausführung des Programms bei der ersten Anweisung nach diesem Block fortgesetzt.

Als Parameter wird dem Schlüsselwort *catch* der Typ der zu behandelten Ausnahme übergeben, und ein Name, der die aufgetretene Ausnahme repräsentiert. Dadurch kann man nähere Informationen über den aufgetretenen Fehler abfragen. Dieser Name kann frei gewählt werden.

Eine Ausnahme erzeugt also ein Objekt einer Klasse, die von der Art der Ausnahme abhängt. Das Schlüsselwort *catch* deutet darauf hin, das dieses Objekt an dieser Stelle „eingefangen" wird. Das eingefangene Objekt enthält Informationen über die Art des aufgetretenen Fehlers, zum Beispiel kann mit *Objektname.Message()* die Fehlermeldung abgefragt werden. Nicht eingefangene Objekte können weiterhin zu einem Abbruch des Programms führen.

Die erweiterte Syntax für den catch-Block lautet:

```
  catch(Ausnahmetyp Objektname)
  {
      // Anweisungen zur Behandlung der Ausnahme
  }
```

Sollte eine andere Ausnahme als ein Überlauf eintreten, bricht das Programm die Ausführung ab, da für andere Ausnahmen keine Fehlerbehandlung definiert ist.

```
class Fakultaet3
{
  static void Main()
  {
    Console.WriteLine("Bitte eine Zahl");
```

```
string eingabe;
eingabe = Console.ReadLine();

long Zahl;
Zahl = Int64.Parse(eingabe);

long erg = 1;
Console.WriteLine("Fakultät3");
for(long i = 1; i <= Zahl; i++)
{
  try
  {
    checked
    {
      erg *= i;
    }
  }
  catch(OverflowException e)
  {
     Console.WriteLine(
       "Es ist ein Überlauf aufgetreten!");
     return;
  }
}
Console.WriteLine(
     "Die Fakultät von {0} ist {1}.", Zahl, erg);
  }
}
```

Beispielprogramm 7: Fakultätsberechnung mit Abfangen des Überlaufs

Das Schlüsselwort **return** bricht an dieser Stelle die Programmausführung ab. Genaueres darüber finden Sie im Abschnitt 6.

Um eine allgemeine Ausnahme abzufangen, deren Typ nicht bekannt ist, gibt man eine *Exception* ohne nähere Spezifikation als Typ an. Man kann beide Techniken auch kombinieren und zunächst spezielle Behandlungsroutinen für bestimmte Ausnahmen schreiben. Alle weiteren Ausnahmen werden von einer allgemeinen Routine abgefangen.

```
catch(OverflowException e)
  {
     // Anweisungen zur Behandlung eines Überlaufs
  }
catch
  {
```

```
    // Anweisungen zur Behandlung aller sonstigen Ausnahmen
}
```

Falls man mehrere *catch*-Blöcke einsetzt, muss man darauf achten, dass die Routinen zur Behandlung der allgemeineren Ausnahmen weiter unten angeordnet werden.

Folgende Klassen zur Behandlung von Ausnahmen kommen in der Praxis häufig vor:

Die Klasse *Exception* ist die Basisklasse für alle Ausnahmen. *SystemException* ist die Basisklasse für alle zur Laufzeit generierten Ausnahmen. *IndexOutOfRangeException* tritt im Zusammenhang mit Feldern auf (siehe Abschnitt 10) und kennzeichnet dort eine Bereichsverletzung für einen Feldindex. *NullReferenceException* wird ausgelöst, wenn versucht wird, über eine Referenz, die noch nicht gesetzt wurde, auf eine Speicherstelle im Heap zuzugreifen. *InvalidOperationException* wird von verschiedenen Methoden verwendet, wenn eine Operation für den aktuellen Objektzustand nicht durchgeführt werden kann. *ArgumentException* schließlich ist die Basisklasse für alle Ausnahmen, die auf Argumentfehler zurückgehen, die beim Aufruf von Funktionen oder Methoden passieren können (siehe Abschnitt 6).

Unabhängig davon, ob eine Ausnahme aufgetreten ist oder nicht, kann es manchmal notwendig sein, abschließende Operationen durchzuführen. Beispielsweise sollte eine Datei von Ihrer Anwendung wieder geschlossen werden, egal, ob aus ihr gelesen werden konnte oder nicht.

Dazu dient das Schlüsselwort *finally*, das nach dem letzten *catch* einen weiteren Block einleitet, der immer ausgeführt wird. Der *finally*-Block kann auch ohne *catch*-Blöcke eingesetzt werden, nur in Verbindung mit einem *try*-Block.

So können auch fehlgeschlagene Operationen beendet werden, die nicht im Programm selbst abgefangen werden, sondern bei denen das Programm durch das Betriebssystem abgebrochen wird. Dieser *finally*-Block wird grundsätzlich immer ausgeführt, unabhängig davon, ob eine Ausnahme aufgetreten ist oder nicht, selbst dann, wenn im *catch*-Block ein *return* steht.

```
try
{
    // Anweisungen, die eine Ausnahme verursachen könnten
}
catch
{
    // Anweisungen zur Behandlung der Ausnahme
}
finally
{
    // Anweisungen zum Aufräumen,
    // die immer ausgeführt werden
}
```

Das Programm zur Berechnung der Fakultät kann damit beispielsweise so umgeschrieben werden, dass je nachdem, ob eine Ausnahme aufgetreten ist oder nicht, im *finally*-Block entweder das Ergebnis oder eine Fehlermeldung ausgegeben wird, wie folgendes Beispiel zeigt.

```
using System;

namespace FinallyTest
{
  class Fakultaet4
  {
    static void Main()
    {
      Console.WriteLine("Bitte eine Zahl:");
      string eingabe;
      eingabe = Console.ReadLine();
      long Zahl;
      Zahl = Int64.Parse(eingabe);
      bool AusnahmeAufgetreten = false;
      long erg = 1;
      Console.WriteLine("Fakultät4");
      for(long i = 1; i <= Zahl ; i++)
      {
        try
        {
          checked
          {
            erg  = erg * i;
          }
        }
        catch(OverflowException e)
        {
          AusnahmeAufgetreten = true;
          return;
        }
        finally
        {
          if(!AusnahmeAufgetreten)
          {
            Console.WriteLine(
              "Die Fakultät von {0} ist {1}.", i, erg);
          }
          else
          {
            Console.WriteLine(
```

```
                    "Es ist ein Überlauf aufgetreten!");
                Console.Read();
            }
        }
      }
    }
  }
}
```

Beispielprogramm 8: Fakultätsberechnung mit finally-Block

Das Programm erzeugt die folgende Bildschirmausgabe:

```
C:\Czarnecki\37_BuchCSFuerIngsNeu\FinallyTest\bin\Debug\FinallyTest.exe    _□×
Bitte eine Zahl:
22
Fakultät4
Die Fakultät von 1 ist 1.
Die Fakultät von 2 ist 2.
Die Fakultät von 3 ist 6.
Die Fakultät von 4 ist 24.
Die Fakultät von 5 ist 120.
Die Fakultät von 6 ist 720.
Die Fakultät von 7 ist 5040.
Die Fakultät von 8 ist 40320.
Die Fakultät von 9 ist 362880.
Die Fakultät von 10 ist 3628800.
Die Fakultät von 11 ist 39916800.
Die Fakultät von 12 ist 479001600.
Die Fakultät von 13 ist 6227020800.
Die Fakultät von 14 ist 87178291200.
Die Fakultät von 15 ist 1307674368000.
Die Fakultät von 16 ist 20922789888000.
Die Fakultät von 17 ist 355687428096000.
Die Fakultät von 18 ist 6402373705728000.
Die Fakultät von 19 ist 121645100408832000.
Die Fakultät von 20 ist 2432902008176640000.
Es ist ein überlauf aufgetreten!
```

Abbildung 17: Bildschirmausgabe von Beispielprogramm 8

Wenn ein Überlauf auftritt, wird die boolesche Variable ***AusnahmeAufgetreten*** auf den logischen Wert ***true*** gesetzt. Der ***finally***-Block wird bei jedem Durchlauf durch die Schleife ausgeführt und berechnet je nach Wert dieser Variablen entweder das korrekte Ergebnis oder gibt eine Fehlermeldung aus.

5.4   Übungen

Fragen zur Lernzielkontrolle:

Frage 1:

Wozu dienen die Schlüsselwörter *try* und *catch*?

Frage 2:

Wozu dient das Schlüsselwort *finally*?

Übung 1:

Schreiben Sie ein C#-Programm, das eine Gleitkommazahl von der Tastatur einliest. Wie Sie bereits gesehen haben, wird die Eingabe zunächst in einen *string* eingelesen. Danach wird die Methode *Convert.ToDouble()* aufgerufen, um diesen string in eine Gleitkommazahl umzuwandeln. Falls die Eingabe nicht korrekt in eine Gleitpunktzahl umgewandelt werden kann, soll eine Fehlermeldung im Konsolenfenster ausgegeben werden. Das Programm soll so lange nach einer Eingabe verlangen, bis sie erfolgreich umgewandelt werden konnte.

Testen Sie Ihr Programm! Wie reagiert die Methode auf die verschiedenen Möglichkeiten der Fehleingabe? Was passiert, wenn Sie bei deutscher Umgebung einen Dezimalpunkt statt eines Dezimalkommas eingeben?

6 Prozeduren und Funktionen

„Prozeduren" und „Funktionen" sind Programmteile, die in sich abgeschlossene Aufgaben lösen. Man verwendet sie, um Programme zu strukturieren und dadurch die Übersichtlichkeit zu erhöhen. Wenn man Prozeduren und Funktionen so schreibt, dass sie flexibel verwendbar sind, spart das Platz.

Warum brauchen wir Prozeduren und Funktionen? Das hängt damit zusammen, dass Programme umfangreicher werden und mehr leisten als früher. Wir können das durchaus mit der Entwicklung der menschlichen Zivilisation vergleichen. Früher hat jeder seinen Acker selbst bestellt, Viehwirtschaft betrieben oder Kräuter gesammelt. Heute haben wir Spezialisten, Fachleute und Arbeitsteilung. Nur so können wir zum Mond fliegen oder Auto fahren. Die Spezialisten bei der Programmierung heißen Prozeduren und Funktionen.

Die neue Form der Arbeitsteilung führt natürlich auch zu neuen Problemen. Wer organisiert das Zusammenspiel der Spezialisten und in welcher Form? Die Zivilisation kennt Demokratien und Diktaturen, Arbeiter, Angestellte, Firmenbosse und Politiker. Auch in der Programmierung haben wir „Klassen" und „Objekte", die bestimmte Aufgaben übernehmen. Jede Prozedur oder Funktion in C# gehört zu der Klasse, in der sie definiert wurde. Doch davon später mehr (Abschnitt 7).

6.1 Prozeduren

Zunächst muss das Verhalten der Prozedur programmiert werden. Das kann zum Beispiel eine einfache Bildschirmausgabe sein oder die Berechnung eines elektrischen Widerstands. Diese Festlegung geschieht in der Prozedurdefinition. Ist dieser Schritt durchgeführt, kann sie verwendet werden. Die Verwendung einer Prozedur wird als Prozeduraufruf bezeichnet.

Die Syntax einer vorläufigen Prozedurdefinition sieht folgendermaßen aus:

```
<Proc-Def1>      ::=   <Proc-Kopf>
                       <Proc-Rumpf>
<Proc-Kopf>      ::=   "static void " <Proc-Name> "( )"
<Proc-Name>      ::=   <Bezeichner>
<Proc-Rumpf>     ::=   "{"
```

```
              <Anweisungen>
        "}"
```

Eine Prozedur besteht also aus dem Prozedurkopf und dem Prozedurrumpf. Die zwei aufeinander folgenden Schlüsselwörter *static void* sind Ihnen bei der *Main()*-Prozedur schon be-
gegnet, die genaue Erklärung folgt im Abschnitt über Klassen. Was ein Bezeichner ist, wurde bereits im Abschnitt über Variablen (Abschnitt 3) erläutert. Im Prozedurrumpf stehen die
Anweisungen, welche die Funktionalität der Prozedur festlegen.

Im Beispielprogramm 9 werden zwei Prozeduren definiert, die sich einfach mit einer Bildschirmausgabe bemerkbar machen:

```
class Prozedurentest
{
  static void Prozedur1()
  {
    System.Console.WriteLine("in Prozedur 1");
  }

  static void Main()
  {
      ...
  }
  static void Prozedur2()
  {
    System.Console.WriteLine("in Prozedur 2");
  }
}
```

Beispielprogramm 9: Zwei einfache Prozeduren

Der Prozeduraufruf erfolgt im einfachsten Fall über den Namen der Prozedur und runden
Klammern, abgeschlossen mit einem Strichpunkt:

```
<Prozedur-Aufruf1> ::= <Prozedur-Name> "( )" ";"
```

Beim Aufruf wird die Programmausführung bei der ersten Anweisung der Prozedur fortgesetzt. Danach werden die Anweisungen im Prozedurrumpf ausgeführt, bis der Prozedurrumpf
vollständig abgearbeitet ist oder irgendwo das Schlüsselwort *return* steht. Anschließend wird
mit der Ausführung des Programms an der Stelle weitergemacht, von wo aus der Aufruf
erfolgte.

Der Aufruf kann vom Hauptprogramm *Main()* aus erfolgen oder aus einer anderen Prozedur heraus. Beide Möglichkeiten zeigt das nächste Beispielprogramm 10:

```
using System;

class Prozedurtest
{

    static void Prozedur1()
    {
        System.Console.WriteLine("in Prozedur1");
        Prozedur2();
        System.Console.WriteLine("nochmal Prozedur1");
        Prozedur2();
    }

    static void Main()
    {
        System.Console.WriteLine("Beginn");
        Prozedur1();
        System.Console.WriteLine("Ende");
        Console.Read();
    }
    static void Prozedur2()
    {
        System.Console.WriteLine("in Prozedur2");
    }
}
```

Beispielprogramm 10: Aufruf der Prozeduren

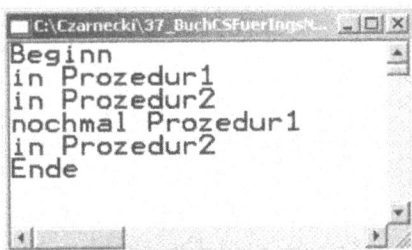

Abbildung 18: Bildschirmausgabe von Beispielprogramm 10

Das Beispielprogramm 10 erzeugt die Bildschirmausgabe nach Abbildung 18. Man sieht, dass es unerheblich ist, an welcher Stelle die Prozeduren in der Klasse stehen, wichtig ist allein die Aufrufreihenfolge. Der Programmstart erfolgt immer bei der Prozedur *Main()*. Daher darf es in der Klasse auch nur eine Prozedur dieses Namens geben. Werden in einem größeren Projekt mehrere Klassen verwendet, muss beim Übersetzen des Programmes angegeben werden, welche *Main()*-Prozedur welcher Klasse ausgeführt werden soll.

6.2   Funktionen

Eine Funktion berechnet einen Wert und gibt ihn an das aufrufende Programm zurück. Prozeduren tun also ohne Rückmeldung an das aufrufende Programm etwas, zum Beispiel geben sie etwas auf dem Bildschirm aus, während Funktionen rechnen und einen Wert zurückgeben.

Zur Rückgabe des Werts dient die *return*-Anweisung:

```
<return-Anweisung> ::= "return "  <Ausdruck> ";"
```

 Zurückgegeben wird der nach dem Schlüsselwort *return* stehende Ausdruck. Dieser Ausdruck muss einen Datentyp haben, der mit dem Datentyp der Funktion (siehe unten) übereinstimmt.

Auch bei Funktionen gibt es wieder Definition und Aufruf. Die Definition wird wie folgt durchgeführt:

```
<Funktion-Defl>     ::= <Funktion-Kopf>
                        <Funktion-Rumpf>
<Funktion-Kopf>     ::= "static"
                        <Datentyp>
                        <Funktion-Name> "()"
<Funktion-Name>     ::= <Bezeichner>
<Funktion-Rumpf>    ::= "{"
                            <Anweisungen>
                        "}"
```

Wie man sieht, besteht der Unterschied zur Prozedurdefinition darin, dass statt *void* ein Datentyp angegeben wird, z. B. *int*, *double*, etc., der den Datentyp des zurückzugebenden Wertes festlegt.

Zwei Beispiele von Funktionsdefinitionen zeigt der Programmauszug nach Beispielprogramm 11.

```
class FunktionTest
  {
    static int Funktion1()
    {
      System.Console.WriteLine("in Funktion 1");
      return 1;
    }

    static void Main()
    {
       ...
    }

    static char Funktion2()
    {
      double Zahl1, Zahl2;
      // Zahl1 und Zahl2 einlesen
      . . .
      if (Zahl1<Zahl2)
        return 'k';
      System.Console.WriteLine("in Funktion2");
      return 'g';
    }
  }
```

Beispielprogramm 11: Zwei einfache Funktionen

Wichtig ist, dass bei Programmverzweigungen in jedem Zweig eine *return*-Anweisung steht, die einen Datentyp zurückgibt, der mit dem Datentyp der Funktion übereinstimmt.

Der Aufruf der Funktion erfolgt wie bei einer Prozedur über ihren Namen. Dabei wird ein Funktionsaufruf genauso behandelt wie ein Ausdruck, hat also einen Wert und einen Datentyp. Beim Aufruf der Funktion werden die Anweisungen im Funktionsrumpf ausgeführt, bis eine *return*-Anweisung erreicht wird. Nach Berechnung des Wertes der *return*-Anweisung wird die Funktion verlassen und der Wert als Funktionswert zurückgeliefert. Dieser Wert kann dann weiter verwendet werden, z.B. für weitere Berechnungen, oder in einer Variablen gespeichert werden, wie im Beispielprogramm 12.

```
class FunktionTest
  {
    static int funk()
    {
```

```
    System.Console.WriteLine("in funk");
    return 2*3;
}
static void Main()
{
    int wert1, wert2;
    wert1 = funk();
    wert2 = funk() * 2 * funk();
}
}
```

Beispielprogramm 12: Zweimaliger Aufruf einer Funktion

Der erste Aufruf von *funk()* geschieht in folgender Zeile:

```
    wert1 = funk();
```

Die Funktion gibt den Wert 6 zurück, dieser Wert wird in der links vom Gleichheitszeichen stehenden Variablen wert1 gespeichert. Beim zweiten Aufruf

```
wert2 = funk() * 2 * funk();
```

erfolgt der Aufruf zweimal innerhalb eines Ausdrucks mit drei Operanden. Funktionen können also auch innerhalb von Ausdrucken vorkommen, genauso wie Variablen. In diesem Fall wird die Funktion aufgerufen, um den Wert des Operanden zu ermitteln. Der Rückgabewert wird für die Berechnung des Ausdrucks weiter verwendet.

Noch einmal zur Wiederholung: Woher weiß das Betriebssystem bei mehreren Funktionen oder Prozeduren eigentlich, wo es anfangen soll? Die Antwort ist recht einfach: Angefangen wird immer bei *Main()*. Deswegen muss es in jeder Klasse genau eine Prozedur mit diesem Namen geben.

6.3   Parameter

Von einem englischen Gentleman sagt man, dass er nie ohne Hut und Regenschirm aus dem Haus geht, egal wie das Wetter ist. Ähnlich unflexibel sind bisher auch unsere Prozeduren und Funktionen, weil die Aktionen und Berechnungen nicht von Eingangsdaten abhängig gemacht werden können. Um das zu ändern, brauchen wir Parameter. Damit wird der Ausgangswert bzw. die Aktion abhängig von Eingangsdaten, wobei die Eingangsdaten unter Umständen erst dann bekannt sind, wenn das Programm bereits läuft, zum Beispiel deswegen, weil eine Eingabe des Benutzers ausgewertet wird.

Sie haben sich sicher schon über die leeren runden Klammern im Funktionskopf gewundert. Wenn eine Funktion oder Prozedur einen oder mehrere Parameter benötigt, werden die Parameter innerhalb dieser Klammern vereinbart. Dies geschieht nach der folgenden Syntax:

```
<Param-Defs>        ::= <Datentyp>
                        <Parameter-Name>
                        {
                          ", " <Datentyp>
                          <Parameter-Name>
                        }
<Parameter-Name> ::= <Bezeichner>
```

Innerhalb der Prozedur oder Funktion sind diese Parameter dann unter den definierten Namen lokal verfügbar, genauso wie die innerhalb der Funktion oder Prozedur möglicherweise zusätzlich definierten lokalen Variablen.

Nachdem klar ist, dass die in diesem Abschnitt behandelten Parameter gleichermaßen bei Prozeduren und Funktionen Verwendung finden, werde ich mich im Folgenden auf Funktionen beschränken. Ich könnte auch den Oberbegriff, nämlich das Wort Unterprogramm verwenden, aber Funktion ist kürzer.

Beim Aufruf einer Funktion müssen die Parameter mit Anfangswerten versehen werden. Diesen Vorgang bezeichnet man als Parameterübergabe. Diese Werte werden dann von der Funktion übernommen und verwendet, zum Beispiel um daraus einen Ergebniswert zu berechnen.

Betrachten Sie eine Funktion einfach wie einen Sachbearbeiter in einem Büro. Auf seinem Schreibtisch steht ein Eingangskorb für den Posteingang. Der Sachbearbeiter nimmt die Akten aus dem Eingangskorb und bearbeitet sie. Wenn er damit fertig ist, kommen die Akten (oder neue Akten, die aus den alten entstanden sind) in den Ausgangskorb. Die Hauspost holt die Akten dann und bringt Sie zum nächsten Bearbeiter.

Als Beispiel betrachten wir eine Funktion, die den resultierenden Widerstand einer Parallelschaltung von zwei ohmschen Widerständen berechnet. Jeder angehende Ingenieur weiß, dass man dazu zunächst den Kehrwert der Widerstandswerte bilden muss, um die Leitwerte zu erhalten. Diese Leitwerte werden dann zusammengezählt. Vom so entstandenen resultierenden Leitwert wird dann wieder der Kehrwert gebildet. Das ist das Ergebnis.

Wir benötigen also zwei Parameter, um die Berechnung für beliebige Widerstandswerte durchzuführen. Die Funktion sieht also (vorläufig, weil ohne Fehlerprüfung) aus, wie in Beispielprogramm 13 dargestellt.

```
static double ParallelWiderstand(double R1, double R2)
{
    double G1, G2, Gges, Rges;

    G1 = 1/R1;
    G2 = 1/R2;
    Gges = G1 + G2;
    Rges  = 1/Gges;


    return Rges;
}
```

Beispielprogramm 13: Berechnung des Widerstandswertes einer Parallelschaltung aus zwei ohmschen Widerständen in einer Funktion

Wie man sieht, werden in der Funktion *ParallelWiderstand()* vier lokale, d.h. nur in der Funktion gültige Variablen definiert, nämlich *G1*, *G2*, *Gges* und *Rges*. Sie werden bei jedem Aufruf der Funktion neu auf dem Stack angelegt. Ihre Inhalte werden aus den übergebenen Werten von *R1* und *R2* berechnet. Nachdem die Funktion ihre Arbeit getan hat, werden ihre Speicherplätze wieder freigegeben. Den Funktionsaufruf überlebt also nur der in *Rges* stehende Wert, weil er an den Aufrufer zurückgegeben wird, bevor der Speicherplatz für *Rges* wieder freigegeben wird.

Der Aufruf der Funktion kann zum Beispiel aus *Main*() heraus erfolgen. Ein mögliches Programm hierzu zeigt Beispielprogramm 14:

```
using System;

class Bsp14
{
    static void Main()
    {
        double R1, R2, R3;
        double Rges1, Rges2;
        R1 = 50.0;
        R2 = 100.0;
        R3 = 150.0;
        Rges1 = ParallelWiderstand(R1, R2); //1.Aufruf
        Rges2 = ParallelWiderstand(R2, R3); //2.Aufruf
        Console.WriteLine("Die Parallelschaltung von " +  R1 +
                " Ohm und " + R2 +
                " Ohm ergibt " + Rges1 + " Ohm.");
        Console.WriteLine("Die Parallelschaltung von " +  R2 +
                " Ohm und " + R3 +
                " Ohm ergibt " + Rges2 + " Ohm.");
        Console.Read();
```

```
}
static double ParallelWiderstand(double R1, double R2)
{
   double G1, G2, Gges, Rges;

   G1 = 1/R1;
   G2 = 1/R2;
   Gges = G1 + G2;
   Rges = 1/Gges;

   return Rges;
}
}
```

Beispielprogramm 14: Hauptprogramm zu Beispielprogramm 13

Die Funktion *ParallelWiderstand()* nach Beispielprogramm 13 und die Prozedur *Main()* nach Beispielprogramm 14 müssen auch hier natürlich wieder in eine Klasse eingebunden werden. Das dann entstehende Programm erzeugt die Bildschirmausgabe nach Abbildung 19:

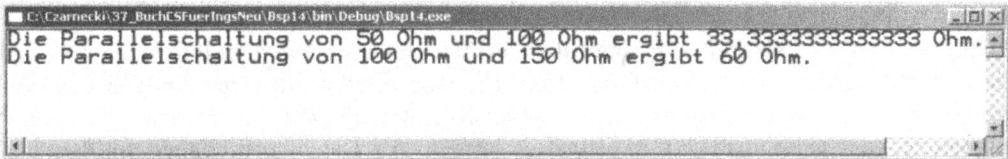

Abbildung 19: Bildschirmausgabe für Beispielprogramm 13 und Beispielprogramm 14

Es lohnt sich, dieses scheinbar einfache Programm genau zu studieren. Was passiert hier?

Die Programmausführung startet bei *Main()*, wie wir das gewohnt sind. Es werden zunächst fünf Speicherplätze vom Datentyp *double* reserviert, drei für die Ausgangsdaten, und zwei für die Ergebnisse. Den Ausgangsdaten werden Werte zugewiesen, das Einlesen schenken wir uns an dieser Stelle, damit das Programm überschaubar bleibt. Dann erfolgt der erste Aufruf der Funktion *ParallelWiderstand()*. Beim Aufruf werden die Werte von *R1* und *R2* kopiert und können in der Funktion verwendet werden. Dieses Kopieren wird auch als „Wertübergabe" oder „call-by-value" bezeichnet. Die Funktion berechnet das Ergebnis und gibt den Ergebniswert zurück. Dieser Wert wird in der Speicherstelle *Rges1* gespeichert, da dieser Name rechts vom Gleichheitszeichen steht.

Zufällig heißen die beiden Parameter in der Prozedur ebenfalls *R1* und *R2*. Lassen Sie sich dadurch aber bitte nicht verwirren. Es handelt sich nämlich um völlig verschiedene Speicherstellen. Erst beim Aufruf wird eine Verbindung zwischen den Speicherstellen in der Prozedur Main und der Funktion *ParallelWiderstand()* dadurch hergestellt, und zwar dadurch, dass die Werte aus dem Speicherbereich von *Main()* in den Speicherbereich von *ParallelWider-*

stand() kopiert werden. Dabei geht es streng nach der Reihenfolge. Der erste Wert im Aufruf wird in den ersten Parameterwert kopiert usw. Aus diesem Grund funktioniert auch der zweite Aufruf problemlos, obwohl die Parameternamen hier nicht mehr übereinstimmen.

Natürlich stellt sich zunächst die Frage, warum das alles so kompliziert sein muss. Wäre es nicht besser, wenn alle Funktionen Zugriff auf die Speicherstellen haben könnten, die irgendwo vereinbart werden?

Haben Sie schon einmal in einer Wohngemeinschaft mit Gemeinschaftsküche gelebt? Diese Küche wird zwar von jedem benutzt, aber von niemandem aufgeräumt. Im Ernst: Bei größeren Programmen, deren unterschiedliche Funktionen und Prozeduren von mehreren Programmierern bearbeitet werden, gäbe es ein heilloses Durcheinander, wenn man solche globalen Variablen verwenden würde. Vor dreißig Jahren habe ich selbst einmal bei einem Projekt mitgearbeitet, bei der eine Programmiersprache verwendet wurde, die das hier beschriebene moderne Lokalitätsprinzip mit eigenem Speicherbereich für jede Funktion noch nicht unterstützt hat, nämlich eine Art „Steinzeit-Basic". Dort mussten als erstes die Variablennamen unter den beteiligten Programmierern aufgeteilt werden. Programmierer Meier verwendete nur Namen, die mit dem Buchstaben „m" begannen, für alle anderen Programmierer war dieser Anfangsbuchstabe tabu, usw. Wenn sich einer der Programmierer nicht an die Vereinbarung hielt, verursachte er unter Umständen in einem Programmteil, mit dem er selbst gar nichts zu tun hatte, einen Fehler.

Parameter sind also spezielle „funktionslokale" Variablen. Sie werden deswegen auch als „formale" Parameter bezeichnet. Diese formalen Parameter werden zur Laufzeit des Programms mit aktuellen Parameterwerten initialisiert. Anzahl und Datentyp der Parameter müssen bei der Funktionsdefinition festgelegt werden. Als Datentypen können mit dem bisherigen Kenntnisstand nur die Standard-Datentypen von C# verwendet werden, später aber auch Referenzen auf Klassentypen.

Standardmäßig wird die Verbindung zwischen aufrufendem Programm und aufgerufener Funktion dadurch hergestellt, dass die Werte also wie oben erwähnt vom einen Speicherbereich in den anderen kopiert werden („call-by-value" oder „Wertübergabe"). Die Programmiersprache C# bietet jedoch auch die Möglichkeit, dass beide Programmteile dieselben Speicherstellen verwenden. Dies wird „Referenzübergabe" oder „call-by-reference" genannt. Bei den Parametern, die so übergeben werden, muss allerdings dann immer das Schlüsselwort *ref* vor dem Datentyp des Parameters stehen, und zwar sowohl bei der Funktionsdefinition als auch beim Funktionsaufruf. Dann wird beim Funktionsaufruf für diese Parameter kein neuer Speicher angelegt, sondern der Speicherbereich des aufrufenden Programms verwendet. Das kann sehr praktisch sein, wenn eine Funktion mehrere Werte berechnen und zurückgeben muss.

Als Beispiel hierfür bietet sich die Stern-Dreieck-Umwandlung nach Abbildung 20 an. Jede elektrische Sternschaltung von drei Widerständen zwischen drei Anschlüssen kann in eine Dreieckschaltung von drei Widerständen umgewandelt werden, die bei gleicher Spannung zwischen den Anschlussklemmen die gleichen Klemmenströme verursacht. In diesem Fall müssen also aus drei Eingangsgrößen drei Ausgangsgrößen berechnet werden.

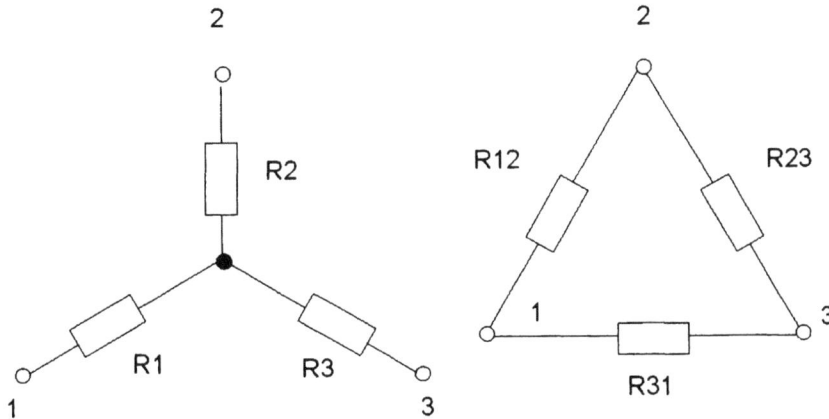

$$R12 = R1 + R2 + \frac{R1 \cdot R2}{R3}$$

$$R23 = R2 + R3 + \frac{R2 \cdot R3}{R1}$$

$$R31 = R3 + R1 + \frac{R3 \cdot R1}{R2}$$

Abbildung 20: Stern-Dreieck-Umwandlung

Eine entsprechende Funktion könnte wie in Beispielprogramm 15 aussehen:

```
static bool SternDreieckUmwandlung(double R1, double R2,
  double R3, ref double R12, ref double R23, ref double R31)
{
  if (R1 == 0.0 | R2==0.0 | R3 == 0.0)
    return false;
  R12 = R1 + R2 + R1*R2/R3;
  R23 = R2 + R3 + R2*R3/R1;
  R31 = R3 + R1 + R3*R1/R2;
  return true;
}
```

Beispielprogramm 15: Eine Funktion zur Stern-Dreieck-Umwandlung

Wie Sie an dem Programmtext sehen, ist der Rückgabewert der Funktion vom Datentyp **bool** und wird nur dazu verwendet, um eine Fehlerkontrolle durchzuführen. Die berechneten Werte werden dagegen in den Referenzparametern *R12*, *R23* und *R31* gespeichert. Ohne das Schlüsselwort *ref* wäre die Berechnung hier sinnlos, weil die Ergebnisse dann in Speicherstellen stünden, die nur lokal in der Funktion *SternDreieckUmwandlung()* verfügbar wären.

Der Aufruf der Funktion kann beispielsweise nach dem Beispielprogramm 16 geschehen:

```
using System;

class Bsp16
{
  static void Main()
  {
    double R1, R2, R3;
    double R_Dreieck_12=0.0, R_Dreieck_23=0.0,
           R_Dreieck_31=0.0;

    R1 = 50.0;
    R2 = 100.0;
    R3 = 150.0;

    bool Erfolg;
    Erfolg = SternDreieckUmwandlung(R1, R2, R3,
        ref R_Dreieck_12, ref R_Dreieck_23, ref R_Dreieck_31);

    if (Erfolg == true)
    {
      Console.WriteLine("R_Dreieck_12 =  " + R_Dreieck_12);
      Console.WriteLine("R_Dreieck_23 =  " + R_Dreieck_23);
      Console.WriteLine("R_Dreieck_31 =  " + R_Dreieck_31);
    }
    else
      Console.WriteLine("Berechnung  fehlgeschlagen");
    Console.Read();
  }
  static bool SternDreieckUmwandlung(double R1, double R2,
    double R3, ref double R12, ref double R23, ref double R31)
  {
    if (R1 == 0.0 | R2==0.0 | R3 == 0.0)
      return false;
    R12 = R1 + R2 + R1*R2/R3;
    R23 = R2 + R3 + R2*R3/R1;
    R31 = R3 + R1 + R3*R1/R2;
    return true;
  }
}
```

Beispielprogramm 16: Das zu Beispielprogramm 15 gehörende Hauptprogramm

Dieses Beispielprogramm erzeugt die Bildschirmausgabe nach Abbildung 21:

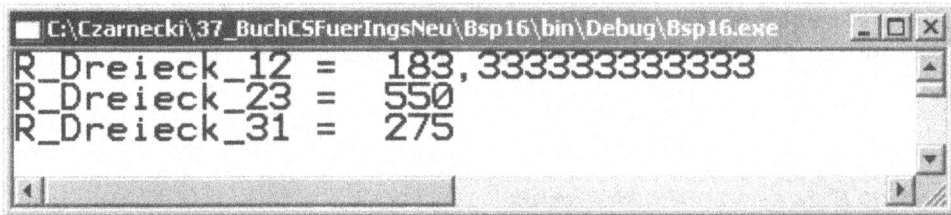

Abbildung 21: Bildschirmausgabe von Beispielprogramm 15 und Beispielprogramm 16

In C# gibt es zur Steuerung neben *ref* noch die Schlüsselwörter *in* und *out*. Auf ihre Wirkungsweise soll an dieser Stelle nicht eingegangen werden.

In Abschnitt 9 werden wir eine weitere Möglichkeit kennenlernen, mehrere Werte zurückzugeben. Dort werden wir zwei Zahlen, nämlich den Realteil und den Imaginärteil einer komplexen Zahl, in ein Objekt der Klasse *CKomplexeZahl* verpacken und eine Referenz auf dieses Objekt zurückgeben.

Nachdem die Parameterübergabe nun ausführlich besprochen würde, sollte es eigentlich keinen Grund mehr geben, von mehreren Funktionen aus ohne Übergabe auf die gleiche Speicherstelle zuzugreifen. Falls Sie es aus welchen Gründen auch immer trotzdem machen möchten, brauchen Sie die entsprechende Variable nur wie in Beispielprogramm 17 außerhalb jeder Funktion oder Prozedur (aber innerhalb der Klasse) mit dem Schlüsselwort *static* zu definieren. Dann können Sie ohne Parameterübergabe direkt von jeder Funktion aus auf diese Variable schreibend und lesend zugreifen. Aber bitte – denken Sie an die Gemeinschaftsküche!

```
using System;

namespace Global
{
class Class1
{
    // eine globale Variable
    static double glDouble;
    static void EineProzedur()
    {
       glDouble = glDouble + 4.0;

    }
```

```
    static void Main()
    {
       glDouble = 1.0;
       EineProzedur();
       Console.WriteLine(glDouble); // Ausgabe 5
     }
   }
}
```

Beispielprogramm 17: Verwendung einer static-Variablen

6.4 Überladen von Funktionen

.NET Framework-Klassenbibliothek

Math.Abs-Methode [C#]

Gibt den Absolutbetrag einer angegebenen Zahl zurück.

Überladungsliste

Gibt den Absolutbetrag einer Decimal-Zahl zurück.

public static decimal Abs(decimal);

Gibt den Absolutbetrag einer Gleitkommazahl mit doppelter Genauigkeit zurück.

public static double Abs(double);

Gibt den Absolutbetrag einer 16-Bit-Ganzzahl mit Vorzeichen zurück.

public static short Abs(short);

Gibt den Absolutbetrag einer 32-Bit-Ganzzahl mit Vorzeichen zurück.

public static int Abs(int);

Gibt den Absolutbetrag einer 64-Bit-Ganzzahl mit Vorzeichen zurück.

public static long Abs(long);

Gibt den Absolutbetrag einer 8-Bit-Ganzzahl mit Vorzeichen zurück. Diese Methode ist nicht CLS-kompatibel.

public static sbyte Abs(sbyte);

Gibt den Absolutbetrag einer Gleitkommazahl mit einfacher Genauigkeit zurück.

public static float Abs(float);

Abbildung 22: Überladungsliste für die Funktion Abs der Klasse Math, die den Betrag einer Zahl zurückgib. (aus der Hilfe zu Visual Studio.net)[20].

[20] Der hier erwähnte Datentyp ***decimal*** beschreibt eine Gleitpunktzahl mit besonders vielen Nachkommastellen.

Oft ist es von Vorteil, mehrere Funktionen mit gleichem Namen, aber unterschiedlicher Parameterliste zu verwenden. Dies ist in C# möglich, beim Aufruf wird dann automatisch die passende Funktion herausgesucht. Beispielsweise zeigt Abbildung 22 die Überladungsliste der Funktion *Abs()*, die den Betrag einer Zahl zurückgibt. Es wäre sicher nicht sinnvoll, hier verschiedene Funktionsnamen einzuführen. Stören Sie sich bitte nicht an dem Vorsatz *public*, zu diesem Schlüsselwort kommen wir in Abschnitt 8.

6.5   Übungen

Fragen zur Lernzielkontrolle:

Frage 1:

Worin besteht der Unterschied zwischen Prozeduren und Funktionen?

Frage 2:

Wozu dient das Schlüsselwort *return*?

Frage 3:

In der Funktion *funk1()* wird eine lokale Variable mit dem Namen *iLauf* definiert, in der Funktion *funk2()* ebenfalls. Wirkt sich eine Veranderung des Werts von *iLauf* in *funk1()* auf den Wert von *iLauf* in *funk2()* aus?

Übungen:

Übung 1:

Schreiben Sie eine Funktion, die den Realteil und den Imaginärteil einer komplexen Zahl als Parameter übernimmt und den Betrag dieser Zahl zurückgibt. Testen Sie diese Funktion mit einem geeigneten Hauptprogramm.

Übung 2:

Schreiben Sie eine Funktion, die den Realteil und den Imaginärteil einer komplexen Zahl als Parameter übernimmt und den Winkel dieser Zahl in Altgrad zurückgibt. Berücksichtigen Sie dabei auch die Sonderfälle, dass Realteil und Imaginärteil null werden können. Was passiert, wenn der Realteil negativ wird? Testen Sie diese Funktion mit einem geeigneten Hauptprogramm.

Bemerkungen:

– Falls Ihnen die Rechenregeln für komplexe Zahlen nicht mehr geläufig sind, können Sie die wichtigsten Informationen in den ersten Abschnitten von Kapitel 9 nachlesen.

– *Math.Sin(x)* gibt den Sinus von x im Bogenmaß zurück.

– *Math.Cos(x)* gibt den Cosinus von x im Bogenmaß zurück.

– *Math.Sqrt(x)* gibt die Wurzel von x zurück.

Die Variable x ist dabei jeweils vom Datentyp *double*.

Die Kreiszahl π ist unter *Math.PI* verfügbar.

Übung 3:

Gegeben ist die folgende Gleichstromschaltung:

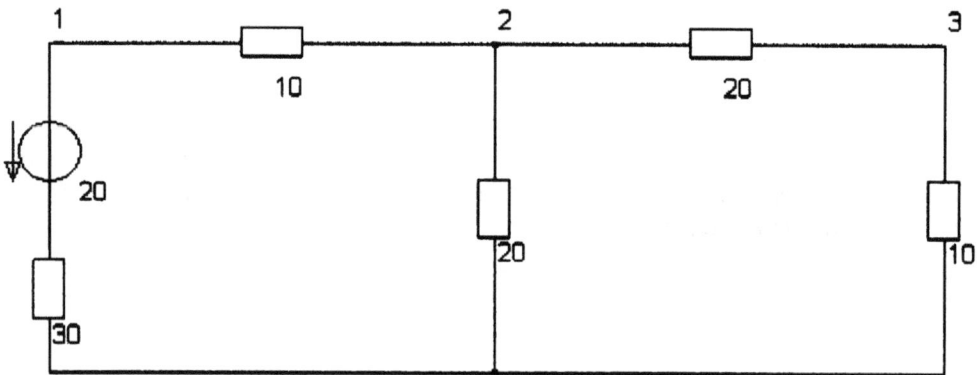

Schreiben Sie ein C#-Programm, das die Potentiale der Knoten 1 bis 3 berechnet. Die Widerstände sind in Ohm angegeben, die Spannung in Volt.

Gehen Sie dabei schrittweise vor: Zunächst sollten Sie eine Funktion schreiben, die den resultierenden Gesamtwiderstand der Schaltung von der idealen Spannungsquelle aus gesehen berechnet. Dann kann in der nächsten Funktion der Strom durch die Spannungsquelle berechnet werden. Dieser Strom fließt auch durch die Widerstände, die in Reihe zur Spannungsquelle liegen. Damit erhalten Sie in der nächsten Funktion über einen Maschenumlauf die Spannungen zwischen Knoten 1 bzw. 2 und Bezugspotential. Die Spannung zwischen

Knoten 2 und Bezugspotential liegt auch an der Reihenschaltung der beiden Widerstände ganz rechts. Über die Spannungsteilerregel erhalten Sie in der letzten Funktion die Spannung zwischen Knoten 3 und Bezugspotential.

Für Informationen zum elektrotechnischen Hintergrund siehe [9].

7 Grundzüge der Objektorientierung

Wir Menschen nehmen alle in der Welt vorkommenden Gegenstände als Objekte wahr. Ein Auto ist für uns eben nicht nur eine Ansammlung von Motor, Getriebe, Schrauben und Blech, sondern – ein Auto. Alle Objekte aufzuzählen, die uns täglich begegnen, wäre eine nahezu endlose Unternehmung. Die Objekte der realen Welt haben bestimmte Eigenschaften wie Farbe, Größe, Motorstärke usw. und verhalten sich auf eine bestimmte Art und Weise. Auch Menschen kann man in diesem Sinn als Objekte ansehen. Objekte kommunizieren miteinander, senden also anderen Objekten Nachrichten. Menschen reden direkt oder über elektronische Medien miteinander. Aber auch der Autofahrer tritt mit seinem Auto über Lenkrad, Gangschaltung und über die Pedale in einen „Nachrichtenaustausch". Das Ergebnis ist oft eine Zustandsänderung des Autos, es fährt von A nach B oder gegen einen Baum.

Im Alltag vereinfachen wir in unserem Denken die Objekte. Kaum jemand, der Auto fährt, kennt sich mit Zylindern, Kolben und Getrieben aus. Wir bilden also Modelle, die nur die für uns momentan wichtigen Eigenschaften der Objekte berücksichtigen. Vielleicht hatten Sie als Kind eine Modelleisenbahn. Schienen, Lokomotiven und Waggons sind dort maßstabsgetreue Abbildungen der Wirklichkeit [6]. Genau das Gleiche wird bei der Softwareentwicklung gemacht. Man sucht sich diejenigen Aspekte der Wirklichkeit, die für die Modellierung der Wirklichkeit wichtig sind. In diesem Sinn bin ich für die Zulassungsstelle meines Landkreises z.B. Besitzer eines Motorrads der Marke BMW, für meinen Arbeitgeber dagegen Lehrperson mit einem Stundendeputat von 18 Semesterwochenstunden, die auf Studenten der Semester 1-8 zu verteilen sind usw.

7.1   Objekte und Klassen

Die Objekte dieser Welt werden in Klassen (Gattung heißt der entsprechende Ausdruck in der Biologie) zusammengefasst. In diesem Sinne ist der Begriff Mensch eine Klasse, und Leute wie Werner von Siemens oder Nicola Tesla sind „Objekte" der Klasse Mensch. (Die zwei genannten gehören übrigens zu einer speziellen Klasse Mensch, den Ingenieuren.) Statt des Begriffs „Objekt" verwendet man übrigens auch oft den Begriff der „Instanz", Objekt und Instanz sind also das Gleiche.

In der Softwareentwicklung verwendet man zunehmend grafische Darstellungen. In der sogenannten Unified Modelling Language (UML) zeichnet man Klassen und Objekte in Rechtecke. Die Objekte werden unterstrichen, die Klassennamen nicht. Ein gestrichelter Pfeil führt vom Objekt zur Klasse, wie in Abbildung 23 dargestellt.

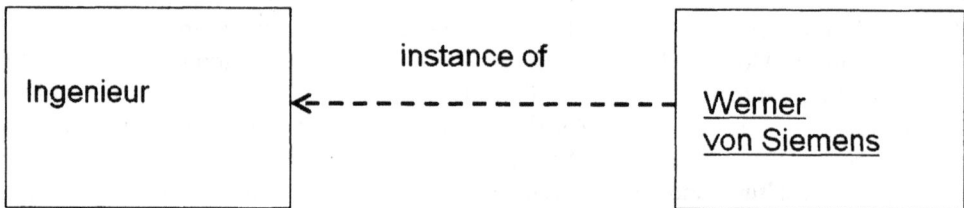

Abbildung 23: Die Klasse Ingenieur und ein berühmtes Objekt dieser Klasse

Auch in der Elektrotechnik ist eine solche Klassifizierung möglich und sinnvoll. Ein ohmscher Widerstand wird am besten in einer Klasse ***CWiderstand*** modelliert (siehe Abbildung 24). Der Vorsatz C wird oft für Klassennamen verwendet.

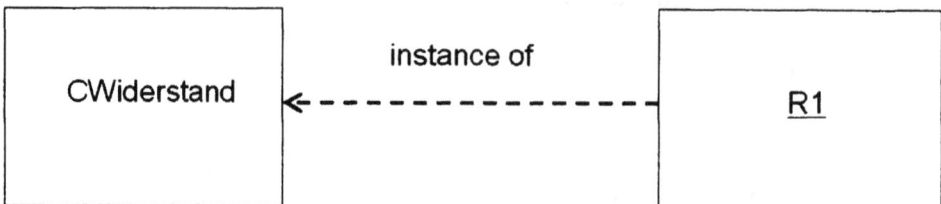

Abbildung 24: Die Klasse CWiderstand und ein Objekt dieser Klasse

7.2   Attribute, Operationen und Zusicherungen

Bisher wurde der Begriff der Eigenschaften eines Objektes nur kurz angesprochen, aber nicht weiter erläutert. Das müssen wir nun nachholen. Es gibt folgende Eigenschaften:

- „Attribute" beschreiben die Struktur der Objekte, nämlich ihre Bestandteile und die in ihnen enthaltenen Daten.
- „Operationen" oder „Methoden" beschreiben das Verhalten der Objekte.
- Die Bedingungen, Voraussetzungen und Regeln, welche die Objekte erfüllen müssen, werden „Zusicherungen" genannt [8].

Will man das Symbol für einen ohmschen Widerstand z.B. in einem Zeichenprogramm auf dem Bildschirm darstellen, sind die folgenden Eigenschaften wichtig: Zeichengröße und die x- und y- Koordinaten für die Positionen der Anschlüsse auf dem Bildschirm sind die wichtigsten Attribute, außerdem der Widerstandswert für die Beschriftung. Zu den Operationen gehören die Möglichkeit, ihn zu zeichnen, ihn wieder zu entfernen (z. B. durch zeichnen mit der Hintergrundfarbe), ihn zu verschieben oder die Zeichengröße und den Widerstandswert zu ändern. Weiterhin müssen die Attribute mit entsprechenden Operationen gelesen und neu gesetzt werden können. Als Zusicherung darf die Zeichengröße nicht kleiner Null sein.

Den Operationen können Parameter mitgegeben werden. Zum Beispiel muss beim Setzen der neuen Zeichengröße der neue Wert übergeben werden.

Die Klasse Widerstand kann also wie in Abbildung 25 dargestellt werden.

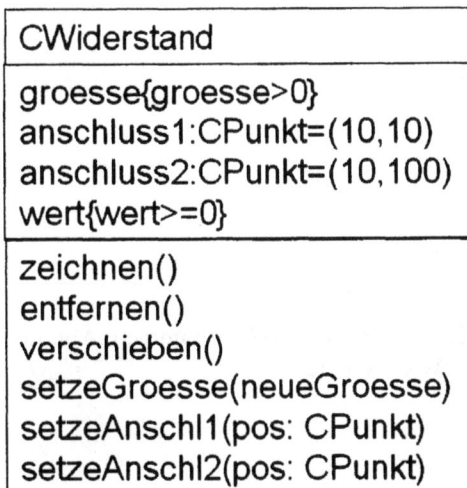

```
┌─────────────────────────────────┐
│ CWiderstand                     │
├─────────────────────────────────┤
│ groesse{groesse>0}              │
│ anschluss1:CPunkt=(10,10)       │
│ anschluss2:CPunkt=(10,100)      │
│ wert{wert>=0}                   │
├─────────────────────────────────┤
│ zeichnen()                      │
│ entfernen()                     │
│ verschieben()                   │
│ setzeGroesse(neueGroesse)       │
│ setzeAnschl1(pos: CPunkt)       │
│ setzeAnschl2(pos: CPunkt)       │
└─────────────────────────────────┘
```

Abbildung 25: Klassendiagramm der Klasse CWiderstand

Wie man sieht, folgt unter dem Namensfeld der Klasse zunächst der Bereich für die Attribute und anschließend derjenige für die Methoden (Operationen). Zusicherungen werden in geschweifte Klammern geschrieben. Die Datentypen der Attribute können nach einem Doppelpunkt hinter ihrem Namen angegeben werden. Das Beispiel verwendet eine andere Klasse, nämlich *CPunkt*, um die Koordinaten zu speichern. Im Beispiel wird der eine Anschluss mit 10, 10 initialisiert, der andere mit 10, 100. Die Methoden werden mit abschließenden Klammern geschrieben, die Parameter enthalten können. Methoden haben also eine nicht ganz zufällige Ähnlichkeit mit Prozeduren und Funktionen.

Die Methoden *zeichnen()*, *entfernen()* und *verschieben()* erklären sich wohl selbst. Die *setze()*-Operationen sind dann notwendig, wenn auf die Attribute von außerhalb der Klasse nicht zugegriffen werden kann. Solche Attribute werden als „private Attribute" der Objekte bezeichnet und mit dem Schlüsselwort *private* vereinbart. Private Attribute werden auch als (gegen den Zugriff von außerhalb der Klasse) gekapselte Attribute bezeichnet. Auf die Notwendigkeit der Kapselung wird in Abschnitt 9 ausführlich eingegangen, bis dahin sollen alle Eigenschaften zunächst nicht gekapselt („öffentlich", das dazugehörige Schlüsselwort heißt *public*) sein, falls nicht ausdrücklich etwas anderes gesagt wird, so dass *setze()*-Methoden zunächst nicht notwendig sind. Damit wir aber nicht vergessen, dass hier noch etwas fehlt, werden die Methoden in den nachfolgenden Diagrammen weiterhin mit aufgeführt.

Ein Objekt der Klasse *CWiderstand* wird wie in Abbildung 26 dargestellt:

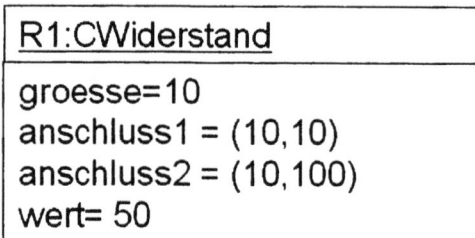

R1:CWiderstand
groesse=10 anschluss1 = (10,10) anschluss2 = (10,100) wert= 50

Abbildung 26: Ein Objekt der Klasse CWiderstand

In einer Schaltung können mehrere Objekte der Klasse *CWiderstand* vorkommen. Abbildung 27 zeigt ein Diagramm für eine Schaltung mit drei Widerständen:

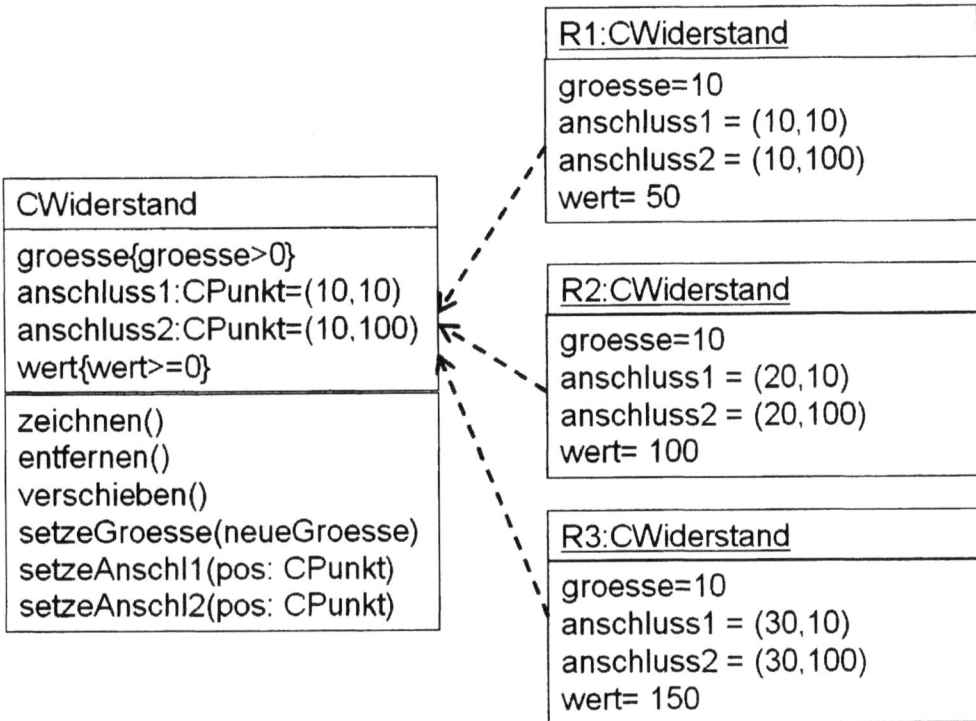

Abbildung 27: Die Klasse CWiderstand mit drei Objekten der Klasse

Das Diagramm zeigt, dass drei 10 Ohm-Widerstande als Objekte der Klasse **CWiderstand** existieren. Jedes Objekt hat einen eindeutigen Namen und eine eigene Identität. Die Anschlusskoordinaten von **R2** und **R3** wurden nach der Objekterzeugung durch Zuweisungen an die entsprechenden Attribute geändert.

7.3   Vererbung

Nicht nur zwischen Klassen und Objekten bestehen Beziehungen, sondern auch zwischen den Klassen selbst. Klassen können hierarchisch angeordnet werden. Die besten Beispiele hierzu finden wir in der Tierwelt. Der Mensch gehört neben den Schimpansen usw. zu den Primaten, die wiederum zur Klasse der Säugetiere gehören. Damit wissen wir auch schon, wie die Menschen ihren Nachwuchs unmittelbar nach der Geburt ernähren, weil sie hierfür eine Methode verwenden, die für alle Säugetiere gleich ist.

Werden Klassen in dieser hierarchischen Weise angeordnet, übernehmen die abgeleiteten Klassen alle Eigenschaften der ihnen übergeordneten Klassen. Dies bezeichnet man als Vererbung der Eigenschaften. Man braucht also in einer abgeleiteten Klasse diese Eigenschaften nicht noch einmal zu programmieren. Die abgeleitete Klasse spezialisiert also die Oberklasse, fügt ihr neue Eigenschaften hinzu und übernimmt die bereits vorhandenen.

Wenn irgendwo in einem Programm bei einem Funktionsaufruf eine Oberklasse übergeben wird, dann kann ihr jederzeit auch eine Unterklasse übergeben werden, d.h. eine Klasse, die von dieser Oberklasse abgeleitet ist, weil die Unterklasse über alle Eigenschaften der Oberklasse verfügt (automatisch, sozusagen von Geburt an). Dies nennt man das Substitutionsprinzip.

In unserem Beispiel gibt es eine Menge von Eigenschaften, welche die Klasse *CWiderstand* mit anderen zeichnerischen Darstellungen von Schaltelementen, z.B. einer Induktivität, einer Kapazität, einer Spannungsquelle usw. gemeinsam hat. Es liegt daher nahe, diese Eigenschaften in einer Oberklasse mit dem Namen *CZweipol* zusammenzufassen, so dass das Klassendiagramm nach Abbildung 28 entsteht.

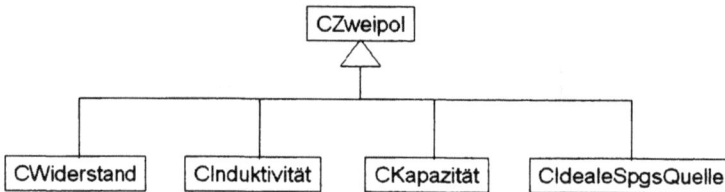

Abbildung 28: Vererbung am Beispiel elektrischer Zweipole

Bitte beachten Sie bei dieser Darstellung Form und Richtung des Vererbungspfeils. Er ist nicht ausgefüllt und zeigt von der Unterklasse zur Oberklasse.

Wie werden nun die Attribute und Methoden auf Ober- und Unterklasse aufgeteilt? Dazu muss als erstes die Frage beantwortet werden, worin sich die einzelnen Unterklassen unterscheiden. Der Unterschied wird sicher in der Art der zeichnerischen Darstellung liegen. Alles, was damit zu tun hat, kommt also in die Unterklasse. Das vervollständigte Klassendiagramm sieht also aus wie in Abbildung 29.

Die Methoden *entfernen()* und *verschieben()* bleiben in der Oberklasse, weil sie sich auf die Methode *zeichnen()* zurückführen lassen. Das Attribut *wert* ist dagegen in der Unterklasse angesiedelt, weil Zweipole denkbar sind, die sich nur durch mehrere Werte beschreiben lassen, wie z.B. eine reale Spannungsquelle, die aus Quellenspannung und Innenwiderstand besteht. Darüber kann man allerdings verschiedener Ansicht sein. Wenn man die Auffassung vertritt, dass jedes Bauelement durch mindestens einen Wert beschrieben werden muss, könnte man ihn auch in der Oberklasse ansiedeln. Die eventuell notwendigen zusätzlichen Werte kämen dann in die abgeleitete Klasse.

```
┌─────────────────────────────────────┐
│ CZweipol                            │
├─────────────────────────────────────┤
│ groesse{groesse>0}                  │
│ anschluss1:CPunkt=(10,10)           │
│ anschluss2:CPunkt=(10,100)          │
├─────────────────────────────────────┤
│ entfernen()                         │
│ verschieben()                       │
│ setzeGroesse(neueGroesse)           │
│ setzeAnschl1(pos: CPunkt)           │
│ setzeAnschl2(pos: CPunkt)           │
└─────────────────────────────────────┘
```

CWiderstand	CInduktivität	CKapazität	CIdealeSpgsQuelle
wert{wert>=0}	wert{wert>=0}	wert{wert>=0}	wert{wert>=0}
zeichnen()	zeichnen()	zeichnen()	zeichnen()

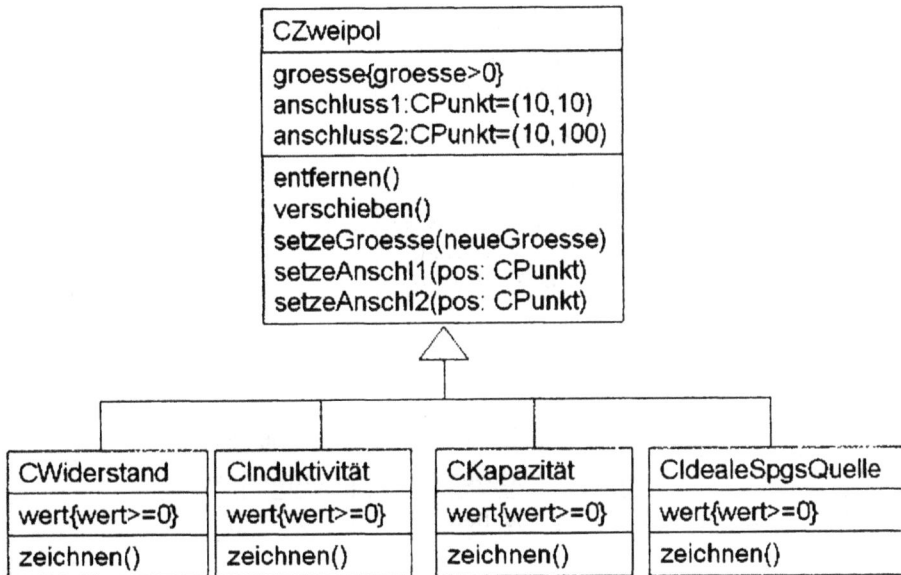

*Abbildung 29: Ergänztes Klassendiagramm der Klasse **CZweipol** mit abgeleiteten Klassen*

Einen Schönheitsfehler hat unser Klassenmodell aber noch: In der Basisklasse gibt es im Moment noch keine Information darüber, dass die Unterklassen alle eine Methode *zeichnen()* besitzen. Um dem abzuhelfen, definieren wir in der Oberklasse eine „abstrakte Methode" *zeichnen()*. Abstrakt heißt diese Methode deswegen, weil in der Oberklasse keinerlei Programmierung dieser Methode erfolgt. Das wird erst in den einzelnen Unterklassen gemacht. Das vervollständigte Klassendiagramm zeigt Abbildung 30.

Wenn eine Klasse auch nur eine abstrakte Methode enthält, können aus ihr keine „konkreten" Objekte gebildet werden. Daher wird die Klasse selbst dann auch als abstrakt bezeichnet. Alle nicht abstrakten abgeleiteten Klassen müssen die abstrakten Methoden dann „überschreiben", d. h. mit Funktionalität versehen.

```
┌─────────────────────────────────────┐
│ CZweipol                            │
├─────────────────────────────────────┤
│ groesse{groesse>0}                  │
│ anschluss1:CPunkt=(10,10)           │
│ anschluss2:CPunkt=(10,100)          │
├─────────────────────────────────────┤
│ zeichnen() {abstrakt}               │
│ entfernen()                         │
│ verschieben()                       │
│ setzeGroesse(neueGroesse)           │
│ setzeAnschl1(pos: CPunkt)           │
│ setzeAnschl2(pos: CPunkt)           │
└─────────────────────────────────────┘
```

CWiderstand	CInduktivität	CKapazität	CIdealeSpgsQuelle
wert{wert>=0}	wert{wert>=0}	wert{wert>=0}	wert{wert>=0}
zeichnen()	zeichnen()	zeichnen()	zeichnen()

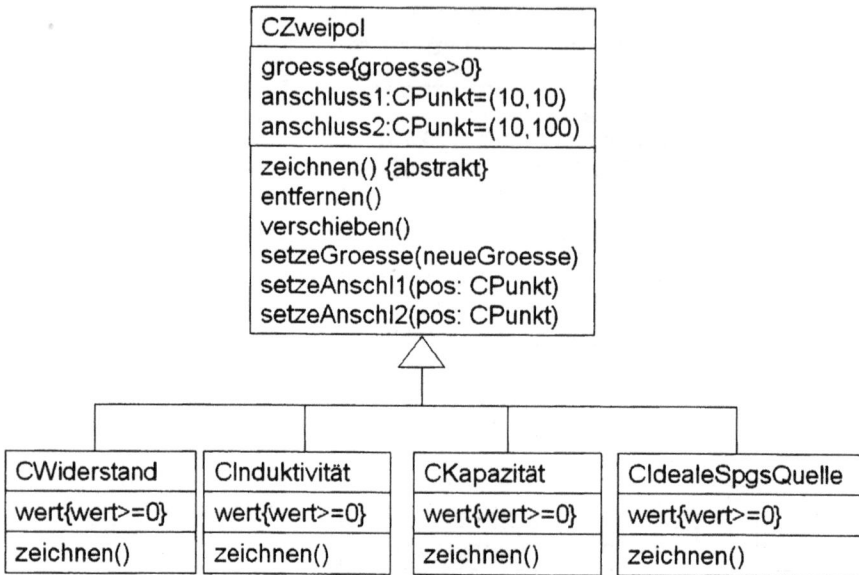

Abbildung 30: Um die abstrakte Methode zeichnen() ergänztes Klassendiagramm

7.4   Assoziationen und Aggregationen

Eine „Assoziation" ist eine Beziehung zwischen verschiedenen Objekten. Jedes Objekt der Klasse **CWiderstand** verwendet zum Beispiel zwei Objekte der Klasse **CPunkt**, um die Verbindungskoordinaten zu speichern. Assoziationen werden durch eine Verbindungslinie zwischen den Objekten gekennzeichnet. Eine Assoziation kann gerichtet sein, dann wird die Richtung als offener Pfeil in das das Diagramm mit eingezeichnet.

Eine „Aggregation" ist ein Spezialfall einer Assoziation. Hierbei stehen zwei Klassen in einer Beziehung wie ein Ganzes zu seinen Teilen. Ein Auto ist zum Beispiel eine Aggregation aus Rädern, Motor, Lenkrad, Bremsen usw. Eine reale Spannungsquelle besteht aus Quellenspannung und Innenwiderstand. Bei Erweiterung des Klassendiagramms um eine reale Spannungsquelle erhalten wir also im einfachsten Fall (rein ohmscher Innenwiderstand) das Aussehen nach Abbildung 31. Beachten Sie die Unterschiede in der Darstellung zwischen den Beziehungspfeilen und den Vererbungspfeilen.

```
                    ┌─────────────────────────────┐
                    │ CZweipol                    │
                    ├─────────────────────────────┤
                    │ groesse{groesse>0}          │
                    │ anschluss1:CPunkt=(10,10)   │
                    │ anschluss2:CPunkt=(10,100)  │
                    ├─────────────────────────────┤
                    │ . . .                       │
                    └─────────────────────────────┘
```

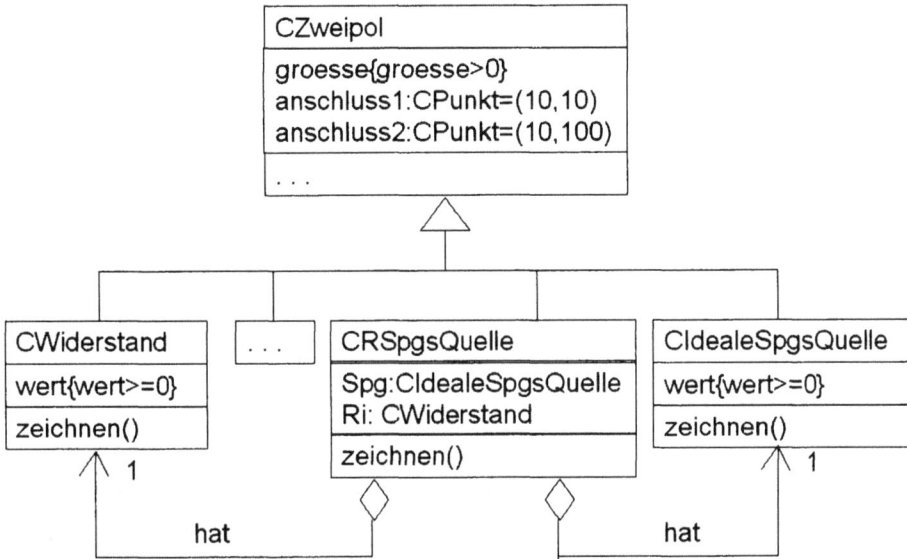

Abbildung 31: Die Klasse CRSpgsQuelle enthält jeweils ein Exemplar der Klassen CWiderstand und CIdealeSpgsQuelle

Der Beziehungspfeil geht von der Klasse **CSpgsQuelle** zu den Klassen **CWiderstand** bzw. **CIdealeSpgsQuelle**, weil **CRSpgsQuelle** seine Teilobjekte kennen muss, diese aber nicht wissen müssen, wer sie benutzt. Die nicht ausgefüllte Raute kennzeichnet die Aggregation, die 1 die sog. „Multiplizität", d.h. wie viele Elemente der Klasse **CIdealeSpgsQuelle** bzw. **CWiderstand** die Klasse **CRSpgsQuelle** besitzt.

7.5 Nachrichtenaustausch

Ein Objekt der Klasse **CRSpgsQuelle** muss seine Objekte der Klasse **CWiderstand** bzw. **CIdealeSpgsQuelle** informieren, wenn sich ihre Werte ändern. Dazu müssen wir die Teilobjekte noch mit einer Methode *setzeWert()* versehen, die vom Objekt der Klasse **CIdealeSpgsQuelle** aufgerufen werden kann. (Dies gilt, falls das entsprechende Attribut *private* ist, ansonsten kann **CRSpgsQuelle** direkt zugreifen.) Dies ist ein Beispiel, in dem eine Kommunikation zwischen den Objekten notwendig ist. Die Kommunikation der Objekte untereinander geschieht durch den Austausch von Nachrichten.

setzeWert(15) →

| UR:CRSpgsQuelle |
| U0:CIdealeSpgsQuelle |

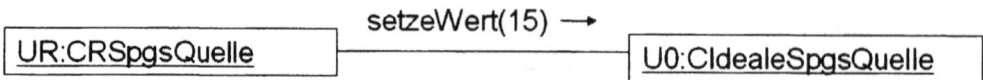

Abbildung 32: Nachrichtenaustausch zwischen zwei Objekten

Eine Nachricht wird durch den Namen einer Operation (gegebenenfalls mit Argumenten in Klammern) und einen Pfeil dargestellt. Der Pfeil gibt die Richtung der Nachricht an (Abbildung 32).

7.6   Statische und dynamische Polymorphie

Polymorphie (Vielgestaltigkeit) heißt, dass sich eine Operation in verschiedenen Klassen unterschiedlich verhalten kann. Stellen Sie sich vor, Sie haben eine Klasse *CTiere*, von der die Klassen *CFisch*, *CHund* und *CDinosaurier* abgeleitet sind. Alle diese Klassen besitzen eine Methode *GibLaut()*, mit der Sie die verschiedenen „Tierchen" dazu bringen können, eine Lebensäußerung von sich zu geben. Wenn Sie nun dem Fisch die Nachricht *GibLaut()* schicken, werden Sie außer einem leisen Blubbern nichts zurückbekommen. Der Hund wird bellen und beim Dinosaurier sollten Sie sich vorher vielleicht doch besser Stöpsel in die Ohren stecken. Das genau ist (dynamische) Polymorphie.

Es gibt „statische" und „dynamische" Polymorphie. Statische Polymorphie heißt, dass eine Klasse verschiedenene Methoden mit dem gleichen Namen besitzen kann, die sich nur in Anzahl und Typ ihrer übergebenen Parameter (der sog. „Signatur") unterscheiden. Der Compiler sucht dann beim Übersetzungsvorgang die Methode mit der richtigen Signatur heraus.

Dynamische Polymorphie passiert dagegen nicht beim Kompilieren des Programms, sondern während seiner Laufzeit. Voraussetzung für die dynamische Polymorphie ist das sog. „späte Binden". Bindung ist dabei der Zeitpunkt im Leben eines Programms, an dem der Aufrufer einer Methode die Adresse dieser Methode im Hauptspeicher erhält. Normalerweise geschieht das, wenn das Programm kompiliert und gebunden wird („frühes Binden"). Beim späten Binden wird der genaue Speicherort einer Methode dagegen erst dann ermittelt, wenn die entsprechende Nachricht an das Objekt gesendet wird. Die Zuordnung der Nachricht zu der Methode geschieht also dynamisch zur Laufzeit des Programms.

Damit wird folgendes möglich: Man kann Objekte von *CWiderstand*, *CRSpgsQuelle* usw. gemeinsam in einem Feld verwalten. (Felder werden in Abschnitt 10 behandelt, bis dahin stellen Sie sich Felder bitte einfach als Möglichkeit vor, mehrere gleichartige Daten gemeinsam zu speichern.) Der Benutzer des Programms kann dieses Feld zur Laufzeit mit beliebigen Objekten füllen. Alle diese Objekte haben eine Methode *zeichnen()*. Im Programm wird nur eine Referenz auf ein Objekt der Basisklasse *CZweipol* verwendet. Trotzdem sucht sich das Programm selbständig die richtige Methode *zeichnen()* heraus. Obwohl also beim Compilieren des Programms noch keinerlei Information darüber vorhanden ist, welche abgeleitete Klasse zur Laufzeit erzeugt wird, wird trotzdem zur Laufzeit des Programms die zu dieser Klasse gehörende Methode ausgeführt.

7.7 Übungen

Fragen zur Lernzielkontrolle:

Frage 1:

Erklären Sie den Unterschied zwischen einer Klasse und einem Objekt.

Frage 2:

Welche Vorteile bietet der Einsatz der Vererbungsbeziehung zwischen *CZweipol* und *CWiderstand*?

Frage 3:

Was ist der Unterschied zwischen statischer und dynamischer Polymorphie?

Übung 1:

Entwerfen Sie ein Klassendiagramm für die elementaren und zusammengesetzten Zweipole, die in der Schaltungsanalyse häufig vorkommen.

8 Objektorientierung in C#

Eine Klasse wird in C# wie folgt definiert:

```
<Klassen-Definition1>  ::=  <Klassen-Kopf1>
                            <Klassen-Rumpf>
<Klassen-Kopf1>        ::=  "class " <Bezeichner>
<Klassen-Rumpf>        ::=  "{"
                                <Anweisungen>
                            "}"
```

Beispiel einer Klasse, die einen Punkt (x- und y-Koordinate) auf dem Bildschirm repräsentiert:

```
class CPunkt
{
   float x, y;
}
```

Die Methoden werden innerhalb des Klassenrumpfs wie Prozeduren und Funktionen definiert, allerdings <u>ohne</u> das Schlüsselwort *static*. Prozeduren und Funktionen werden im Unterschied zu den hier behandelten „normalen" Methoden auch als „Klassenmethoden" bezeichnet, weil zu ihrem Aufruf kein Objekt erzeugt werden muss. Zum Beispiel kann die Definition einer Methode, die einen Wert zurückgibt, wie folgt beschrieben werden:

```
<Methoden-Def1>    ::=  <Methoden-Kopf>
                        <Methoden-Rumpf>
<Methoden-Kopf>    ::=  <Datentyp>
                        <Methoden-Name>
                        "("
                            <Parameter-Liste>
                        ")"
<Methoden-Name>    ::=  <Bezeichner>
<Methoden-Rumpf>   ::=  "{"
                            <Anweisungen>
                        "}"
```

Diese Definition entspricht bis auf das hier jetzt nicht vorhandene Schlüsselwort *static* der Funktionsdefinition aus Abschnitt 6. Auch die *return*-Anweisung wird in gleicher Weise verwendet. Diese Methodendefinition kann noch in verschiedener Weise ergänzt werden, z.B. durch Schlüsselwörter wie *private* oder *public*. Dies wird im nachfolgenden Text direkt am Beispiel gezeigt.

Vor dem Aufruf einer Methode muss erst ein Objekt der Klasse erzeugt werden. Dies geschieht in zwei Stufen:

1. Erzeugung einer Objektreferenz:

```
<Objekt-Referenz> ::= <Klassen-Name> <Referenz-Name> ";"
<Referenz-Name>   ::= <Bezeichner>
<Klassen-Name>    ::= <Bezeichner>
```

Beispiel:

CPunkt anschluss1;

Eine Objektreferenz kann also genauso wie eine Variable eines beliebigen Basisdatentyps nach Tabelle 1 erzeugt werden.

2. Erzeugung eines Objektes und Zuordnung des Objekts zur Objektreferenz:

```
<Objekt-Erzeugung1> ::= <Referenz-Name>
                        "= new"
                        "Klassen-Name"
                        "();"
```

Diese Beschreibung behandelt den Standardfall der Objekterzeugung mit Hilfe des sog. Default-Konstruktors. Auf Konstruktoren wird in Abschnitt 9 eingegangen.

Die beiden Stufen der Objekterzeugung können auch zusammengefast werden.

Beispiel:

CPunkt anschluss1 = new CPunkt();

Eine Methode wird dann über den Objektnamen mit Hilfe des „Punktoperators" aufgerufen:

```
<Methoden-Aufruf> ::= <Objektname> "." <Methodenname>
                      "("
                          <Parameter>
                      ");"
```
Die Parameter werden genauso wie bei Funktionen übergeben.

Wir wollen nun darangehen, das Beispiel aus Abschnitt 7 in Programmcode umzusetzen. Das soll schrittweise gemacht werden. Da wir eine grafische Ausgabe programmieren wollen, müssen wir einige Klassen verwenden, die C# uns zur Verfügung stellt. Diese Klassen werden im notwendigen Umfang mit besprochen. Die Abschnitte 13 und 14 enthalten eine aus-

führliche Diskussion der grafischen Benutzerschnittstelle (Graphical User Interface, abge-
kürzt GUI). Innerhalb dieses Abschnittes werden nur diejenigen GUI-Klassen verwendet, um
die wir absolut nicht herumkommen. Alles andere machen wir sozusagen „zu Fuß".

8.1   Die Klasse CPunkt

Beginnen wir mit der einfachsten Klasse, nämlich der bereits in den Beispielen zur Objekterzeugung angeführten Klasse *CPunkt* (Beispielprogramm 18):

```
// Hilfsklasse CPunkt
class CPunkt
{
  // zwei Attribute, keine Methoden
  // public bedeutet, dass auf die Attribute von
  // außerhalb der Klasse zugegriffen werden kann.
  // Damit können die Methoden zum Setzen und Lesen der
  // Koordinaten zunächst wegfallen.

  // float einfacher als int, weil
  // Zeichenfunktionen auch mit float
  // umgehen können und daher keine Umwandlungen zwischen
  // Gleitpunktzahlen und Ganzzahlen notwendig sind.

  public float x, y;
}
```

Beispielprogramm 18: Eine einfache Klasse mit zwei öffentlichen Attributen

Die Definition einer Klasse wird mit dem Schlüsselwort *class* eingeleitet. Die einzigen Eigenschaften der Klasse sind die Attribute *x* und *y* für die beiden Koordinaten des Punkts.

Der inzwischen übliche TFT-Computerbildschirm (die Abkürzung TFT steht für thin film
transistor) verwendet eine große Anzahl von Transistoren, die in Zeilen und Spalten angeordnet sind. Jeder Transistor wird über seine Zeilen- und Spaltennummer angesteuert und
übernimmt die optische Darstellung eines Bildpunkts (die älteren Bildröhren funktionieren
im Prinzip genauso). Natürlich sind die Zeilen- und Spaltennummer ganze Zahlen, weil man
ja bekanntlich keinen halben Transistor ansteuern kann. Trotzdem kann man den Zeichen-
funktionen in C# Kommazahlen übergeben, die dann von der Zeichenfunktion gerundet

werden. Das ist sehr angenehm, weil uns das die Arbeit erspart, Gleitpunktzahlen in Ganz-zahlen umzuwandeln. Deswegen wird hier der Datentyp *float* als Datentyp für die Koordina-ten verwendet.

Die Attribute *x* und *y* sind **public** definiert. Dieses Schlüsselwort dient der Zugriffssteuerung. Methoden und Attribute, die so definiert sind, können also von außerhalb der Klasse ange-sprochen werden, deswegen sind keine Setze- und Lese-Methoden notwendig. Wenn man den Zugriff von außerhalb der Klasse nicht ermöglichen will, verwendet man den Vorsatz **private** statt **public**. Diese beiden Schlüsselwörter können sowohl vor Variablendefinitionen als auch vor Methodendefinitionen stehen. Es gibt noch weitere Zugriffsmodifizierer für die Klasseneigenschaften, die hier nicht behandelt werden. Wird kein Zugriffsmodfizierer ange-geben, gilt die Eigenschaft automatisch als *private*.

8.2 Die Klasse CZweipol

Etwas aufwändiger ist die Klasse *CZweipol* als Basisklasse für die weiteren Schaltelemente (Beispielprogramm 19).

```
// wenn eine Klasse auch nur eine abstrakte Methode enthält,
// muss sie selbst auch abstrakt sein.
// Das bedeutet, dass keine Objekte von ihr
// erstellt werden können

abstract class CZweipol
{
    // Größe des Symbols
    public int groesse;

    // die Anschlusskoordinaten:
    public CPunkt anschluss1;
    public CPunkt anschluss2;

    // diese Methode wird erst in den
    // abgeleiteten Klassen ausprogrammiert
    public abstract void zeichnen(Graphics g, Pen p);

    // Konstruktor, wird jedesmal dann
    // aufgerufen, wenn ein
    // Objekt einer Klasse erstellt wird,
    // die von CZweipol abgeleitet wird
```

```
public CZweipol()
{
  // ein neues Objekt wird mit new erzeugt
  anschluss1 = new CPunkt();
  anschluss1.x = 10;
  anschluss1.y = 10;

  // ein weiteres Objekt wird mit new erzeugt
  anschluss2 = new CPunkt();
  anschluss2.x = 10;
  anschluss2.y = 100;

  // Breite in Pixeln für das Symbol
  groesse = 10;
}

public void entfernen(Graphics g, Color backcolor)
{
  Pen p = new Pen(backcolor);
  zeichnen(g,p);

}

public void verschieben(Graphics g, Color backcolor,
    Pen p, float deltax, float deltay)
{
  entfernen(g, backcolor);
  anschluss1.x = anschluss1.x + deltax;
  anschluss1.y = anschluss1.y + deltay;
  anschluss2.x = anschluss2.x + deltax;
  anschluss2.y = anschluss2.y + deltay;
  zeichnen(g, p);
}
}
```

Beispielprogramm 19: Die Klasse CZweipol

Die Klasse **CZweipol** soll die abstrakte Methode *zeichnen()* enthalten. Zur Erinnerung: Name und Parameter der Methode sollen zwar in **CZweipol** bekannt sein, aber erst in den abgeleiteten Klassen ausprogrammiert werden. Daher muss die Klasse **CZweipol** ebenfalls abstrakt sein – es können keine Objekte dieser Klasse erzeugt werden, denn die wüssten ja nicht, wie sie sich zeichnen sollten. Das muss auch nicht sein, denn erzeugt werden müssen nur die aus **CZweipol** abgeleiteten Klassen.

Als nächstes werden die Attribute definiert, nämlich *groesse*, und die Referenzen auf die Objekte der Klasse *CPunkt*, nämlich *anschluss1* und *anschluss2*. Die Objekte selbst werden dadurch allerdings noch nicht erzeugt, dies geschieht erst im Konstruktor (siehe unten).

Die abstrakte Methode *zeichnen()* wird hier nur deklariert, d.h. ohne Methodenrumpf hingeschrieben, mit abschließendem Strichpunkt. Als Parameter übernimmt diese Methode Referenzen auf Objekte der Klassen *Graphics* und *Pen*. *Graphics* enthält alle Methoden zum Zeichnen, z.B. Linien ziehen, Beschriftung ausgeben usw. *Pen* kann man sich dagegen als Zeichenstift vorstellen mit Zeichenfarbe, Zeichendicke usw. Diese beiden Klassen werden vom .net-framework zur Verfügung gestellt und müssen nicht selbst programmiert werden.

Die nächste Methode ist der sog. Konstruktor der Klasse *CZweipol*. Ein Konstruktor ist eine Prozedur, die den gleichen Namen hat wie die Klasse. Der Konstruktor hat prinzipiell keinen Rückgabetyp, auch nicht *void*. Wenn ein solcher Konstruktor vorhanden ist, wird er immer dann automatisch aufgerufen, wenn mit dem Schlüsselwort *new* ein Objekt der Klasse oder einer davon abgeleiteten Klasse erzeugt wird. Wenn also die Klasse *CWiderstand* von der Klasse *CZweipol* abgeleitet ist und irgendwo in einem Programm z.B. durch die Zeile

```
CWiderstand R2 = new CWiderstand();
```

ein neues Objekt erzeugt wird, so führt das automatisch dazu, dass der Programmcode in diesem Konstruktor ausgeführt wird.

Wir verwenden den Konstruktor hier, um die notwendigen Objekte vom Typ *CPunkt* zu erzeugen. Dies geschieht weiter unten ebenfalls mit dem Schlüsselwort *new*. Da die Attribute dieser Objekte öffentlich sind, kann man über den Objektnamen, gefolgt von einem Punkt und dem Attributnamen direkt zugreifen. Das wird hier ausgenutzt, um die Attribute zu initialisieren, d.h. mit Anfangswerten zu versehen. Auch *groesse* wird initialisiert.

Anschließend kommen die Methoden, die bereits in der Basisklasse ausprogrammiert werden können. Methoden werden also wie oben bereits beschrieben so ähnlich definiert wie Prozeduren bzw. Funktionen. Der wesentliche Unterschied besteht wie bereits erwähnt darin, dass bei diesen Methoden das Schlüsselwort *static* nicht vorkommt, ganz im Gegensatz zu den in Abschnitt 6 behandelten Prozeduren und Funktionen. Dadurch lassen sich diese Methoden erst dann aufrufen, wenn ein Objekt der Klasse erstellt wurde. Bei Prozeduren und Funktionen reicht also die Existenz einer Klasse, bei Methoden muss zusätzlich noch ein Objekt dieser Klasse vorhanden sein. Man wird also Operationen, die nicht auf die speziellen Eigenschaften von Objekten zugreifen, mit static definieren, die anderen dagegen nicht.

Die Methode *entfernen()* lässt sich auf die Methode *zeichnen()* mit der Hintergrundfarbe des Zeichenbereichs zurückführen. Es wird also ein neuer Zeichenstift mit der Hintergrundfarbe erzeugt und die Zeichnung einfach damit übermalt. Ähnlich funktioniert die Methode *verschieben()*. Sie übernimmt allerdings als zusätzliche Parameter die Werte für die Verschiebung in x- bzw. y-Richtung. Zunächst wird entfernt, dann wird verschoben und neu gezeichnet.

Wie Sie sehen, können Objekte formal genauso übergeben werden, wie die Basisdatentypen (siehe Abschnitt 6). Ein wichtiger Unterschied besteht allerdings darin, dass Objekte standardmäßig als Referenz übergeben werden. Es wird also nur die Referenz kopiert, und die Methoden greifen über die Referenz auf die Originalobjekte zu.

Im Gegensatz zur Programmiersprache C++ muss man sich in C# um die Beseitigung der Objekte, d.h. um die Freigabe des nicht mehr benötigten Speichers nicht selbst kümmern. Der Garbage Collector (GC), ein Hintergrundprozess, kontrolliert in bestimmten Zeitabständen, ob noch eine Objektreferenz auf das Objekt zeigt. Ist dies nicht mehr der Fall, z.B. weil eine Objektreferenz nur lokal innerhalb eines Blocks gültig war und dieser Block verlassen wurde, wird der Speicher vom GC freigegeben. In C++ muss dies vom Programmierer selbst erledigt werden und dies ist eine häufige Quelle für Fehler, die „Speicherlecks" genannt werden. Das Programm braucht bei Vorliegen eines solchen Fehlers zunehmend mehr Speicher, bis zum Schluss nichts mehr geht.

Alle Methoden sind hier (genauso wie weiter vorn die Attribute von *CPunkt*) mit dem Schlüsselwort *public* definiert. Damit kann auf sie von überall her zugegriffen werden. Es ist also möglich, innerhalb von beliebigen anderen Klassen ein Objekt dieser Klasse zu erstellen und über den Punktoperator diese Methoden aufzurufen. Eine genauere Besprechung der sog. Sichtbarkeit von Elementen folgt in Abschnitt 13.

8.3   Die Klasse CWiderstand

In der Klasse *CWiderstand* geht es nun richtig zur Sache (Beispielprogramm 20).

```
class CWiderstand : CZweipol
{
  public double wert;

  // Konstruktor der Klasse CWiderstand,
  // wird bei jeder Erzeugung
  // eines Objekts der Klasse CWiderstand
  // nach dem Konstruktor der
  // Basisklasse aufgerufen
  public CWiderstand()
  {
    wert = 50.0;
  }
  override public void zeichnen(Graphics g, Pen p)
  {
```

```
float deltax =    anschluss2.x-anschluss1.x;
float deltay =    anschluss2.y-anschluss1.y;
// Steigung der Geraden
// Division durch Null vermeiden, der Fehler ist
// in der Zeichnung nicht zu sehen:
if (Math.Abs(deltax) < 1e-20f)
  deltax = 1e-20f;
float m = deltay / deltax;

// y-Achsenabschnitt bei x=0
float y0 = anschluss1.y - m*anschluss1.x;

// Koordinaten der Mitte zwischen
// den beiden Punkten
float xm = anschluss1.x +
   (anschluss2.x-anschluss1.x)/2;
float ym = anschluss1.y +
   (anschluss2.y-anschluss1.y)/2;

// Verbindungslinie muss eine bestimmte
// Länge vor der
// Mitte aufhören und eine
// bestimmte Länge dahinter wieder anfangen
float dx = groesse / (float)Math.Sqrt(1+m*m);
float dy = groesse / (float)Math.Sqrt(1/(m*m)+1);

// Gleichung ohne Vorzeicheninformation, daher
if(deltax<0) dx = -dx;
if(deltay<0) dy = -dy;

// Verbindungslinie
g.DrawLine(p, anschluss1.x, anschluss1.y,
   xm-dx, ym-dy);
g.DrawLine(p, xm+dx, ym+dy,
   anschluss2.x,anschluss2.y);

 // Eckpunkte des Rechtecks
 CPunkt P1, P2, P3, P4;
P1 = new CPunkt();
P2 = new CPunkt();
P3 = new CPunkt();
P4 = new CPunkt();
```

```
// Koordinaten der Eckpunkte des
// zu zeichnenden Rechtecks
// auch hier muss wieder das Vorzeichen
// beachtet werden
float vx = groesse /
   (2*(float)Math.Sqrt(1+1/(m*m)));
if(deltax<0 & deltay>0 | deltax>0 & deltay<0)
   vx = -vx;
float vy = groesse/ (2*(float)Math.Sqrt(1+m*m));

P1.x = xm-dx + vx;
P1.y = ym-dy - vy;
P2.x = xm-dx - vx;
P2.y = ym-dy + vy;
P3.x = xm+dx - vx;
P3.y = ym+dy + vy;
P4.x = xm+dx + vx;
P4.y = ym+dy - vy;

// Rechteck zeichnen
g.DrawLine(p, P1.x, P1.y, P2.x, P2.y);
g.DrawLine(p, P2.x, P2.y, P3.x, P3.y);
g.DrawLine(p, P3.x, P3.y, P4.x, P4.y);
g.DrawLine(p, P4.x, P4.y, P1.x, P1.y);

// Wert dazuschreiben
Brush b = new SolidBrush(p.Color);
Font f = new Font("Arial", 10);
g.DrawString(wert.ToString(),f, b, xm, ym+groesse);
   }
}
```

Beispielprogramm 20: Programmierung der Klasse CWiderstand

Die Vererbung wird dadurch gekennzeichnet, dass hinter dem Klassennamen und einem Doppelpunkt der Name der Basisklasse geschrieben wird. Damit erbt *CWiderstand* also alles, was *CZweipol* ausmacht – ihre Attribute und Methoden. Zusätzlich wird ein Attribut *wert* definiert und im Konstruktor initialisiert.

Die Methode *zeichnen()* muss einen Widerstand in beliebiger Lage zeichnen. Dazu wird die abstrakte Methode der Basisklasse überschrieben, daher das Schlüsselwort *override*. Um die folgenden Programmzeilen zu verstehen, sollte man sich daran erinnern, durch welche Gleichung der Zusammenhang zwischen den x- und y-Koordinaten auf einer Geraden gegeben ist (Abbildung 32), nämlich durch die Gleichung

$$y = y_0 + m \cdot x$$

In dieser Gleichung steht y_0 für den y-Achsenabschnitt bei x=0 und m für die Steigung. Hat man zwei Punkte $P_1(x_1, y_1)$ und $P_2(x_2, y_2)$ gegeben wie in unserem Fall, kann man die Steigung direkt ausrechnen, wie in Abbildung 33 gezeigt. Um den y-Achsenabschnitt dann auch noch zu bestimmen, können z.B. die Koordinaten des Punkts P_1 in die Geradengleichung eigesetzt werden.

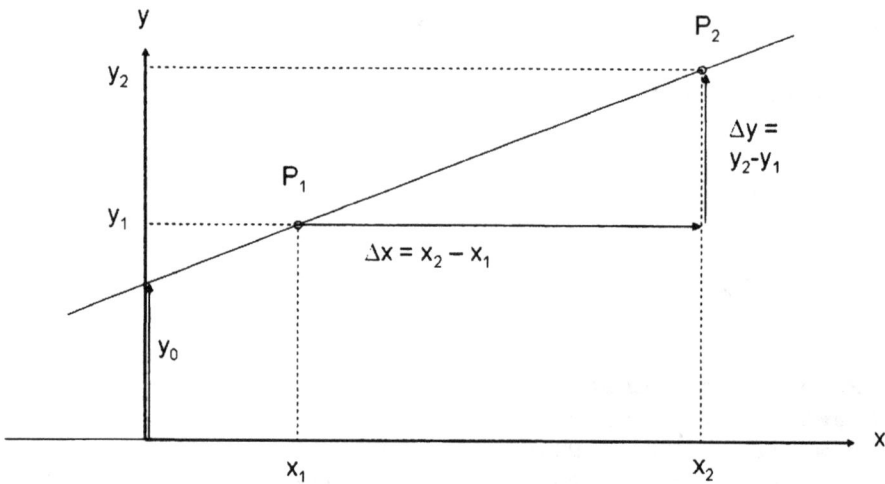

Geradengleichung: $y = y_0 + m^*x$

$m = \Delta y / \Delta x$

y_0 z.B. durch Einsetzen aus: $y_1 = y_0 + m^*x_1 \rightarrow y_0 = y_1 - m^*x_1$

Abbildung 33: Geradengleichung

Diese Geradengleichung wird in der Methode *zeichnen()* mehrfach verwendet, um Differenzen Δx bzw. Δy zwischen den Koodinaten von Punkten zu berechnen. Die Koordinatendifferenzen zwischen den Anschlusspunkten des Zweipols werden mit ***deltax*** bzw. ***deltay*** bezeichnet, die Koordiantendifferenzen zwischen dem Mittelpunkt der Verbindungslinie und den Enden des Verbindungsstrichs, der unterbrochen werden muss, um das Schaltsymbol hineinzuzeichnen, dagegen mit ***dx*** bzw. ***dy***.

Mit diesen Erläuterungen sollten die ersten 6 Programmzeilen innerhalb der Methode *zeichnen()* (Kommentarzeilen nicht mitgezählt) verständlich werden. Die Division durch Null bei senkrechter Verbindungslinie zwischen den Anschlusspunkten wird hier einfach dadurch vermieden, dass betragsmäßig ein minimales *deltax* von *1e-20* nicht unterschritten werden kann. Der dadurch resultierende Fehler ist sicher kleiner als ein Pixel, sollte daher auf der Zeichnung nicht zu sehen sein.

Das normale x-y-Koordinatensystem unter Windows ist leider von dem sonst verwendeten Koordinatensystem verschieden. Die x-Achse zeigt zwar wie üblich nach rechts, aber die y-Achse zeigt nach unten statt nach oben. Das ist bei der Wahl der Anschlusspunkte zu beachten. Die im Folgenden abgeleiteten mathematischen Gleichungen sind dagegen unabhängig davon, in welcher Richtung die y-Achse dargestellt wird.

Nun kann man ja nicht einfach eine Verbindungslinie zwischen den beiden Punkten ziehen, sondern diese Linie muss in der Mitte an der Stelle unterbrochen werden, wo das Widerstandssymbol gezeichnet wird (Abbildung 34).

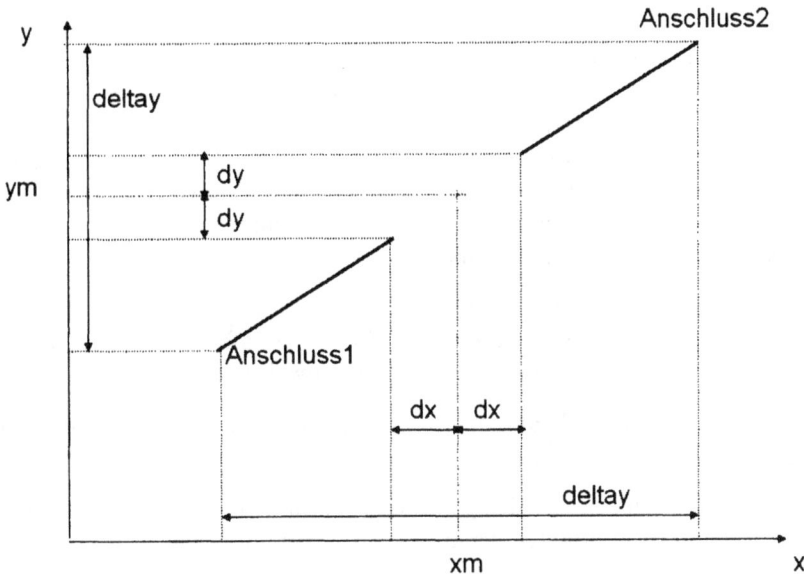

Abbildung 34: Zur Teilung des Verbindungsstrichs

Dazu werden zunächst die Koordinaten des Mittelpunkts zwischen *Anschluss1* und *Anschluss2* berechnet. Die nächste kleine Komplikation ergibt sich dadurch, dass die Größe des Symbols vom Attribut *groesse* abhängig sein soll. Man muss also den Verbindungsstrich eine Länge L vor dem Mittelpunkt beenden und darf erst nach einer weiteren Länge L nach dem Verbindungsmittelpunkt weiter zeichnen. Für die Koordinatenunterschiede Δx- bzw. Δy bei gegebenem Abstand L vom Mittelpunkt aus ergibt sich:

$$L = \sqrt{\Delta x^2 + \Delta y^2}$$

$$L = \sqrt{\Delta x^2 + m^2 \Delta x^2}$$

$$L = |\Delta x| \bullet \sqrt{1 + m^2}$$

$$|\Delta x| = \frac{L}{\sqrt{1 + m^2}}$$

bzw. mit einer analogen Ableitung:

$$|\Delta y| = \frac{L}{\sqrt{1 + 1/m^2}}$$

Mit diesen Erläuterungen sollten die nächsten beiden Programmzeilen verständlich werden. Die Wurzelfunktion *Sqrt()* ist als statische Funktion in der Klasse *Math* vorhanden. Es muss also kein Objekt der Klasse *Math* erstellt werden, um diese Funktion verwenden zu können. Genauso übrigens, wie wir kein Objekt erzeugen mussten, um die Funktion *static void Main()* unserer Klassen bis einschließlich Abschnitt 6 zu verwenden. Die Wurzelfunktion wird mit dem Punktoperator hinter dem Klassennamen aufgerufen und übernimmt als einzigen Parameter den Ausdruck, aus dem die Wurzel zu ziehen ist.

Etwas aufpassen muss man nun noch, weil die abgeleiteten Gleichungen nur eine Information über den Betrag von Δx bzw Δy geben, die Vorzeicheninformation muss also noch hinzugefügt werden. Dazu dienen die nächsten beiden *if*-Anweisungen.

Damit können nun die beiden Verbindungslinien durch Aufruf der *DrawLine()*-Methode des Graphics-Objektes *g* gezogen werden.

Die vier Linien des Rechtecks werden ganz ähnlich ermittelt. Dabei ist nur zu beachten, dass die beiden Linien vorn und hinten senkrecht zur Verbindungslinie sind, also die Steigung 1/m besitzen (Abbildung 35).

Der Wert schließlich wird mit *DrawString()* an das Rechteck geschrieben. Diese Methode benötigt neben der Zeichenkette, die auszugeben ist, noch ein Objekt der Klasse *Brush* mit einer speziellen Farbe, die gleich derjenigen der Zeichenfarbe ist. Weiters braucht sie noch einen Font für Schrifttyp und Größe, außerdem die Koordinaten, wo hingeschrieben werden soll.

Sie sehen, dass auch das Attribut *wert*, das ja vom Datentyp *double* ist, über eine Methode *ToString()* verfügt, die eine Zeichenkette zurückgibt. Die elementaren Datentypen aus Abschnitt 3 können also auch über Methoden verfügen, genauso wie die Objekte. Das scheint zunächst im Widerspruch zu der in Abschnitt 3 gemachten Aussage zu stehen, dass Basisdatentypen und Objekte verschiedene Dinge sind. Die Lösung dieses Widerspruchs

tentypen und Objekte verschiedene Dinge sind. Die Lösung dieses Widerspruchs ergibt sich wie folgt: Immer dann, wenn ein Werttyp verwendet wird, wo ein Objekt erforderlich wäre, wird der Werttyp implizit in ein Objekt konvertiert, welches als Attribut den Werttyp enthält. Die Technologie, die dahinter steckt, wird als „Boxing" bezeichnet.

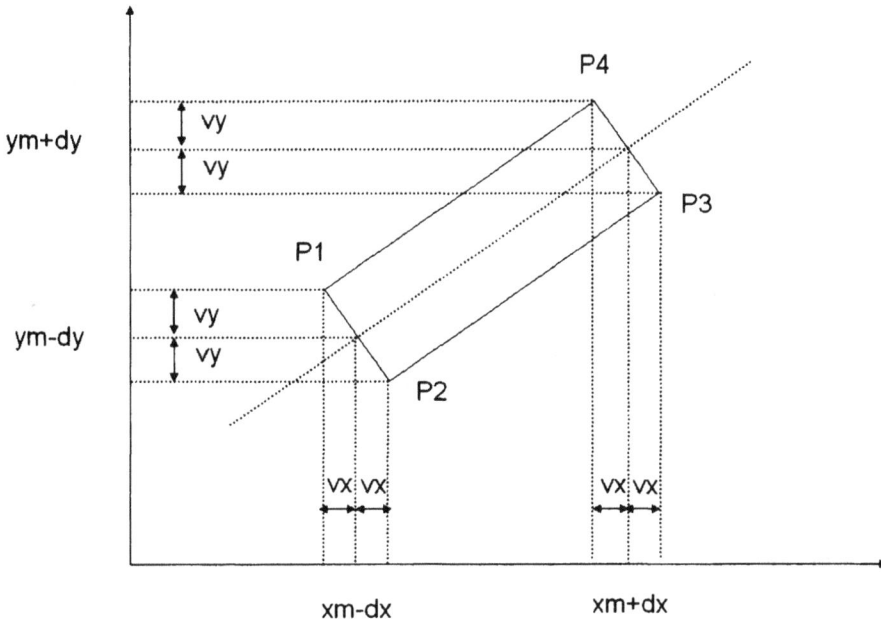

Abbildung 35: Zur Ermittlung der Koordinaten des Rechtecks

8.4   Ein kleines Testprogramm für CWiderstand

Nun wollen wir als letzten Schritt unsere so mühsam programmierten Klassen auch verwenden, um eine grafische Ausgabe zu erzeugen. Hier sind die Besitzer von Visual Studio.net nun eindeutig im Vorteil. Sie starten das Programm einfach und erzeugen eine Windows-Anwendung. Danach fügen sie im Designer ein *Panel* und einen *Button* hinzu und klicken doppelt auf den *Button*. (Wie man das genau macht, wird ausführlich in Abschnitt 13 be-

schrieben.) In den automatisch erzeugten Prozedurrumpf schreiben Sie dann die Programmzeilen nach Beispielprogramm 21 in die geschweiften Klammern.

```
// Diese Methode wird automatisch immer dann ausgeführt,
// wenn auf den button1 geklickt wird.
// Dieser Prozedurrumpf wird automatisch erzeugt
private void button1_Click(object sender, System.EventArgs e)
{
  // ab hier wird ausgefüllt
  // alle Methoden zum Zeichnen sind in der Klasse Graphics
  // vorhanden.
  Graphics g = panel1.CreateGraphics();
  // zunächst wird ein schwarzer Stift verwendet
  Pen p = new Pen(Color.Black);
  CWiderstand R1 = new CWiderstand();
  R1.groesse = 20;
  R1.anschluss1.x = 250;
  R1.anschluss1.y = 250;

  for (int i = 0; i<12; i++)
  {
    // ordnet die Widerstände im Kreis an
    R1.anschluss2.x = R1.anschluss1.x +
        200*(float)Math.Sin(0.5*i);
    R1.anschluss2.y = R1.anschluss1.y +
        200*(float)Math.Cos(0.5*i);
    R1.zeichnen(g, p);
  }
  // Test der Methode verschieben
  CWiderstand R2 = new CWiderstand();
  R2.zeichnen(g,p);
  R2.verschieben(g,panel1.BackColor, p, 30, 30);
}
```

Beispielprogramm 21: Erzeugen eines Widerstandskreises

In der zentralen *for*-Schleife dieses Programms werden Widerstände gezeichnet, die im Kreis
angeordnet sind. So können wir einfach testen, ob unser Zeichenprogramm bei jeder beliebigen Lage der Anschlußklemmen vernünftig funktioniert. Da die Funktionen *Math.Sin()* und

Math.Cos() den Sinus- bzw. Kosinuswert als ***double***-Zahl zurückgeben, muss durch einen cast eine Konvertierung in einen *float*-Wert erfolgen.

Wenn das Programm gestartet wird, wird beim Betätigen der Schaltfläche mit der Aufschrift Zeichnen die Ausgabe nach Abbildung 36 erzeugt:

Für diejenigen, die nicht Besitzer von Visual Studio.net sind, sind die Klassen einschließlich des notwendige Programmrahmens für die Erstellung einer Windows-Anwendung über die Homepage des Verlags erhältlich und im Anhang zu diesem Abschnitt abgedruckt. Dieses Programmlisting wird natürlich erst dann verständlich werden, wenn Sie die Abschnitte 13 und 14 dieses Buch durchgearbeitet haben. Die Gesamtstruktur des Listings sollten Sie allerdings bereits erkennen können.

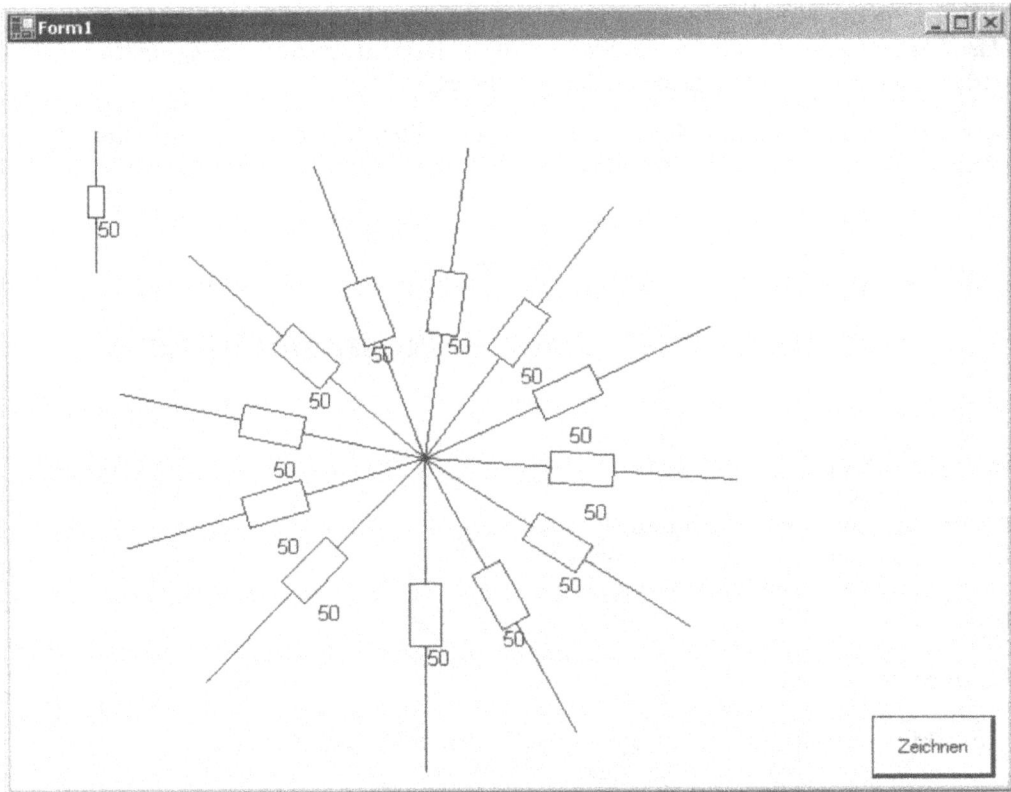

Abbildung 36: Ausgabe des Programms nach Anklicken der Schaltfläche Zeichnen

8.5   Übungen

Fragen zur Lernzielkontrolle:

Frage 1:

Was ist ein Konstruktor, wann wird er aufgerufen und wozu wird der Konstruktor der Klasse *CZweipol* verwendet?

Übung 1:

Ergänzen Sie das bisher entwickelte Programm um die Klassen *CInduktivität*, *CKapazität*, *CIdealeSpgsQuelle* und *CRSpgsQuelle*. Alle diese Klassen sollen von *CZweipol* abgeleitet werden und über eigene Methoden zeichnen verfügen.

Die grafischen Darstellungen dieser Schaltelemente sollen etwa denen in Abbildung 68 entsprechen.

8.6   Anhang zu Abschnitt 8: Programmlisting

```
using System;
using System.Drawing;
using System.Collections;
using System.ComponentModel;
using System.Windows.Forms;
using System.Data;

namespace Bsp21
{
  public class Form1 : System.Windows.Forms.Form
  {
    private System.Windows.Forms.Button button1;
    private System.Windows.Forms.Panel panel1;
    private System.ComponentModel.Container components = null;

    public Form1()
    {
      InitializeComponent();
```

```
  }

  protected override void Dispose( bool disposing )
  {
    if( disposing )
    {
      if (components != null)
      {
        components.Dispose();
      }
    }
    base.Dispose( disposing );
  }

  private void InitializeComponent()
  {
    this.button1 = new System.Windows.Forms.Button();
    this.panel1 = new System.Windows.Forms.Panel();
    this.SuspendLayout();

    this.button1.Location =
      new System.Drawing.Point(552, 432);
    this.button1.Name = "button1";
    this.button1.Size = new System.Drawing.Size(80, 40);
    this.button1.TabIndex = 0;
    this.button1.Text = "Zeichnen";
    this.button1.Click +=
      new System.EventHandler(this.button1_Click);

    this.panel1.Location = new System.Drawing.Point(16, 16);
    this.panel1.Name = "panel1";
    this.panel1.Size = new System.Drawing.Size(520, 456);
    this.panel1.TabIndex = 1;

    this.AutoScaleBaseSize = new System.Drawing.Size(5, 13);
    this.BackColor = System.Drawing.Color.White;
    this.ClientSize = new System.Drawing.Size(640, 477);
    this.Controls.AddRange(
      new System.Windows.Forms.Control[] {
      this.panel1,
      this.button1});
    this.Name = "Form1";
    this.Text = "Form1";
    this.ResumeLayout(false);

  }
```

```csharp
static void Main()
{
  Application.Run(new Form1());
}

private void button1_Click(
  object sender, System.EventArgs e)
{
  Graphics g = panel1.CreateGraphics();
  Pen p = new Pen(Color.Black);
  CWiderstand R1 = new CWiderstand();
  R1.groesse = 20;
  R1.anschluss1.x = 250;
  R1.anschluss1.y = 250;

  for (int i = 0; i<12; i++)
  {
    R1.anschluss2.x = R1.anschluss1.x +
      200*(float)Math.Sin(0.5*i);
    R1.anschluss2.y = R1.anschluss1.y +
      200*(float)Math.Cos(0.5*i);
    R1.zeichnen(g, p);
  }
  CWiderstand R2 = new CWiderstand();
  R2.zeichnen(g,p);
  R2.verschieben(g,panel1.BackColor, p, 30, 30);
 }
}


class CPunkt
{
  public float x, y;
}

abstract class CZweipol
{
  public int groesse;
  public CPunkt anschluss1;
  public CPunkt anschluss2;
  public abstract void zeichnen(Graphics g, Pen p);
  public CZweipol()
  {
    anschluss1 = new CPunkt();
    anschluss1.x = 10;
    anschluss1.y = 10;
    anschluss2 = new CPunkt();
    anschluss2.x = 10;
```

```
      anschluss2.y = 100;
      groesse = 10;
    }

  public void entfernen(Graphics g, Color backcolor)
  {
    Pen p = new Pen(backcolor);
    zeichnen(g,p);
  }

  public void verschieben(Graphics g, Color backcolor,
      Pen p, float deltax, float deltay)
  {
    entfernen(g, backcolor);
    anschluss1.x = anschluss1.x + deltax;
    anschluss1.y = anschluss1.y + deltay;
    anschluss2.x = anschluss2.x + deltax;
    anschluss2.y = anschluss2.y + deltay;
    zeichnen(g, p);
  }
}


class CWiderstand : CZweipol
{
   public double wert;
   public CWiderstand()
   {
     wert = 50.0;
   }
   override public void zeichnen(Graphics g, Pen p)
   {
     float deltax =    anschluss2.x-anschluss1.x;
     float deltay =    anschluss2.y-anschluss1.y;
     if (Math.Abs(deltax) < 1e-20f)
         deltax = 1e-20f;
     float m = deltay / deltax;
     float y0 = anschluss1.y - m*anschluss1.x;
     float xm = anschluss1.x +
       (anschluss2.x-anschluss1.x)/2;
     float ym = anschluss1.y +
       (anschluss2.y-anschluss1.y)/2;
     float dx = groesse / (float)Math.Sqrt(1+m*m);
     float dy = groesse / (float)Math.Sqrt(1/(m*m)+1);
     if(deltax<0) dx = -dx;
     if(deltay<0) dy = -dy;
     g.DrawLine(p, anschluss1.x, anschluss1.y,
```

```
       xm-dx, ym-dy);
g.DrawLine(p, xm+dx, ym+dy,
   anschluss2.x,anschluss2.y);
CPunkt P1, P2, P3, P4;
P1 = new CPunkt();
P2 = new CPunkt();
P3 = new CPunkt();
P4 = new CPunkt();
float vx = groesse /
   (2*(float)Math.Sqrt(1+1/(m*m)));
if(deltax<0 & deltay>0 | deltax>0 & deltay<0)
   vx = -vx;
float vy = groesse/ (2*(float)Math.Sqrt(1+m*m));
P1.x = xm-dx + vx;
P1.y = ym-dy - vy;
P2.x = xm-dx - vx;
P2.y = ym-dy + vy;
P3.x = xm+dx - vx;
P3.y = ym+dy + vy;
P4.x = xm+dx + vx;
P4.y = ym+dy - vy;
g.DrawLine(p, P1.x, P1.y, P2.x, P2.y);
g.DrawLine(p, P2.x, P2.y, P3.x, P3.y);
g.DrawLine(p, P3.x, P3.y, P4.x, P4.y);
g.DrawLine(p, P4.x, P4.y, P1.x, P1.y);
Brush b = new SolidBrush(p.Color);
Font f = new Font("Arial", 10);
g.DrawString(wert.ToString(),f, b, xm, ym+groesse);
   }
  }
}
```

9 Konstruktoren und Operatorenüberladung

9.1 Komplexe Zahlen

In diesem Abschnitt sollen weitere Techniken zur Programmierung von Klassen am Beispiel der Klasse *CKomplexeZahl* erläutert werden.

Warum braucht man komplexe Zahlen? Als angehender Ingenieurin oder angehendem Ingenieur sind Ihnen natürlich folgende Sachverhalte bekannt [7], [9]:

- Elektrische Netzwerke mit sinusförmigen Spannungen und Strömen lassen sich damit einfach berechnen,
- jede Spannung, jeder Strom und jeder Widerstand eines elektrischen Bauelements lässt sich durch eine komplexe Zahl beschreiben,
- eine normale (reelle) Gleitkommazahl reicht hierfür nicht, weil Ströme und Spannungen durch Amplitude, Frequenz und Phasenwinkel charakterisiert werden.

Geometrisch lassen sich komplexe Zahlen in der Gaußschen[21] Zahlenebene darstellen (Abbildung 37).

Dabei ist es in der Elektrotechnik üblich, die imaginäre Einheit mit j zu bezeichnen. Komplexe Zahlen werden mit einem Unterstrich gekennzeichnet.

Es gibt zwei Darstellungen für komplexe Zahlen, die rechtwinklige Darstellung mit Realteil x und Imaginärteil y sowie die polare Darstellung mit Betrag r und Phase φ. Die Umrechnungsgleichungen und die Grundrechenarten für komplexe Zahlen sind in Abbildung 38 dargestellt. Zwei komplexe Zahlen werden also addiert, indem man die Realteile und die Imaginärteile jeweils für sich addiert, analoges gilt für die Subtraktion. Bei der Multiplikation dagegen werden die Beträge (Längen) multipliziert und die Winkel addiert, bei der Division werden die Beträge geteilt und die Winkel voneinander abgezogen.

---

[21] Nach Carl Friedrich Gauß, 1777-1855.

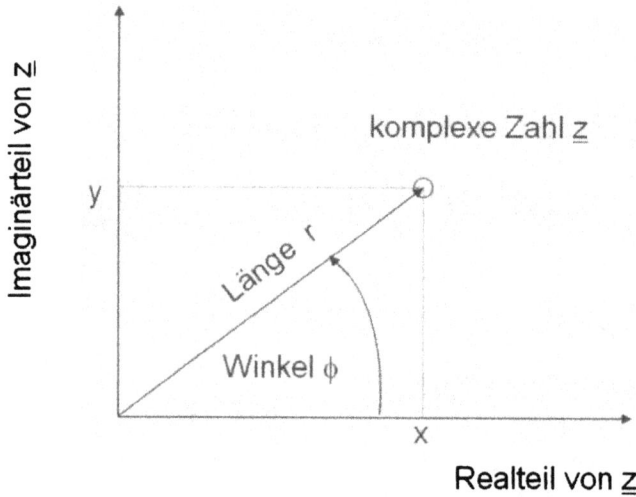

$\underline{z}$ = x+jy
$\underline{z}$ = r*e$^{j^*\phi}$
mit j = imaginäre Elnheit

Abbildung 37: Komplexe Zahlen

$$r = \sqrt{x^2 + y^2} \qquad\qquad \phi = \arctan\left(\frac{y}{x}\right)$$

$$x = r \bullet \cos(\phi) \qquad\qquad y = r \bullet \sin(\phi)$$

Grundrechenarten:

$$\underline{z}_1 + \underline{z}_2 = x_1 + x_2 + j \bullet (y_1 + y_2)$$

$$\underline{z}_1 - \underline{z}_2 = x_1 - x_2 + j \bullet (y_1 - y_2)$$

$$\underline{z}_1 \bullet \underline{z}_2 = r_1 \bullet r_2 \bullet e^{j(\phi_1 + \phi_2)}$$

$$\frac{\underline{z}_1}{\underline{z}_2} \bullet = \frac{r_1}{r_2} \bullet e^{j(\phi_1 - \phi_2)}$$

Abbildung 38: Einige Rechenregeln für komplexe Zahlen

9.2 Konstruktoren der Klasse CKomplexeZahl

Es liegt nahe, alle Attribute und Methoden von komplexen Zahlen in einer Klasse *CKomplexeZahl* zusammenzufassen.

Oft ist nur entweder die rechtwinklige oder die polare Form der komplexen Zahl bekannt. Daher benötigt man verschiedenen Konstruktoren. Aus dem letzten Abschnitt wissen wir:

-   Konstruktoren werden bei der Erzeugung eines Objektes automatisch aufgerufen,
-   Konstruktoren haben den Namen der Klasse und keinen Rückgabetyp.

Eine weitere Eigenschaft von Konstruktoren wird nun zusätzlich wichtig:

-   Konstruktoren können wie Methoden überladen werden, d.h. unterschiedliche Anzahl oder Typ der übergebenen Parameter aufweisen.

Dies verdeutlicht der Programmausschnitt nach Beispielprogramm 22:

```
. . .
class CKomplexeZahl
{
        private double Re, Im;
        public CKomplexeZahl()
        {
                Re = 1.0;
                Im = 0.0;
        }

        public CKomplexeZahl(double Re)
        {
                this.Re = Re;
                this.Im = 0.0;
        }


        public CKomplexeZahl(double Re, double Im)
        {
                this.Re = Re;
                this.Im = Im;
        }

        public CKomplexeZahl(char polar, double betrag,
            double winkel)
        {
                Re = betrag * Math.Cos(winkel/180.0 * Math.PI);
```

```
        Im = betrag * Math.Sin(winkel/180.0 * Math.PI);
    }
    . . .
```

Beispielprogramm 22: Konstruktoren der Klasse CKomplexeZahl

Hier werden insgesamt vier Konstruktoren verwendet, die sich durch ihre Signatur, d.h. durch Art und Anzahl der übergebenen Parameter unterscheiden. Der Default-Konstruktor übernimmt keine Parameter und initialisiert die Attribute *Re* und *Im* für Realteil und Imaginärteil mit Standardwerten. Der nächste Konstruktor übernimmt den Realteil und setzt den Imaginärteil auf einen Standardwert. Ein weiterer Konstruktor setzt Real- und Imaginärteil. Der letzte Konstruktor schließlich ermittelt Realteil und Imaginärteil aus Betrag und Phase. Dieser Konstruktor wird für den Compiler dadurch vom vorletzten unterscheidbar, dass als erster Parameter eine Variable vom Datentyp *char* übergeben wird. Dieser Parameter wird nicht weiter verwendet, er dient nur dazu, den polaren Konstruktor durch eine andere Signatur, d.h durch eine unterschiedliche Anzahl Parameter vom rechtwinkligen zu unterscheiden.

Das Schüsselwort *this* dient dazu, die übergebenen Parameter von den klasseneigenen Attributen mit gleichem Namen zu unterscheiden. Dieses Schlüsselwort verweist immer auf ein Objekt der eigenen Klasse. So können wir für die übergebenen Parameter die gleichen Namen verwenden wie für die Attribute der Klasse, in die sie übernommen werden und müssen keine neuen Namen erfinden.

Die Konstruktoren werden beim Erstellen von neuen Objekten der Klasse *CKomplexeZahl* automatisch passend aufgerufen. Es sind also folgende Objekt-Erzeugungen möglich, die im Beispielprogramm 23 dargestellt sind:

```
. . .
CKomplexeZahl eine1KomplexeZahl = new CKomplexeZahl();
CKomplexeZahl eine2KomplexeZahl = new CKomplexeZahl(3.0);
CKomplexeZahl eine3KomplexeZahl = new CKomplexeZahl(4.0,7.0);
CKomplexeZahl eine4KomplexeZahl = new CKomplexeZahl('p', 1.41,
45.0);
. . .
```

Beispielprogramm 23: Aufruf der verschiedenen Konstruktoren mit new

9.3 Zugriff auf die Attribute der Klasse

Welche Attribute müssen dann in dieser Klasse vorgesehen werden? Reichen die beiden *double*-Variablen **Re** und *Im* aus oder brauchen wir vier, nämlich *Re*, *Im*, *Betrag* und *Winkel*?

Nun, wir brauchen tatsächlich nur zwei (z.B. *Re* und *Im*). Das andere Paar lässt sich ja jederzeit über die Umrechnungsgleichungen nach Abbildung 37 daraus berechnen. Damit der Anwender der Klasse *CKomplexeZahl* diese Umrechnungsgleichungen nicht selbst nachschlagen muss, sollte diese Umrechnung allerdings innerhalb dieser Klasse durchgeführt werden. Wir schützen also die beiden Variablen mit dem Schlüsselwort *private* gegen den Zugriff von außerhalb der Klasse und programmieren alle Umrechnungen in der Klasse selbst. Für den Anwender stellen wir Setz- und Lese-Funktionen für beide Darstellungen zur Verfügung.

Das Schreiben der Attributwerte erfolgt über die beiden Methoden, die in Beispielprogramm 24 aufgelistet sind:

```
. . .
public void SchreibeRechtwinklig(double Real, double Imag)
{
        Re = Real;
        Im = Imag;
}

public void SchreibePolar(double Be, double Wi)
{
        Re = Be * Math.Cos(Wi / 180.0 * Math.PI);
        Im = Be * Math.Sin(Wi / 180.0 * Math.PI);
}
. . .
```

Beispielprogramm 24: Schreiben der Attribute für CKomplexeZahl

Hier wurden für die übergebenen Parameter andere Namen gewählt, um auch diese Methode der Übergabe zu zeigen, die im Gegensatz zu Beispielprogramm 22 ohne das Schlüsselwort *this* auskommt. Die Kreiszahl π ist als statisches Attribut *Math.PI* genauso in der Klasse *Math* enthalten wie die Sinus- und Kosinusfunktion.

Für das Lesen der Werte benötigen wir insgesamt vier Methoden, weil jede Methode genauso wie eine Funktion nur einen Wert zurückgeben kann (Beispielprogramm 25).

```
. . .
public double Real()
{
    return Re;
}

public double Imag()
{
    return Im;
}

public double Betrag()
{
    double Be;
    Be = Math.Sqrt(Re * Re + Im * Im);
    return Be;
}

public double Winkel()
{

    double Wi = 0.0;
    if (Re > 0.0)
      Wi = 180.0 / Math.PI * Math.Atan(Im / Re);

    if (Re < 0.0)
      Wi = 180.0 / Math.PI * Math.Atan(Im / Re) + 180.0;

    if (Re == 0)
      if (Im < 0)
         Wi = -90.0;
      else
         Wi = 90.0;

    return Wi;
}
. . .
```

Beispielprogramm 25: Lesen der Attribute für CKomplexeZahl

Die Fallunterscheidung bei der Methode Winkel ist deswegen notwendig, weil die Arcus-Tangens-Funktion nur Winkel zwischen -90° und +90° zurückgeben kann. Eine andere Möglichkeit wäre die Verwendung der Methode **Atan2** der Klasse **Math**, die diese Unterscheidung automatisch trifft.

Mit diesen sechs Methoden lassen sich die Werte der komplexen Zahl in beliebiger Darstellung (polar oder rechtwinklig) einlesen und auslesen, z.B. setzt die Anweisung

```
eine1KomplexeZahl.SchreibeRechtwinklig(3.6, 5.8);
```

den Realteil der komplexen Zahl *eine1KomplexeZahl* auf der Wert 3.6 und den Imaginärteil auf 5.8.

Es gibt innerhalb der Programmiersprache C# noch eine weitere Möglichkeit, private Attribute zu lesen und zu schreiben, nämlich mit den Schlüsselwörtern *set* und *get*. Auf diese aus der Programmiersprache „Visual Basic" übernommenen Möglichkeit wird hier nicht weiter eingegangen.

9.4   Operatorenüberladung

Für komplexe Zahlen sind alle Grundrechenarten definiert. Es ist daher sinnvoll, den Operatoren +, -, * und / für die Klasse *CKomplexeZahl* eine neue Bedeutung zu geben und sie zusammen mit Objekten dieser Klasse auch in dieser Bedeutung zu verwenden. Dies geschieht mit Hilfe der Operatorenüberladung, die der folgende Programmausschnitt nach Beispielprogramm 26 am Plus-Operator zeigt:

```
public static CKomplexeZahl operator+(CKomplexeZahl op1,
   CKomplexeZahl op2)
{
      CKomplexeZahl cErg = new CKomplexeZahl();
      cErg.Re = op1.Re + op2.Re;
      cErg.Im = op1.Im + op2.Im;
      return cErg;
}
```

Beispielprogramm 26: Operatorenüberladung am Beispiel des Plus-Operators

Die Überladung des Plus-Operators ist eine Funktion (Klassenmethode) und wird daher mit *static* definiert. Um den Plus-Operator zu überladen, muss der Methodenname *operator+*

verwendet werden. Der Name *operator-* würde den Minus-Operator überladen. Da der Plus-Operator ein binärer Operator ist, müssen zwei Parameter übergeben werden, in diesem Fall zwei Objekte der Klasse *CKomplexeZahl*. Da diese Methode innerhalb der Klasse *CKomplexeZahl* steht, können wir auf die Attribute der übergebenen Zahlen über den Punktoperator direkt zugreifen und müssen keine Lese- oder Schreibfunktionen in Anspruch nehmen.

Innerhalb der Methode wird eine neue komplexe Zahl erzeugt, deren Realteil gleich der Summe der Realteile der übergebenen komplexen Zahlen gesetzt wird und deren Imaginärteil gleich der Summe ihrer Imaginärteile ist. Eine Referenz auf diese Zahl wird dann an den Aufrufer zurückgegeben.

Damit wird die folgende Verwendung der Klasse möglich, wie in Beispielprogramm 27 gezeigt. Abgedruckt ist hier das gesamte Programm, welches das Zusammenspiel der in diesem Abschnitt entwickelten Codesegmente zeigt. Zur Klasse hinzugekommen ist noch die Methode *ToString()*, die von der gemeinsamen Basisklasse aller Klassen, nämlich *object* implizit geerbt wurde und deshalb hier überschrieben werden muss (Schlüsselwort *override*).

```
using System;

class CKomplexeZahl
{

  private double Re, Im;

  static void Main()
  {
    CKomplexeZahl eine1KomplexeZahl = new CKomplexeZahl(4,7);
    CKomplexeZahl eine2KomplexeZahl =
      new CKomplexeZahl('p', Math.Sqrt(2), 45);
    CKomplexeZahl eine3KomplexeZahl;
    eine3KomplexeZahl = eine1KomplexeZahl + eine2KomplexeZahl;
    Console.WriteLine(eine1KomplexeZahl.ToString() + " + " +
      eine2KomplexeZahl.ToString() + " = " +
      eine3KomplexeZahl.ToString());
    Console.Read();
    // Ausgabe: 4+i*7 + 1+i*1 = 5+i*8
  }
  public override string ToString()
  {
    return Re.ToString() + "+i*" + Im.ToString();
  }


  public CKomplexeZahl()
  {
    Re = 1.0;
```

```
   Im = 0.0;
}
public CKomplexeZahl(double Re)
{
   this.Re = Re;
   this.Im = 0.0;
}
public CKomplexeZahl(double Re, double Im)
{
   this.Re = Re;
   this.Im = Im;
}
public CKomplexeZahl(char polar, double betrag,
   double winkel)
{
   Re = betrag * Math.Cos(winkel/180.0 * Math.PI);
   Im = betrag * Math.Sin(winkel/180.0 * Math.PI);
}

public static CKomplexeZahl operator+(CKomplexeZahl op1,
   CKomplexeZahl op2)
{
   CKomplexeZahl cErg = new CKomplexeZahl();
   cErg.Re = op1.Re + op2.Re;
   cErg.Im = op1.Im + op2.Im;
   return cErg;
}
public double Real()
{
    return Re;
}

public double Imag()
{
   return Im;
}

public double Betrag()
{
   double Be;
   Be = Math.Sqrt(Re * Re + Im * Im);
   return Be;
}

public double Winkel()
{
```

```
   double Wi = 0.0;
   if (Re > 0.0)
     Wi = 180.0 / Math.PI * Math.Atan(Im / Re);

   if (Re < 0.0)
     Wi = 180.0 / Math.PI * Math.Atan(Im / Re) + 180.0;

   if (Re == 0)
     if (Im < 0)
       Wi = -90.0;
     else
       Wi = 90.0;

   return Wi;
 }
 public void SchreibeRechtwinklig(double Real, double Imag)
 {
   Re = Real;
   Im = Imag;
 }

 public void SchreibePolar(double Be, double Wi)
 {
   Re = Be * Math.Cos(Wi / 180.0 * Math.PI);
   Im = Be * Math.Sin(Wi / 180.0 * Math.PI);
 }

}
```

Beispielprogramm 27: Verwendung des überladenen Plus-Operators

Man kann den Plusoperator jetzt also mit komplexen Zahlen genauso verwenden wie mit reellen Zahlen. Auch die Priorität der Operatoren bleibt gleich, es gilt also beispielsweise Punkt- vor Strichrechnung.

Das Programm erzeugt folgende Ausgabe:

`4+i*7 + 1+i*1 = 5+i*8`

Zu erwähnen ist außerdem noch, dass Objekte anders an Funktionen bzw. Methoden übergeben werden als die in Abschnitt 3 vorgestellten Basisdatentypen. Diese Datentypen werden also im Normalfall bei der Übergabe kopiert, während bei der Objektübergabe nur die Referenzen kopiert werden. Die Methoden bzw. Funktionen arbeiten also bei Objektübergabe mit den Originalobjekten, eine Veränderung des Objektzustands verändert also auch das Objekt des Aufrufers. Auf diese Unterschiede wird in Abschnitt 10 noch einmal eingegangen, weil sich die dort behandelten Felder ebenfalls wie Objekte verhalten.

9.5 Übungen

Fragen zur Lernzielkontrolle:

Frage 1:

Welche Aufgaben haben die verschiedenen Konstruktoren der Klasse *CKomplexeZahl*?

Frage 2:

Wie ermittelt der Compiler bei der Erzeugung eines Objekts der Klasse *CKomplexeZahl* den richtigen Konstruktor?

Frage 3:

Welchen Vorteil bietet die Überladung der Operatoren für die Grundrechenarten bei der Klasse *CKomplexeZahl*?

Übung 1:

Schreiben Sie die Klasse *CKomplexeZahl*, so wie sie hier vorgestellt wurde und implementieren Sie die vier Grundrechenarten. Testen Sie die Klasse mit einer geeigneten Hauptprozedur *Main()*.

10   Felder

Ein „Feld", auch „Array" oder „Vektor" genannt, ist eine Anzahl von Daten des gleichen Datentyps, auf die über den Namen und eine laufende Nummer, den sog. Index des Feldelements zugegriffen werden kann. Der Vorteil dabei ist der, dass man sich nicht mehr für jede der vielen Variablen, die man sonst benötigen würde, einen eigenen Namen überlegen muss. Aber ein weiterer Vorteil ist noch viel wichtiger: Man kann auf die einzelnen Feldelemente über diesen Index in Schleifen zugreifen. Das erhöht die Flexibilität und macht den Programmcode kürzer.

10.1   Felder und Feldvariablen (Feldreferenzen)

Felder sind Referenzdatentypen wie Objekte. Das bedeutet, dass das Feld genauso mit *new* erzeugt werden muss wie ein Objekt. Außerdem wird bei der Parameterübergabe wie bei Objekten eine Referenz übergeben, d.h. das Feld selbst wird im Gegensatz zu den Basisdatentypen bei der Übergabe nicht kopiert.

Wir müssen also unterscheiden zwischen den eigentlichen Feldern und den „Feldvariablen", auch „Feldreferenzen" genannt.

Die Feldvariablen speichern die Referenz, also die Adresse des eigentlichen Feldes. Felder werden auf dem Heap angelegt (zu Heap und Stack siehe Abschnitt 3). Bei der Definition einer Feldvariablen wird kein Speicherplatz für das Feld auf dem Heap selbst angelegt, vielmehr wird nur auf dem Stack ein Speicherbereich für die Referenz reserviert. Wird das Feld mit Hilfe des *new*-Operators erzeugt, wird die Adresse des Feldes in dem Speicherplatz auf dem Stack gespeichert. Allerdings kann man die so erhaltenen Adressen weder auslesen noch auf den Adressen Operationen ausführen (wie z.B. in C oder C++). Die Verhältnisse werden in Abbildung 39 verdeutlicht:

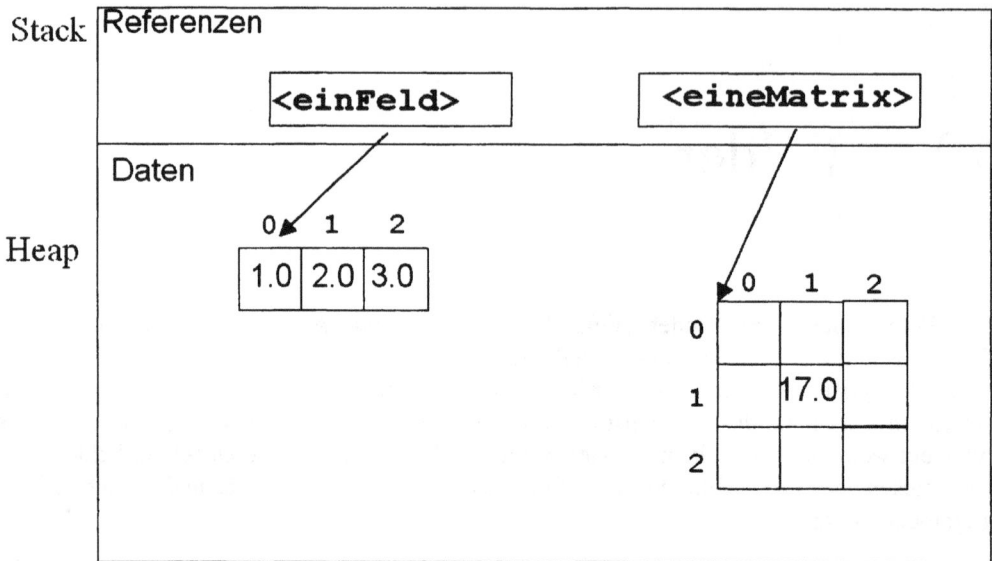

Abbildung 39: Verteilung der Daten auf Heap und Stack

Betrachten wir hierzu als einfaches Beispiel den Programmauszug nach Beispielprogramm 28:

```
. . .
// Erzeugen der Referenz
double[] einFeld;
// erzeugen des Vektors mit 3 Komponenten
einFeld = new double[3];
// Zugriff auf die Feldkomponenten
einFeld[0] = 1.0;
einFeld[1] = 2.0;
einFeld[2] = 3.0;
// einFeld[3] = 3.0;   // Fehler: zulässiger Index
                       // überschritten
// Zugriff auf die Feldelemente
Console.WriteLine( einFeld[0].ToString());
Console.WriteLine( einFeld[1].ToString());
Console.WriteLine( einFeld[2].ToString());
. . .
```

Beispielprogramm 28: Verwendung von Feldern

Zunächst wird die Referenz auf das Feld erzeugt. Danach wird das Feld selbst erzeugt und mit der Referenz verknüpft, d.h. die Referenz speichert jetzt die Adresse des Feldes. Die Größe des Speicherbereichs wird in eckigen Klammern hinter dem Datentyp angegeben, im Beispiel haben wir Platz für drei Elemente.

Der Zugriff auf die einzelnen Feldelemente erfolgt über den Feldnamen und den Index, *ein-Feld[0]* greift auf das erste Feldelement zu, *einFeld[1]* auf das zweite usw. Die Indizes fangen mit Null an, sind also nullbasiert, daher ist der letzte Index gleich der Feldgröße minus Eins. Jede Variable vom Datentyp *double* besitzt eine *ToString()*-Methode, die eine Zeichenkette zurückgibt, die dem Variablenwert entspricht. Natürlich besitzen die *double*-Werte diese Methode auch dann noch, wenn sie in einem Feld zusammengefasst sind.

Felder können im Gegensatz zu fast allen anderen Objekten auch direkt (ohne *new*) erzeugt und initialisiert werden, wie das folgende Beispiel zeigt (Beispielprogramm 29):

. . .

```
int[] prim20 = {1,2,3,5,7,11,13,17};
// Schleife zur Ausgabe der Array-Werte
 for(int i=0; i<prim20.GetLength(0); i++)
    Console.WriteLine("Primzahl = {0}", prim20[i]);
 // andere Möglichkeit
 foreach (int x in prim20)
    Console.WriteLine("Primzahl = {0}", x);
```

. . .

Beispielprogramm 29: Direkte Erzeugung von Feldern

Man kann die Feldelemente also einfach in geschweiften Klammern hintereinanderschreiben. In diesem Beispiel wird ein Feld mit acht Komponenten für die ersten acht Primzahlen erzeugt, die gleich mit den angegebenen Werten initialisiert werden.

Das Beispiel verdeutlicht außerdem zwei Möglichkeiten, die Feldelemente in einer Schleife anzusprechen. Die *for*-Schleife verwendet die Möglichkeit, die Anzahl der Elemente im Feld mit *GetLength(0)* zu erfahren. Der Parameter muss bei einspaltigen Feldern immer Null sein. Bei Matrizen, die Zeilen und Spalten enthalten, liefert die Null die Anzahl der Zeilen und die Eins die Anzahl der Spalten. Entsprechendes gilt bei höheren Dimensionen.

Die *foreach*-Schleife, die bisher noch nicht verwendet wurde, benötigt diesen Methodenaufruf nicht. Sie wurde eigens für den Durchlauf durch solche einspaltigen Felder in die Sprache C# eingefügt.

Die Designer der Sprache C# haben einige mächtige Bibliotheksfunktionen in die Felder eingebaut, wie Beispielprogramm 30 zeigt:

```
. . .
int[] prim20 = {1,3,2,7,5,11,13,17};
// sortiert das Array
Array.Sort(prim20);
// dreht die Reihenfolge um
Array.Reverse(prim20);
. . .
```

Beispielprogramm 30: Bibliothekfunktionen für Felder

Auch mehrdimensionale Felder können erzeugt werden:

```
. . .
// ein zweidimensionales Feld
double[,] eineMatrix;
eineMatrix = new double[3,3];
eineMatrix[1,1] = 17.0;
. . .
```

Beispielprogramm 31: Erzeugung von mehrdimensionalen Feldern

Das Beispielprogramm 31 erzeugt eine Matrix mit 3•3 = 9 Elementen. Wie man sieht, werden weiterhin eckige Klammern verwendet, die einzelnen Indizes werden durch Kommata voneinander getrennt. Auch hier sind die Indizes wieder nullbasiert.

Für C-Kenner: Diese Vereinbarung von mehrdimensionalen Feldern ist neu gegenüber C und C++. Die alte C-Methode mit den doppelten eckigen Klammern wird in C# jedoch weiterhin unterstützt.

Neu gegenüber C und C++ ist auch die vereinfachte Möglichkeit, Felder dynamisch zu vereinbaren, d.h. zur Laufzeit des Programms, siehe Beispielprogramm 32.

```
// das ganze etwas dynamischer, das geht in C++ nicht mehr
Console.WriteLine(
    "Bitte die Dimension der Matrix eingeben");
int dimension = Convert.ToInt32(Console.ReadLine());
int[,] nochEineMatrix = new int[dimension, dimension];
Console.WriteLine("Das erste Element: {0}",
    nochEineMatrix[0,0]);
```

Beispielprogramm 32: Dynamische Erzeugung von Feldern

Hier wird erst zur Laufzeit des Programms entschieden, wie groß die Matrix mit dem Namen *nochEineMatrix* sein soll.

Felder können Basisdatentypen, aber auch Objekte enthalten, wie Beispielprogramm 33 zeigt:

```
CKomplexeZahl[,] eineKomplexeMatrix;
eineKomplexeMatrix = new CKomplexeZahl[2,2];
eineKomplexeMatrix[0,0] = new CKomplexeZahl(3.0,4.0);
Console.WriteLine(eineKomplexeMatrix[0,0].ToString());
```

Beispielprogramm 33: Ein Feld mit Objekten

Wie das Beispiel zeigt, wird zunächst das Feld erzeugt, welches die Referenzen auf die komplexen Zahlen aufnehmen kann. Anschließend wird beispielhaft eine komplexe Zahl erzeugt und mit einer der vier verfügbaren Referenzen in der Matrix verknüpft. Alle Eigenschaften der Klasse *CKomplexeZahl* sind natürlich auch im Array verfügbar, beispielsweise die Methode *ToString()*, die eine Zeichenkette zurückgibt und die natürlich in der Klasse implementiert worden sein muss.

10.2   Der Gauß-Algorithmus

Damit haben wir alle Grundlagen zur Verwendung von Felder zusammen, die notwendig sind, um ein wichtiges Problem zu lösen, das nicht nur in der Elektrotechnik immer wieder vorkommt: Die Rede ist von der Lösung eines linearen Gleichungssystems mit dem Gauß-Algorithmus. In der Elektrotechnik wird dieser Algorithmus sehr häufig bei der Berechnung von Spannungen und Strömen in einer Schaltung verwendet. Das Verfahren wird hier gleich in derjenigen Form eingeführt, welche auch bei stark unterschiedlichen Werten in den einzelnen Zellen gute Ergebnisse erzielt.

Gegeben sind n lineare Gleichungen mit n Unbekannten, die aus den Gleichungen ermittelt werden sollen. Das grundsätzliche Problem ist im nächsten Bild für den Fall n=3 dargestellt, die Unbekannten heißen hier x, y und z. Das Gleichungssystem kann kompakter geschrieben werden, wenn man die Matrizendarstellung verwendet (Abbildung 40).

$$
\begin{aligned}
-x + 2y + z &= -2 \\
3x - 8y - 2z &= 4 \\
x \qquad + 4z &= -2
\end{aligned}
$$

Das ergibt in Matrizendarstellung:

$$
\begin{bmatrix} -1 & 2 & 1 \\ 3 & -8 & -2 \\ 1 & 0 & 4 \end{bmatrix} \bullet \begin{bmatrix} x \\ y \\ z \end{bmatrix} = \begin{bmatrix} -2 \\ 4 \\ -2 \end{bmatrix}
$$

Abbildung 40: Ein lineares Gleichungssystem in Matrixdarstellung

Jedes lineare Gleichungssystem kann also in eine Darstellung mit Matrix und rechter Seite überführt werden. Das ursprüngliche Gleichungssystem kann man daraus nach den Regeln der Matrizenmultiplikation wieder erhalten. Die erste Gleichung erhält man beispielsweise aus der ersten Zeile der Matrix, indem man x mit dem ersten Spaltenelement multipliziert, y mit dem zweiten, z mit dem dritten, die einzelnen so erhaltenen Produkte addiert und gleich dem ersten Element des Vektors auf der rechten Seite setzt. Analoges gilt für die Zeilen zwei und drei. Die Matrizenschreibweise ist also eine kompaktere Darstellung des linearen Gleichungssystems.

Die Strategie zur Lösung dieses Gleichungssystems besteht darin, zunächst unterhalb der Hauptdiagonalen der Matrix Nullen zu erzeugen. Die Hauptdiagonale geht von links oben nach rechts unten. Wenn darunter nur Nullen stehen, kann das Gleichungssystem durch Rückwärtseinsetzen gelöst werden. Zuerst ergibt sich z, dann y, zuletzt x. Wir besprechen nun die einzelnen Schritte, die dazu notwendig sind:

Zunächst werden die Zeilen so umsortiert, dass die Zeile mit dem betragsmäßig höchsten Wert in der ersten Spalte ganz nach oben kommt. Das ist schon deswegen sinnvoll, weil sonst die Gefahr besteht, dass im Verlauf des Algorithmus versehentlich versucht wird, durch Null zu dividieren. Außerdem ist es für die numerische Genauigkeit der Berechnung wichtig, dass immer durch das betragsmäßig größte Element dividiert wird („Pivotisierung", siehe [8]). Natürlich darf die rechte Seite beim Umsortieren nicht vergessen werden.

$$
\begin{bmatrix} 3 & -8 & -2 \\ -1 & 2 & 1 \\ 1 & 0 & 4 \end{bmatrix} \bullet \begin{bmatrix} x \\ y \\ z \end{bmatrix} = \begin{bmatrix} 4 \\ -2 \\ -2 \end{bmatrix}
$$

Abbildung 41: Die Zeilen werden umsortiert

Danach werden zu den übrigen Zeilen geeignete Vielfache der ersten Zeile addiert, so dass die ersten Elemente dieser Zeilen Nullen enthalten. Dieser Vorgang ist im nächsten Bild dargestellt:

$$
\begin{bmatrix} 3 & -8 & -2 \\ -1 & 2 & 1 \\ 1 & 0 & 4 \end{bmatrix} \bullet \begin{bmatrix} x \\ y \\ z \end{bmatrix} = \begin{bmatrix} 4 \\ -2 \\ -2 \end{bmatrix} \cdots \begin{array}{l} + \frac{1}{3} \text{ der ersten Zeile} \\[1em] - \frac{1}{3} \text{ der ersten Zeile} \end{array}
$$

$$
\begin{bmatrix} 3 & -8 & -2 \\ 0 & -\frac{2}{3} & \frac{1}{3} \\ 0 & +\frac{8}{3} & \frac{14}{3} \end{bmatrix} \bullet \begin{bmatrix} x \\ y \\ z \end{bmatrix} = \begin{bmatrix} 4 \\ -\frac{2}{3} \\ -\frac{10}{3} \end{bmatrix}
$$

Abbildung 42: Erzeugen der Nullen in der ersten Spalte

Jetzt wird der ganze Vorgang für die zweite Spalte ab der zweiten Zeile wiederholt. Die Zeile mit dem betragsmäßig höchsten Wert in der zweiten Spalte wird durch Umsortieren zur neuen Zeile 2. Die Zeile(n) oberhalb bleiben davon unberührt.

$$
\begin{bmatrix} 3 & -8 & -2 \\ 0 & -\frac{2}{3} & \frac{1}{3} \\ 0 & +\frac{8}{3} & \frac{14}{3} \end{bmatrix} \bullet \begin{bmatrix} x \\ y \\ z \end{bmatrix} = \begin{bmatrix} 4 \\ -\frac{2}{3} \\ -\frac{10}{3} \end{bmatrix}
$$

$$
\begin{bmatrix} 3 & -8 & -2 \\ 0 & +\frac{8}{3} & \frac{14}{3} \\ 0 & -\frac{2}{3} & \frac{1}{3} \end{bmatrix} \bullet \begin{bmatrix} x \\ y \\ z \end{bmatrix} = \begin{bmatrix} 4 \\ -\frac{10}{3} \\ -\frac{2}{3} \end{bmatrix}
$$

Abbildung 43: Erneutes Umsortieren

Danach werden in der zweiten Spalte unterhalb der Hauptdiagonalen Nullen erzeugt.

$$\begin{bmatrix} 3 & -8 & -2 \\ 0 & +\dfrac{8}{3} & \dfrac{14}{3} \\ 0 & -\dfrac{2}{3} & \dfrac{1}{3} \end{bmatrix} \bullet \begin{bmatrix} x \\ y \\ z \end{bmatrix} = \begin{bmatrix} 4 \\ -\dfrac{10}{3} \\ -\dfrac{2}{3} \end{bmatrix} \cdots \Bigg| +\dfrac{3}{8}\bullet\dfrac{2}{3}=\dfrac{1}{4}\, der\ zweiten\ Zeile$$

$$\begin{bmatrix} 3 & -8 & -2 \\ 0 & +\dfrac{8}{3} & \dfrac{14}{3} \\ 0 & 0 & \dfrac{1}{3}+\dfrac{1}{4}\bullet\dfrac{14}{3} \end{bmatrix} \bullet \begin{bmatrix} x \\ y \\ z \end{bmatrix} = \begin{bmatrix} 4 \\ -\dfrac{10}{3} \\ -\dfrac{2}{3}-\dfrac{1}{4}\bullet\dfrac{10}{3} \end{bmatrix}$$

Abbildung 44: In der zweiten Spalte werden Nullen erzeugt.

Als letzten Schritt schreiben wir das so entstandene Gleichungssystem wieder in der normalen Form.

$$3\cdot x - 8\cdot y - 2\cdot z = 4$$

$$\frac{8}{3}\cdot y + \frac{14}{3}\cdot z = -\frac{10}{3}$$

$$\frac{3}{2}\cdot z = -\frac{3}{2}$$

Nun brauchen wir nur noch rückwärts einsetzen. Damit ergibt sich aus der letzten Zeile zunächst z=1. Durch Einsetzen in die Gleichung darüber erhalten wir y=0,5 und schließlich x=2.

Dieser Gauß-Algorithmus soll nun in ein C#-Programm umgesetzt werden. Dabei soll die Ordnung des Gleichungssystems, die bei dem durchgeführten Beispiel n=3 beträgt, beliebig gewählt werden können. Einen möglichen Aufbau der Klasse zeigt der Programmausschnitt des nächsten Bildes (Abbildung 45). Benötigt werden als private Attribute die Ordnung des Gleichungssystems und die Referenz auf die Matrix. In diesem Beispiel sind die privaten Attribute mit dem Vorsatz m (für member) gekennzeichnet, wie es beim objektorientierten Programmieren üblich ist. Das Attribut *mIDim* enthält die Ordnung des Gleichungssystems. Die Referenz auf die zweidimensionale Matrix wird in *mDblMatrix* gespeichert, diese Matrix hat eine zusätzliche Spalte für die rechte Seite des Gleichungssystems. Damit wird der Programmieraufwand geringer, weil weniger Setz- und Lesemethoden notwendig sind.

```
class CEasyGauss
{
    private int mlDim;
    private double[.] mDblMatrix;
    public CEasyGauss(int iDim)...
    public void SetzeElement(int iZeile, int iSpalte, double dblWert)...
    public double[] BerechneErgebnis()...
    public void MatrixAusgeben()...
    static void Main(string[] args)
    {
      CEasyGauss einGauss = new CEasyGauss(3);
      einGauss.SetzeElement(1,1,-1);einGauss.SetzeElement(1,2,2); ...
      einGauss.SetzeElement(2,1,3); einGauss.SetzeElement(2,2,-8); ...
      einGauss.SetzeElement(3,1,1);einGauss.SetzeElement(3,2,0); ...
      double[] dblErg = einGauss.BerechneErgebnis();

      for(int i=0; i<3; i++)
        Console.WriteLine(dblErg[i].ToString());
```

Abbildung 45: Entwurf der Klasse CEasyGauss. Zu sehen ist die Struktur der Klasse, die hierfür unerheblichen Teile wurden ausgeblendet (3 Punkte).

Der Konstruktor übernimmt als Parameter die Ordnung des Gleichungssystems, damit der benötigte Speicherplatz gleich bei der Objekterzeugung reserviert werden kann.

Mit der Methode *SetzeElement()* können die Elemente der Matrix und der rechten Seite des Gleichungssystems geschrieben werden. *BerechneErgebnis()* berechnet den Lösungsvektor und *MatrixAusgeben()* schließlich gibt Matrix und rechte Seite auf dem Bildschirm aus.

In der Prozedur *Main()* wird die Verwendung dieser Klasse gezeigt. Das Objekt wird erzeugt, die einzelnen Elemente werden gesetzt, die Lösung wird berechnet und ausgegeben.

Nachdem der Gesamtentwurf dieser nun doch schon etwas umfangreicheren Klasse klar ist, sollen nun die wichtigsten Methoden vorgestellt werden. Fangen wir zunächst mit dem Konstruktor an (Beispielprogramm 34):

```
public CEasyGauss(int iDim)
{
  mIDim = iDim;
  mDblMatrix = new double[iDim,iDim+1];
}
```

Beispielprogramm 34: Konstruktor der Klasse CEasyGauss

Wie man sieht, übernimmt der Konstruktor die Ordnung des Gleichungssystems und reserviert den entsprechenden Speicherplatz auf dem Heap. Die zusätzliche Spalte ist für die rechte Seite, daher der Ausdruck *iDim*+1 im Spaltenindex.

Auch die Methode zum Setzen der Elemente ist ganz einfach:

```
public void SetzeElement(int iZeile, int iSpalte,
  double dblWert)
{
  mDblMatrix[iZeile-1, iSpalte-1] = dblWert;
}
```

Beispielprogramm 35: Die öffentliche Methode SetzeElement von CEasyGauss

Wie man sieht, soll es dem Benutzer der Klasse nicht zugemutet werden, immer von Null an zu zählen. Daher wird bei den Zeilen- und Spaltenindizes Eins abgezogen.

Bei der Berechnung des Ergebnisses wird der Programmcode natürlich recht umfangreich. Mit den obigen Erläuterungen und dem ausführlichen Kommentar im Programmtext müsste trotzdem einigermaßen klar sein, was gemacht wird, zumal die Namen der Variablen sehr „sprechend" gewählt wurden.

```
public double[] BerechneErgebnis()
{
    double[] dblErg = new double[mIDim];

    for(int iSpalteInDerNullenErzeugtWerden=0;
      iSpalteInDerNullenErzeugtWerden<(mIDim-1);
      iSpalteInDerNullenErzeugtWerden++)
    {
      // die Matrix wird immer vor der Erzeugung einer neuen
      // Spalte mit Nullen ausgegeben
      MatrixAusgeben();

      // Die Zeile mit dem maximalen Element in der Spalte,
      // in der die Nullen erzeugt werden, wird gesucht.
      int iMax = iSpalteInDerNullenErzeugtWerden;
      // Ab hier wird gesucht, die Zeilen darüber
      // bleiben unverändert.
```

```
          for(int iZeile=iSpalteInDerNullenErzeugtWerden;
            iZeile<mIDim; iZeile++)
            if(Math.Abs(mDblMatrix[iZeile,
              iSpalteInDerNullenErzeugtWerden]) >
              Math.Abs(mDblMatrix[iMax,
              iSpalteInDerNullenErzeugtWerden]))
              iMax = iZeile;

          // bei Bedarf Umsortieren
          if(iMax != iSpalteInDerNullenErzeugtWerden)
          {
            double[] dblHilf = new double[mIDim+1];
            for(int i=0; i<mIDim+1; i++)
            {
              dblHilf[i] =
                mDblMatrix[iSpalteInDerNullenErzeugtWerden, i];
              mDblMatrix[iSpalteInDerNullenErzeugtWerden, i] =
                mDblMatrix[iMax, i];
              mDblMatrix[iMax, i] = dblHilf[i];
            }
            MatrixAusgeben();
          }
          // Nullen in der Spalte erzeugen
          for(int iBearbZeile=iSpalteInDerNullenErzeugtWerden+1;
            iBearbZeile<mIDim;iBearbZeile++)
          {
            double dblFaktor =
              mDblMatrix[iBearbZeile,
              iSpalteInDerNullenErzeugtWerden] /
              mDblMatrix[iSpalteInDerNullenErzeugtWerden,
              iSpalteInDerNullenErzeugtWerden];

            for(int iBearbSpalte=iSpalteInDerNullenErzeugtWerden;
              iBearbSpalte<mIDim+1;iBearbSpalte++)
            {
              mDblMatrix[iBearbZeile,iBearbSpalte] -=
                dblFaktor *
                mDblMatrix[iSpalteInDerNullenErzeugtWerden,

                iBearbSpalte];
            }
          }
        }
        MatrixAusgeben();
        // Ergebnisvektor durch Rückwärtseinsetzen berechnen
        double dblSumme;
        for(int iLfdNummerErg=mIDim-1;
```

```
            iLfdNummerErg>=0; iLfdNummerErg--)
    {
        dblSumme = 0.0;
        for(int iBearbSpalte=mIDim-1;
           iBearbSpalte>iLfdNummerErg;
           iBearbSpalte--)
           dblSumme += mDblMatrix[iLfdNummerErg,iBearbSpalte] *
               dblErg[iBearbSpalte];
        dblErg[iLfdNummerErg] =
           (mDblMatrix[iLfdNummerErg,mIDim] - dblSumme) /
           mDblMatrix[iLfdNummerErg,iLfdNummerErg];
    }
    return dblErg;

}
```

Beispielprogramm 36: Der eigentliche Gauß-Algorithmus

Die Methode *MatrixAusgeben()* schließlich hat folgende Struktur:

```
public void MatrixAusgeben()
{
  for(int i=0; i<mIDim;i++)
  {
    for(int j=0; j<mIDim+1;j++)
    {
      Console.Write("{0,6:F} ", mDblMatrix[i,j]);

    }

    Console.WriteLine();
  }
  Console.WriteLine();
}
```

Beispielprogramm 37: Die Ausgabe der Matrix

Die Methode *Write()* schreibt ohne Zeilenumbruch; *Console.Write()* ist eine überladene Methode, die auch einen Format-Parameter akzeptiert, der die Ausgabe steuert. Im vorliegenden Fall wird der übergebene Parameter mit dem Index 0, nämlich die Gleitpunktzahl *mDblMatrix[i,j]* mit insgesamt 6 Stellen einschließlich Vorzeichen ausgegeben. Nähere Einzelheiten finden Sie in den Hilfedateien zu C#.

Die Prozedur *Main()* schließlich führt einen Test der Methoden durch und verwendet dazu das Beispiel, das ausführlich behandelt wurde. Auch hier wird abschließend wieder das Gesamtprogramm abgedruckt, damit das Zusammenspiel der Einzelkomponenten deutlich wird:

```
using System;

class CEasyGauss
{
  private int mIDim;
  private double[,] mDblMatrix;

  static void Main(string[] args)
  {
    CEasyGauss einGauss = new CEasyGauss(3);

    einGauss.SetzeElement(1,1,-1);
    einGauss.SetzeElement(1,2,2);
    einGauss.SetzeElement(1,3,1);
    einGauss.SetzeElement(1,4,-2);
    einGauss.SetzeElement(2,1,3);
    einGauss.SetzeElement(2,2,-8);
    einGauss.SetzeElement(2,3,-2);
    einGauss.SetzeElement(2,4,4);
    einGauss.SetzeElement(3,1,1);
    einGauss.SetzeElement(3,2,0);
    einGauss.SetzeElement(3,3,4);
    einGauss.SetzeElement(3,4,-2);

    double[] dblErg = einGauss.BerechneErgebnis();

    for(int i=0; i<3; i++)
      Console.WriteLine(dblErg[i].ToString());
    Console.Read();
  }
  public void MatrixAusgeben()
  {
    for(int i=0; i<mIDim;i++)
    {
      for(int j=0; j<mIDim+1;j++)
      {
        Console.Write("{0,6:F} ", mDblMatrix[i,j]);
      }

      Console.WriteLine();
    }
```

```
      Console.WriteLine();
    }
    public double[] BerechneErgebnis()
    {
      double[] dblErg = new double[mIDim];
      for(int iSpalteInDerNullenErzeugtWerden=0;
        iSpalteInDerNullenErzeugtWerden<(mIDim-1);
        iSpalteInDerNullenErzeugtWerden++)
      {
        // die Matrix wird immer vor der Erzeugung einer neuen
        // Spalte mit Nullen ausgegeben
        MatrixAusgeben();
        // Die Zeile mit dem maximalen Element in der Spalte,
        // in der die Nullen erzeugt werden, wird gesucht.
        int iMax = iSpalteInDerNullenErzeugtWerden;
        // Ab hier wird gesucht, die Zeilen darüber
        // bleiben unverändert.
        for(int iZeile=iSpalteInDerNullenErzeugtWerden;
          iZeile<mIDim; iZeile++)
          if(Math.Abs(mDblMatrix[iZeile,
            iSpalteInDerNullenErzeugtWerden]) >
            Math.Abs(mDblMatrix[iMax,
            iSpalteInDerNullenErzeugtWerden]))
            iMax = iZeile;

        // bei Bedarf Umsortieren
        if(iMax != iSpalteInDerNullenErzeugtWerden)
        {
          double[] dblHilf = new double[mIDim+1];
          for(int i=0; i<mIDim+1; i++)
          {
            dblHilf[i] =
              mDblMatrix[iSpalteInDerNullenErzeugtWerden, i];
            mDblMatrix[iSpalteInDerNullenErzeugtWerden, i] =
              mDblMatrix[iMax, i];
            mDblMatrix[iMax, i] = dblHilf[i];
          }
          MatrixAusgeben();
        }
        // Nullen in der Spalte erzeugen
        for(int iBearbZeile=iSpalteInDerNullenErzeugtWerden+1;
          iBearbZeile<mIDim;iBearbZeile++)
        {
          double dblFaktor =
            mDblMatrix[iBearbZeile,
            iSpalteInDerNullenErzeugtWerden] /
            mDblMatrix[iSpalteInDerNullenErzeugtWerden,
```

```
                    iSpalteInDerNullenErzeugtWerden];

            for(int iBearbSpalte=iSpalteInDerNullenErzeugtWerden;
               iBearbSpalte<mIDim+1;iBearbSpalte++)
            {
               mDblMatrix[iBearbZeile,iBearbSpalte] -=
                  dblFaktor *
                  mDblMatrix[iSpalteInDerNullenErzeugtWerden,

                  iBearbSpalte];
            }
        }
    }
    MatrixAusgeben();
    // Ergebnisvektor durch Rückwärtseinsetzen berechnen
    double dblSumme;
    for(int iLfdNummerErg=mIDim-1;
       iLfdNummerErg>=0; iLfdNummerErg--)
    {
        dblSumme = 0.0;
        for(int iBearbSpalte=mIDim-1;
           iBearbSpalte>iLfdNummerErg;
           iBearbSpalte--)
           dblSumme += mDblMatrix[iLfdNummerErg,iBearbSpalte] *
              dblErg[iBearbSpalte];
        dblErg[iLfdNummerErg] =
           (mDblMatrix[iLfdNummerErg,mIDim] - dblSumme) /
           mDblMatrix[iLfdNummerErg,iLfdNummerErg];
    }
    return dblErg;
}
public void SetzeElement(int iZeile, int iSpalte,
   double dblWert)
{
    mDblMatrix[iZeile-1, iSpalte-1] = dblWert;
}
public CEasyGauss(int iDim)
{
    mIDim = iDim;
    mDblMatrix = new double[iDim,iDim+1];
}
}
```

Beispielprogramm 38: Ein Testprogramm zu CEasyGauss

Damit wird die Bildschirmausgabe nach Abbildung 46 erzeugt. Sie sehen, dass die einzelnen Schritte vom Programm genau so durchgeführt werden, wie wir sie eingangs in diesem Abschnitt sozusagen „zu Fuß" gerechnet hatten. Die Zahlen sind bis auf die Ungenauigkeiten durch die Rundung bei der Anzeige identisch.

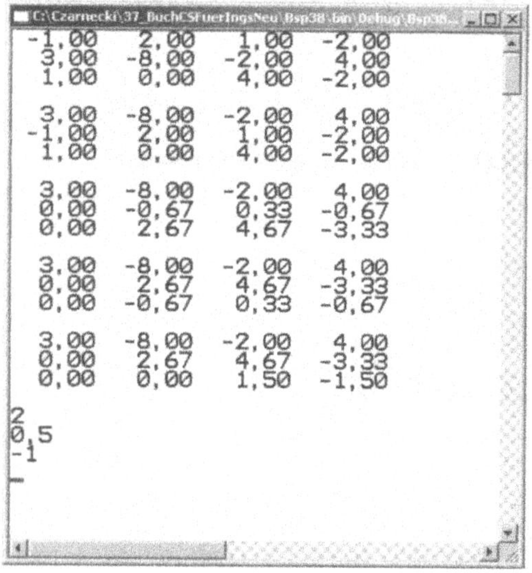

Abbildung 46: Bildschirmausgabe von Beispielprogramm 38

10.3   Übungen

Fragen zur Lernzielkontrolle:

Frage 1:

Welchen Vorteil bieten Felder?

Frage 2:

Wie werden Felder erzeugt?

Frage 3:

Wie wird auf die einzelnen Feldelemente zugegriffen?

Übung 1:

Referenzübergabe und Wertübergabe:

Gegeben ist folgendes Programm:

```
using System;
namespace WertReferenz
{
  class CWertReferenz
  {
    static void Main(string[] args)
    {
      double d;
      CPunkt einPunkt = new CPunkt();
      int[] i = new int[2];

      d=1.0;
      einPunkt.x = 1.0;
      einPunkt.y = 2.0;
      i[0] = 1;
      i[1] = 2;
      Erhoehe(d, einPunkt, i);
      Console.WriteLine(
        "d = " + d +
        "\neinPunkt.x = " + einPunkt.x +
        "\neinPunkt.y = " + einPunkt.y +
        "\ni[0] = " + i[0] +
        "\ni[1] = " + i[1]
      );
      Console.Read();

    }
    static void Erhoehe(double d, CPunkt einPunkt, int[]i)
    {
      d = d+1.0;
      einPunkt.x = einPunkt.x + 1.0;
      einPunkt.y = einPunkt.y + 1.0;
      i[0] = i[0] + 1;
      i[1] = i[1] + 1;
    }
  }
  class CPunkt
  {
    public double x,y;
  }
}
```

Welche Bildschirmausgabe erzeugt dieses Programm und warum?

Übung 2:

Implementieren Sie den Gauss-Algorithmus in der Klasse *CEasyGauss* auf Ihrem Rechner. Tippen Sie dazu den Programmcode nicht einfach ab, sondern versuchen Sie als erstes in einer Schleife die erste und die zweite Gleichung des linearen Gleichungssystems zu addieren und die zweite Zeile des Gleichungssystems durch die neue Zeile zu ersetzen. Geben Sie das Gleichungssystem vor und nach der Umformung durch Aufruf einer Methode *MatrixAusgeben*() auf dem Bildschirm aus. Testen Sie das Programm in diesem Entwicklungsstadium. Sind die durchgeführten Umformungen korrekt?

Im nächsten Schritt erzeugen Sie dann durch Addition einer geeigneten Vielfachen der ersten Zeile ein Null in der Ersten Spalte der zweiten Zeile. Danach führen Sie diesen Schritt für alle Zeilen des Gleichungssystems durch. Im letzen Schritt binden Sie den bisher erzeugten Programmcode dann in eine weitere Schleife ein, die die Dreiecksmatrix erzeugt. Zum Schluss programmieren Sie dann das Umsortieren der Zeilen. Wichtig ist, dass jeder Zwischenschritt getestet wird, bevor der nächste Schritt erfolgt.

Erweitern Sie anschließend die Klasse *CEasyGauss* so, dass auch Gleichungssysteme mit komplexen Zahlen behandelt werden können. Verwenden Sie dazu Objekte der Klasse *CKomplexeZahl* und nutzen Sie die Operatorenüberladung. Was muss dann in der Klasse *CEasyGauss* überhaupt noch geändert werden?

11 Zeichenketten

Wie bereits in Abschnitt 3 erwähnt, sind Zeichenketten (Strings) Referenztypen wie Objekte. Die Referenz auf die Zeichenkette wird also auf dem Stack gespeichert, die Zeichenkette selbst dagegen im Heap.

In C# gibt es als Typen von Zeichenketten neben *string* (eine Abkürzung für die Klasse *System.String*) als weitere Klasse *StringBuilder* im Namensraum *System.Text*.

Die *string*-Zeichenkette wird einmal erzeugt und ist danach nicht mehr veränderbar. Will man sie verändern, muss man einen neuen *string* erzeugen. *StringBuilder* verhält sich in dieser Hinsicht deutlich flexibler. Wenn man also eine Zeichenkette mehr oder weniger nur zur Ausgabe nutzt, wird man eine *string*-Zeichenkette verwenden. *StringBuilder* hat dagegen erhebliche Vorteile in der Verarbeitungsgeschwindigkeit, wenn Zeichenketten-Inhalte sehr oft verändert werden.

11.1 Die Klasse string

Das folgende Beispielprogramm 39 verdeutlicht den Einsatz der Klasse *string* an verschiedenen Beispielen.

```
using System;

class Class1
{
    static void Main()
    {
      // ein einfacher string
      string strBegruessung = "Guten Morgen";
      Console.WriteLine(strBegruessung);

      // ein string mit Escape-Sequenzen wie in C
      string strEscape = "Datei C:\\Muell.txt wird\ngelöscht";
      Console.WriteLine(strEscape);
```

```
            // ein Verbatim string
            string strVerbatim =
            @"
             Hier wird alles genau ausgegeben, wie man es eintippt!
             Sogar Zeilenumbrüche und \-Schrägstriche!
             Wichtig:    das @ vor den Anführungsstrichen!
            ";

            Console.WriteLine(strVerbatim);

            // Was steht denn drin im Verbatim-string?
            // Verwendung des Indexers, um alle Zeichen
            // im Dezimalcode auszulesen

            Console.WriteLine(
               "Der Verbatim in Dezimaldarstellung:");

            for (int i=0; i<strVerbatim.Length; i++)
            {
               Console.Write("{0:D3} ",(int)strVerbatim[i]);
               if ((i+1)%15==0)
                  Console.WriteLine();
            }

            Console.Read();
        }

}
```

Beispielprogramm 39: Verwendung der Klasse string

Da Strings Objekte sind, kann man sie wie üblich mit **new** erzeugen. Es gibt jedoch, wie im Programm gezeigt, die einfachere Möglichkeit, die Zeichenkette als Literal direkt mit Gleichheitszeichen hinter die Definition der Objektreferenz zu schreiben. Dabei werden für diejenigen Zeichen, welche man nicht direkt in die Zeichenkette hineinschreiben kann, wie z.B. das doppelte Anführungszeichen, das vom Compiler als Ende der Zeichenkette interpretiert würde, die auch in C üblichen Ersatzdarstellungen (Escape-Sequenzen) verwendet.

\"	Doppeltes Anführungsz.	Double quotation mark
\\	Schrägstrich rückwärts	Backslash
\ooo	Zeichencode oktal	
\xhh	Zeichencode hexadezimal	
\a	Signalton	Bell (alert)

\b	Rückschritt	Backspace
\f	Seitenvorschub	Formfeed
\n	Neue Zeile	New line
\r	Zeilenrücklauf	Carriage return
\t	Horizontaler Tabulator	Horizontal tab
\v	Vertikaler Tabulator	Vertical tab
\'	Einfaches Anführungsz.	Single quotation mark

Abbildung 47: Ersatzdarstellungen der Sprache C#

Wenn man diese Methode nicht verwenden möchte, kann man die sog. Verbatim-Literale benutzen, die mit einem vorangestellten @-Zeichen vor den doppelten Anführungsstrichen beginnen. Danach wird jedes Leerzeichen, jeder Zeilenvorschub usw. als zum Literal gehörig betrachtet, bis zu den abschließenden doppelten Anführungszeichen.

Ein String wird intern als ein Feld von Zeichen gespeichert. Wir können auf die einzelnen Zeichen genauso wie bei Feldern zugreifen, nämlich mit eckigen Klammern, in denen die Nummer des Feldelements steht. Über das Attribut *Length* lässt sich die Anzahl der Zeichen abfragen. Allerdings lassen sich die Feldelemente im Gegensatz zu den Feldern von Abschnitt 10 nur lesen, nicht schreiben. Wir durchlaufen alle Elemente des Verbatim in einer Schleife. Um den Inhalt Dezimal mit drei Stellen auszugeben, wird die folgende Programmzeile verwendet:

```
Console.Write("{0:D3} ",(int)strVerbatim[i]);
```

Über *strVerbatim[i]* auf den i-ten *char* innerhalb der Zeichenkette zugegriffen. Durch das vorangestellte **(int)** in runden Klammern wird aus dem *char* die dazugehörige Ganzzahl gemacht, die den *char* repräsentiert. Über die Format-Anweisung *"{0:D3} "* innerhalb der Methode *Console.Write()* schließlich wird die Zahl dezimal mit drei Stellen ausgegeben. Damit man immer nach 15 Zeichen einen Zeilenumbruch bei der Ausgabe erreicht, wird der Modulo-Operator % verwendet, der den Rest bei Ganzzahldivision ermittelt.

Das Programm erzeugt die Bildschirmausgabe nach Abbildung 48.

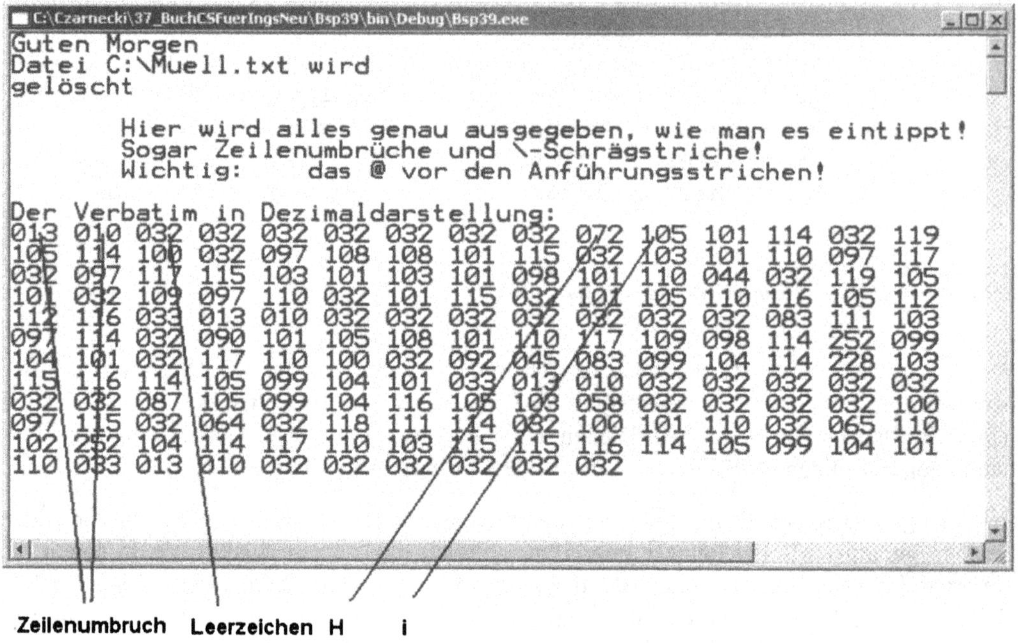

```
■ C:\Czarnecki\37_BuchCSFuerIngsNeu\Bsp39\bin\Debug\Bsp39.exe                    _□×
Guten Morgen
Datei C:\Muell.txt wird
gelöscht
         Hier wird alles genau ausgegeben, wie man es eintippt!
         Sogar Zeilenumbrüche und \-Schrägstriche!
         Wichtig:     das @ vor den Anführungsstrichen!

Der Verbatim in Dezimaldarstellung:
013 010 032 032 032 032 032 032 072 105 101 114 032 119
105 114 100 032 097 108 108 101 115 032 103 101 110 097 117
032 097 117 115 103 101 103 101 098 101 110 044 032 119 105
101 032 109 097 110 032 101 115 032 101 105 110 116 105 112
112 116 033 013 010 032 032 032 032 032 032 032 083 111 103
097 114 032 090 101 105 108 101 110 117 109 098 114 252 099
104 101 032 117 110 100 032 092 045 083 099 104 114 228 103
115 116 114 105 099 104 101 033 013 010 032 032 032 032 032
032 032 087 105 099 104 116 105 103 058 032 032 032 032 100
097 115 032 064 032 118 111 114 032 100 101 110 032 065 110
102 252 104 114 117 110 103 115 115 116 114 105 099 104 101
110 033 013 010 032 032 032 032 032 032 032
```

Zeilenumbruch Leerzeichen H   i

*Abbildung 48: Bildschirmausgabedes Beispielprogramms 39. Die Zahlen für einige Zeichen nach dem ANSI-Code
sind ebenfalls angegeben.*

Die Zuordnung zwischen Zeichen und Ganzzahl sieht vorläufig noch ziemlich willkürlich
aus. Um die Systematik hier zu erkennen, betrachten wir das folgende Programm, welches
diese Zuordnung ermittelt, indem es immer sechzehn aufeinanderfolgende Zeichen ausgibt
und anschließend nach einem Zeilenvorschub vor dem nächsten Zeichen die laufende Nummer dieses Zeichens ausgibt.

```csharp
using System;

class Class1
{

  static void Main()
  {
    char c;
```

```
Console.WriteLine(
  "      0  1  2  3  4  5  6  7  8  9 10 11 12 13 14 15");
Console.WriteLine(
  "      -------------------------------------------------");
Console.Write("{0:D3} : ", 16);
for(int i=16; i<255; i++)
{
  Console.Write("{0}  ", (char)i);
  if ((i+1)%16 == 0)
  {
    Console.WriteLine();
    Console.Write("{0:D3} : ", i+1);
  }
}
Console.Read();
  }
}
```

Beispielprogramm 40: Programm zur Erzeugung einer Zeichentabelle

Damit wird die folgende Bildschirmausgabe erzeugt:

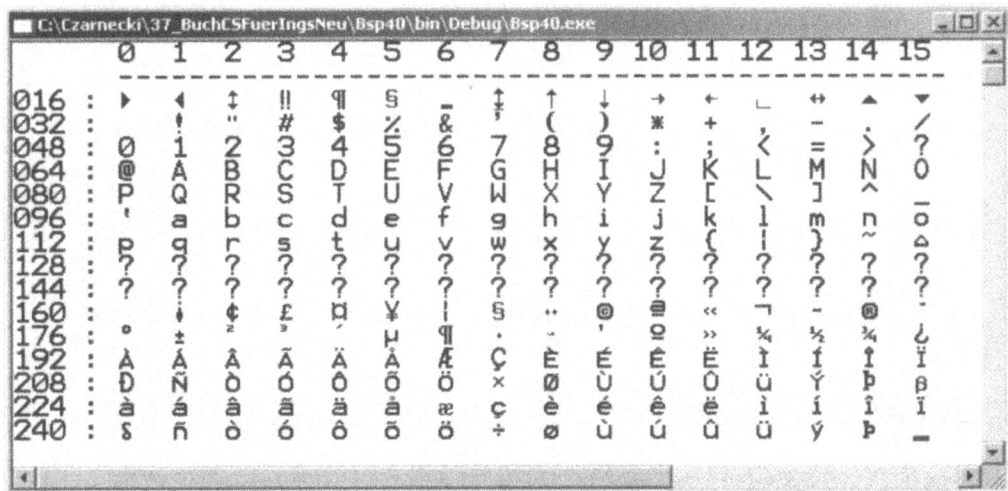

Abbildung 49: Bildschirmausgabe von Beispielprogramm 40

Als untere Grenze für die Ausgabe wurde 16 gewählt, weil die ersten 15 Zeichen vom Konsolenfenster als Steuerzeichen interpretiert werden und Aktionen auslösen.

Wie Sie sehen, sind einige Zeichen auf der Konsole nicht darstellbar. An diesen Stellen wird einfach ein Fragezeichen ausgegeben.

Es lohnt sich, diese Bildschirmausgabe genauer zu betrachten. Zunächst kommen einige Sonderzeichen, dann die Zahlen, gefolgt von einigen weiteren Sonderzeichen. Ab dem fünfundsechzigsten Zeichen folgen dann die Großbuchstaben in alphabetischer Reihenfolge, nach einigen weiteren Sonderzeichen dann die Kleinbuchstaben. Die deutschen Umlaute äöü usw. sind hier nicht eingeordnet, sie kommen zusammen mit den Sonderzeichen einiger anderer Sprachen ab 192.

Die dargestellte Zuordnung heißt Unicode und ist bis zum 255. Zeichen identisch mit dem ANSI-Code nach dem „American National Standardization Institute". In Konsolenanwendungen lassen sich im Wesentlichen nur diese Zeichen darstellen. In einer graphischen Umgebung können dagegen deutlich mehr Zeichen dargestellt werden, auch Zeichen anderer Sprachen. Dies ist im nächsten Bild dargestellt, wobei hier die *for*-Schleife für i=1648 bis 2000 durchlaufen wurde.

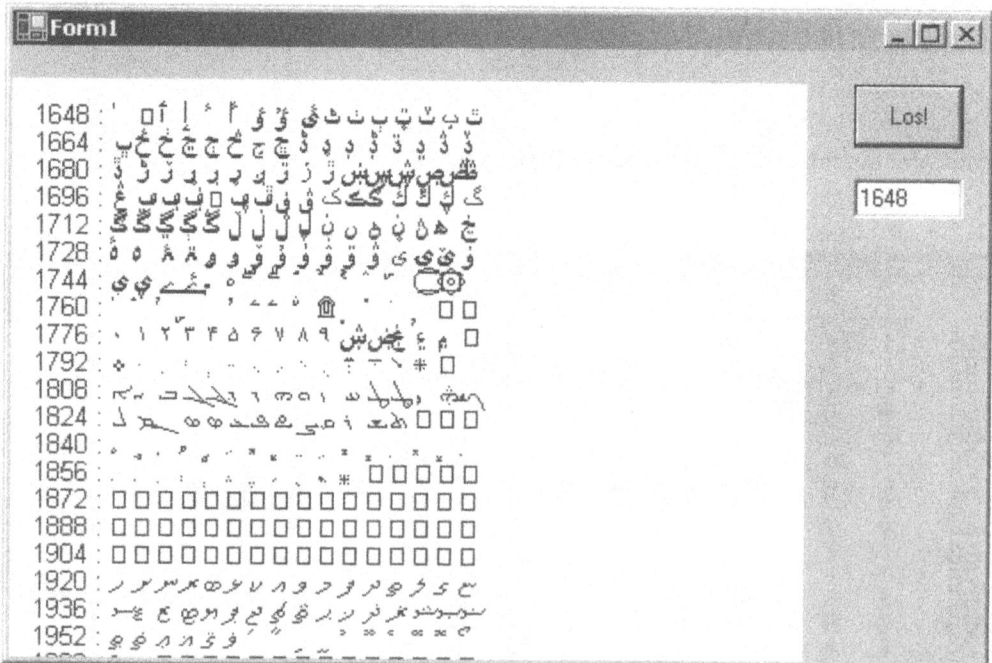

Abbildung 50: In einer grafischen Umgebung können wesentlich mehr Schriftzeichen dargestellt werden.

Auch hier sind die Zeichen nicht lückenlos definiert, nicht darstellbare Zeichen werden in der grafischen Umgebung durch Rechtecke dargestellt.

Nun kann man die im ersten Programm dieses Abschnitts erhaltene Bildschirmausgabe Zahl für Zahl durchgehen und die Codierung für das jeweilige Zeichen überprüfen. Übrigens – 13 ist der Code für das Zurückspringen des Cursors auf den Anfang der Zeile und 10 ist der Code für das Springen des Cursors auf die nächste Zeile.

11.2   Methoden der Klasse string

Welche Methoden stellt uns die Klasse string zur Verfügung? Hier muss man unterscheiden zwischen den Klassenmethoden[22], die ohne Erzeugung eines Objekts zur Verfügung stehen (sie sind von den Softwareentwicklern bei Microsoft unter Verwendung des Schlüsselworts *static* definiert worden) und den Instanzenmethoden, die nur für ein konkretes *string*-Objekt aufgerufen werden können. Die Hilfe-Funktion der Entwicklungsumgebung zeigt die Auswahl der Klassenmethoden durch Eingabe des Klassennamens *string*, gefolgt von einem Punkt (Intellisense-Funktion der Entwicklungsumgebung):

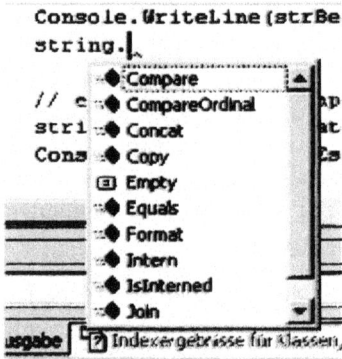

Abbildung 51: Klassenmethoden der Klasse string, dargestellt mit der Intellisense-Funktion von Visual Studio

Die Instanzenmethoden erhält man dagegen, wenn man den Stringnamen, gefolgt von einem Punkt eingibt:

---

[22] Sie erinnern sich? Klassenmethoden sind nichts anderes als die in Kapitel 6 eingeführten Prozeduren und Funktionen.

```
string strBegruessung = "Guten Morg
strBegruessung.|
```

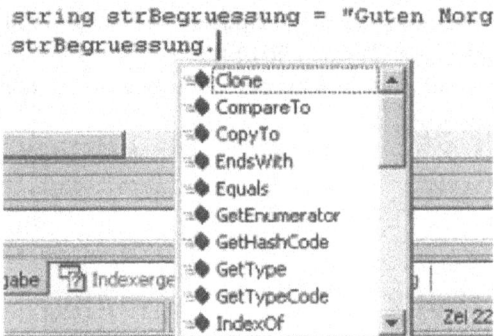

Abbildung 52: Instanzenmethoden der Klasse string, dargestellt mit der Intellisense-Funktion von Visual Studio

Eine vollständige Beschreibung aller Klassen- und Instanzenmethoden finden Sie in der Hilfe zur Programmiersprache C#. An dieser Stelle soll nur auf die wichtigsten Methoden hingewiesen werden:

Um zwei Zeichenketten zu vergleichen, gibt es gleich vier Methoden nämlich *Equals()*, *Compare()*, *CompareTo()* und *CompareOrdinal()*. Sie unterscheiden sich in der Art, wie verglichen wird und welcher Datentyp zurückgegeben wird. Zum Suchen einer Zeichenfolge in einer längeren Zeichenkette gibt es die Methoden *IndexOf()*, *LastIndexOf()*, *IndexOfAny()* und *Substring()*. Leerzeichen in Zeichenketten entfernen kann man mit *Trim()*, *TrimStart()* und *TrimEnd()*. Zum Verändern von einzelnen Zeichen in Zeichenketten gibt es *Inserts()*, *Remove()*, *Replace()*, *ToUpper()* und *ToLower()*. Die letztgenannten Methoden erzeugen eine neue Zeichenkette, weil *string* nicht verändert werden kann.

Obwohl *string* ein Verweistyp ist, wurden die Gleichheitsoperatoren (== und !=) so überladen, dass die Werte von *string*-Objekten verglichen werden und nicht die Verweise. Damit kann man diese Operatoren in der meist gewünschten Weise einsetzen, ohne die Methoden *Compare()* oder *Equals()* einsetzen zu müssen. Das verdeutlicht der folgende Programmausschnitt:

```
. . .
string a = "hello";

string b = "h";
b = b + "ello";
// anfügen an b

Console.WriteLine( a == b );
// Ausgabe: True -
// enthält den gleichen Wert

Console.WriteLine( (object)a == b );
```

```
// False - verschiedene Objekte
  . .
```

Beispielprogramm 41: Operatorenüberladung in der Klasse string

Das Beispiel zeigt noch eine weitere Operatorenüberladung, nämlich die des Plus-Operators, durch den zwei Zeichenketten miteinander verbunden werden können.

11.3   Übungen

Fragen zur Lernzielkontrolle:

Frage 1:

Worin besteht der Unterschied zwischen einem normalen *string*-Literal und einem Verbatim-Literal?

Frage 2:

Betrachten Sie die in Abbildung 49 dargestellte ANSI-Tabelle. Wie könnte man einen Grossbuchstaben in einen Kleinbuchstaben umwandeln?

Übung 1:

Die Klasse *CKomplexeZahl* soll die Methode *ToString()* der obersten Basisklasse *object* überschreiben, von der alle anderen Datentypen und Klassen implizit abgeleitet sind. Der dazu notwendige Programmrahmen hat folgendes Aussehen:

```
public override string ToString()
{

}
```

Bauen Sie eine aussagekräftige Zeichenkette zusammen, die sowohl die Informationen über Real- und Imaginärteil enthält als auch über Betrag und Phase und geben Sie diese mit *return* an den Aufrufer zurück.

Testen Sie die Methode in einer geeigneten Testklasse mit verschiedenen Werten!

Übung 2:

Beim Einlesen einer Gleitpunktzahl nach Abschnitt 5.4 soll ein eingegebener Dezimalpunkt automatisch in ein Dezimalkomma umgewandelt werden, bevor die Eingabe in eine Zahl vom Datentyp *double* gewandelt wird. Verwenden Sie dazu die Methode *Replace()*.

12 Schnittstellen

„Schnittstellen" (engl. „Interfaces") dienen der Trennung von „Spezifikation" und „Implementierung". Dabei bedeutet Spezifikation die Vereinbarung darüber, was die Klasse kann. Implementierung dagegen ist die Festlegung, wie sie das macht. Diese Trennung haben wir im täglichen Leben auch sehr oft. Das Textverarbeitungsprogramm „Word", welches ich hier gerade verwende, kann z.B. Texte speichern und formatieren. Wie es das macht, interessiert mich als Benutzer (im Moment jedenfalls) nicht.

Um genauer zu beschreiben, wie diese Trennung in C# erfolgt, zunächst ein kleiner Rückblick auf die bisher gewonnenen Erkenntnisse über Klassen: Jede Klasse enthält Methoden und Datenfelder. Die meist *public* definierten Methoden bestehen aus Methodenköpfen und Methodenrümpfen. Die Methodenköpfe stellen die Schnittstellen einer Klasse zu ihrer Außenwelt dar, weil in ihnen festgelegt wird, welche Parameter die Methode übernimmt und welchen Rückgabetyp die Methode hat.

Die Daten sind dagegen oft *private* definiert, also im Inneren verborgen. Es gilt als guter Programmierstil, alle Attribute vor der Außenwelt zu verbergen und nur über Setz- und Lesefunktionen zugänglich zu machen, wie das am Beispiel der Klasse *CKomplexeZahl* durchgeführt wurde. Damit sind nach außen nur ihre Schnittstellen sichtbar.

Wie kommt man zu einem neuen Programm für eine bestimmte Aufgabe? Man verwendet dazu das Prinzip der schrittweisen Verfeinerung („Top-down"), nimmt also während des Entwurfprozesses für die Klassen verschiedene Sichtweisen ein. Zu Beginn interessiert uns die Gesamtkonzeption. Dazu müssen die Fragen beantwortet werden, welche Klassen benötigt werden und wie sie miteinander in Beziehung stehen. Anschließend kommt die spezifizierende Sicht: Welche Schnittstellen hat eine Klasse? Nun gehen wir an die Implementation: Wie werden die Methoden programmiert?

12.1 Nachrichtenquellen und Nachrichtenempfänger

Eine Schnittstelle unterstützt die spezifizierende Sicht. Sie legt die gemeinsame Eigenschaft für Klassen fest, die sonst nicht in einer Beziehung des Typs „Generalisierung-Spezialisierung" (Vererbungsbeziehung) stehen. Hierzu ein einfaches Beispiel: Nachrichten des täglichen Lebens können von verschiedenen Objekten wie Radio, Fernsehen oder Zeitung erzeugt werden. In einem Programm, das diesen Teil der Welt abbildet, werde dafür z.B. eine Schnittstelle *INachrichtenquelle* eingerichtet. Genauso, wie man Klassen oft durch ein vorangestelltes C kennzeichnet, bekommen Schnittstelle ein vorangestelltes I für Interface. Interessierte Personen können diese Nachrichtenquellen abonnieren, indem sie ein Interface *INachrichtenempfaenger* einrichten. Damit ergeben sich die folgenden beiden Schnittstellen:

```
interface INachrichtenquelle
{
  void anmelden(INachrichtenempfaenger empf);
  void sendeNachricht(string nachricht);
}

interface INachrichtenempfaenger
{
  void empfangeNachricht(string nachricht);
}
```

Beispielprogramm 42: Zwei Schnittstellen für die Erzeugung und Verarbeitung von Nachrichten

Wie Sie sehen, wird eine Schnittstelle mit dem Schlüsselwort *interface* definiert und enthält nur die Methodenköpfe, die mit einem Strichpunkt abgeschlossen werden. Jede Klasse, welche diese Schnittstelle übernimmt, muss auch alle diese Methoden mit genau diesem Parametersatz und Rückgabetyp zur Verfügung stellen. Der Benutzer einer Klasse *CZeitung*, die diese Schnittstelle übernimmt, kann sich also sicher sein, dass es in dieser Klasse die Methoden *anmelden()* und *sendeNachricht()* gibt und er sie verwenden kann. Eine Schnittstelle ist damit sozusagen ein Vertrag zwischen dem Programmierer und dem Benutzer der Klasse. Bei einem größeren Softwareprojekt sind das in den meisten Fällen verschiedene Entwickler.

In der Klasse *CZeitung* werden diese Methoden nun ausprogrammiert:

```
using System.Collections;
class CZeitung : INachrichtenquelle
{
  private string strName;
  private ArrayList aListe;
  public CZeitung(string derName)
  {
    strName = derName;
    aListe = new ArrayList();
  }
  public void anmelden(INachrichtenempfaenger empf)
  {
    aListe.Add(empf);
```

```
    }
    public void sendeNachricht(string nachricht)
    {
        for(int i = 0; i < aListe.Count; i++)
        {
            INachrichtenempfaenger empf =
                (INachrichtenempfaenger)aListe[i];
            empf.empfangeNachricht(nachricht);
        }
    }
}
```

Beispielprogramm 43: Die KlasseCZeitung implementiert die Schnittstelle INachrichtenquelle

Bei Schnittstellen wird die gleiche Syntax angewendet wie bei der Vererbung: Man schreibt den Namen der Schnittstelle hinter den Klassennamen, getrennt durch einen Doppelpunkt. Unsere Klasse *CZeitung* hat zwei Attribute, nämlich den Zeitungsnamen sowie eine Liste, in der alle Abonnenten eingetragen sind. Damit wir uns mit der Speicherverwaltung für die Abonnenten nicht herumplagen müssen, verwenden wir die Klasse *ArrayList*, welche die Bibliothek von C# im sog. Namespace *System.Collections* zur Verfügung stellt, der als erste Anweisung mit *using* eingebunden wird. Dieser Liste kann man mit der Methode *Add()* beliebige Objekte hinzufügen. Genau dies geschieht in der Methode *anmelden()*.

Die Methode *sendeNachricht()* verschickt die Nachricht an alle Empfänger, die in der Liste der Abonnenten stehen. Wie Sie sehen, kann man auf die einzelnen Elemente der *ArrayList* genauso zugreifen wie auf normale Arrays. Da die Liste allgemeine Objektreferenzen enthält, muss durch eine vorangestellte Typumwandlung (cast) wieder das Originalformat erzeugt werden.

Die Klassen *CPerson* und *CFirma* übernehmen die Schnittstelle *INachrichtenempfänger*:

```
class CPerson:INachrichtenempfaenger
{
    private string name;
    private string vorname;
    public CPerson(string einName, string einVorname)
    {
        name = einName;
        vorname = einVorname;

    }
    public void empfangeNachricht(string nachricht)
    {
        Console.WriteLine("an " + name + "," + vorname +
            ": " + nachricht);
```

```
  }
}
class CFirma:INachrichtenempfaenger
{
  private string name;
  public CFirma(string einName)
  {
    name = einName;
  }
  public void empfangeNachricht(string nachricht)
  {
    Console.WriteLine("an " + name +
      ": " + nachricht);
  }
}
```

Beispielprogramm 44: Die Klasse CPerson empfängt Nachrichten

Hier wird die Nachricht einfach auf der Konsole ausgegeben.

12.2   Zuordnung von Quellen zu Empfängern

Das Anwendungsprogramm muss nun nicht mehr wissen, wer die Schnittstellen implementiert:

```
using System;
using System.Collections;

interface INachrichtenquelle
{
  void anmelden(INachrichtenempfaenger empf);
  void sendeNachricht(string nachricht);
}

interface INachrichtenempfaenger
{
  void empfangeNachricht(string nachricht);
}
```

```
class Bsp45
{
  public static void Main()
  {
    INachrichtenempfaenger p1 =
      new CPerson("Fischer", "Fritz");
    INachrichtenempfaenger p2 =
      new CFirma("Siemens");
    INachrichtenempfaenger p3 =
      new CPerson("Catwoman", "Creszenzia");
    INachrichtenquelle z1 =
      new CZeitung("Frankfurter Allgemeine");
    INachrichtenquelle z2 =
      new CZeitung("Süddeutsche Zeitung");
    z1.anmelden(p1);
    z1.anmelden(p2);
    z2.anmelden(p1);
    z2.anmelden(p3);
    Console.WriteLine("Schlagzeile FAZ");
    z1.sendeNachricht("Neues Hochwasser!");
    Console.WriteLine("Schlagzeile Süddeutsche");
    z2.sendeNachricht("Die FAZ unter Wasser!");
    Console.Read();
  }
  class CPerson:INachrichtenempfaenger
  {
    private string name;
    private string vorname;
    public CPerson(string einName, string einVorname)
    {
      name = einName;
      vorname = einVorname;

    }
    public void empfangeNachricht(string nachricht)
    {
      Console.WriteLine("an " + name + "," + vorname +
        ": " + nachricht);
    }
  }
  class CFirma:INachrichtenempfaenger
  {
    private string name;
    public CFirma(string einName)
    {
      name = einName;
    }
```

```
    public void empfangeNachricht(string nachricht)
    {
      Console.WriteLine("an " + name +
        ": " + nachricht);
    }
}
class CZeitung : INachrichtenquelle
{
  private string strName;
  private ArrayList aListe;
  public CZeitung(string derName)
  {
    strName = derName;
    aListe = new ArrayList();
  }
  public void anmelden(INachrichtenempfaenger empf)
  {
    aListe.Add(empf);
  }
  public void sendeNachricht(string nachricht)
  {
    for(int i = 0; i < aListe.Count; i++)
    {
      INachrichtenempfaenger empf =
        (INachrichtenempfaenger)aListe[i];
      empf.empfangeNachricht(nachricht);
    }
  }
}
}
```

Beispielprogramm 45: Nachrichtenquellen werden Nachrichtenempfängern zugeordnet

Die Objekte *p1* und *p3* sind zwar von der Klasse her Personen, beim Aufruf der Methode *anmelden()* wird aber nur ihre Schnittstelle *INachrichtenempfänger* verwendet. Diese Methode „reduziert" also die Klasse auf ihre Schnittstelle und lässt sich dadurch flexibler einsetzen. Objekte anderer Klassen wie z.B *CFirma*, die ebenfalls die Schnittstelle *INachrichtenempfänger* implementieren, können sich in gleicher Weise anmelden.

Ähnlich verhält es sich mit der Schnittstelle *INachrichtenquelle*. Die Klasse *CZeitung* implementiert diese Schnittstelle. Folglich müssen die Methoden *anmelden()* und *sendeNachricht()* verfügbar sein. Wir könnten weitere Klassen erfinden, welche diese Schnittstelle ebenfalls haben und damit verschiedene Klassen gemeinsam (z.B. in einer Schleife) auffordern, Nachrichten zu senden.

Ähnliche Beispiele der Reduktion von kompliziert aufgebauten Objekten auf einige wenige Funktionen haben wir im täglichen Leben auch, zum Beispiel in der Arbeitswelt. Wenn Sie sich um eine Stelle in einer Firma bewerben, müssen Sie die Anforderungen der Stelle erfüllen, die üblicherweise in einer Arbeitsplatzbeschreibung festgelegt sind. Jeder andere Bewerber, der diese „Schnittstelle" ebenfalls „implementiert", ist ein möglicher Konkurrent von Ihnen. Ihre übrigen Eigenschaften sind in diesem Zusammenhang nicht wichtig, oder sollten es zumindest nicht sein. Ob Sie schwarze, rote, blonde oder grüne Haare haben, interessiert den Personalchef nicht, es sei denn, es gehört zu den Anforderungen der Stelle.

Das obige Programm erzeugt die folgende Bildschirmausgabe:

```
C:\Czarnecki\37_BuchCSFuerIngsNeu\Bsp45\bin\Debug\Bsp45.exe
Schlagzeile FAZ
an Fischer,Fritz: Neues Hochwasser!
an Siemens: Neues Hochwasser!
Schlagzeile Süddeutsche
an Fischer,Fritz: Die FAZ unter Wasser!
an Catwoman,Creszenzia: Die FAZ unter Wasser!
```

Abbildung 53: Bildschirmausgabe

Wie oben bereits erwähnt wurde, legt eine Schnittstelle gemeinsame Eigenschaften für Klassen fest, die sonst nicht in einer Vererbungsbeziehung stehen. Im Beispiel der Abschnitte 7 und 8, das im Folgenden weiter entwickelt wird, gibt es allerdings genau diese Vererbungsbeziehung. Daher gibt es dort eine andere Möglichkeit der flexiblen Programmierung, nämlich die dynamische Polymorphie über die gemeinsame Basisklasse *CZweipol*. Deshalb benötigen wir hier keine Schnittstellen. Bei der grafischen Programmierung, die Gegenstand der nächsten Abschnitte ist, werden Schnittstellen dagegen sehr oft verwendet.

12.3   Übungen

Fragen zur Lernzielkontrolle:

Frage 1:

Welche Methoden muss es in jeder Klasse geben, welche die Schnittstelle *INachrichtenquelle* implementiert?

Frage 2:

Muss der Benutzer der Schnittstelle *INachrichtenquelle* wissen, welche Klasse die Schnittstelle implementiert? Welcher Vorteil ergibt sich daraus?

Übung 1:

Fügen Sie dem Beispiel 45 eine weitere Nachrichtenquelle (z.B. einen Internet-Informationsdienst) hinzu. Integrieren Sie ihn in das Programm!

13 Die grafische Benutzerschnittstelle – ein elementarer Einstieg

Bisher hatten wir zur Ein- und Ausgabe fast ausschließlich die Befehlszeile verwendet. Sie hat den Vorteil, dass sie einfach zu benutzen ist. Allerdings ist ihr spartanischer Charme sicher nicht jedermanns Sache, obwohl sie auch heute noch Befürworter hat, vor allem in der Unix / Linux-Szene.

Wir wollen deshalb in diesem Abschnitt den Schritt zur systematischen Einführung in die moderne grafische Windows-Programmierung mit Mausbedienung und Ereignissteuerung durchführen. Leider wird das Programmieren dadurch erheblich aufwändiger, weil es nun nicht mehr einen genau festgelegten Programmfluss gibt, sondern der Benutzer in nicht vorhersehbarer Weise Schaltflächen oder Menüpunkte auswählen kann, auf die das Programm dann in sinnvoller Weise reagieren sollte. Daher möchte ich, um die Grundkonzepte zu erklären, mit einem sehr einfachen Programm beginnen, welches nur die Ein- und Ausgabe einer Zeichenkette zeigt.

13.1   Erzeugung des Programmgerüsts

Bei der Programmerstellung gehen wir einen in der Praxis oft benutzen Weg. Wir lassen uns von Visual Studio.net ein Programmgerüst erzeugen, analysieren es und fügen anschließend an den richtigen Stellen eigenen Programmcode hinzu, um die gewünschte zusätzliche Funktionalität einzubauen. Damit auch diejenigen Leser, die nicht über diese Entwicklungsumgebung verfügen, die Erläuterungen dieses Abschnitts nachvollziehen können, ist der gesamte Programmcode im Anhang abgedruckt.

Wir erstellen ein neues Projekt und wählen nicht mehr „Konsolen-Anwendung", sondern „Windows-Anwendung" aus (Abbildung 54).

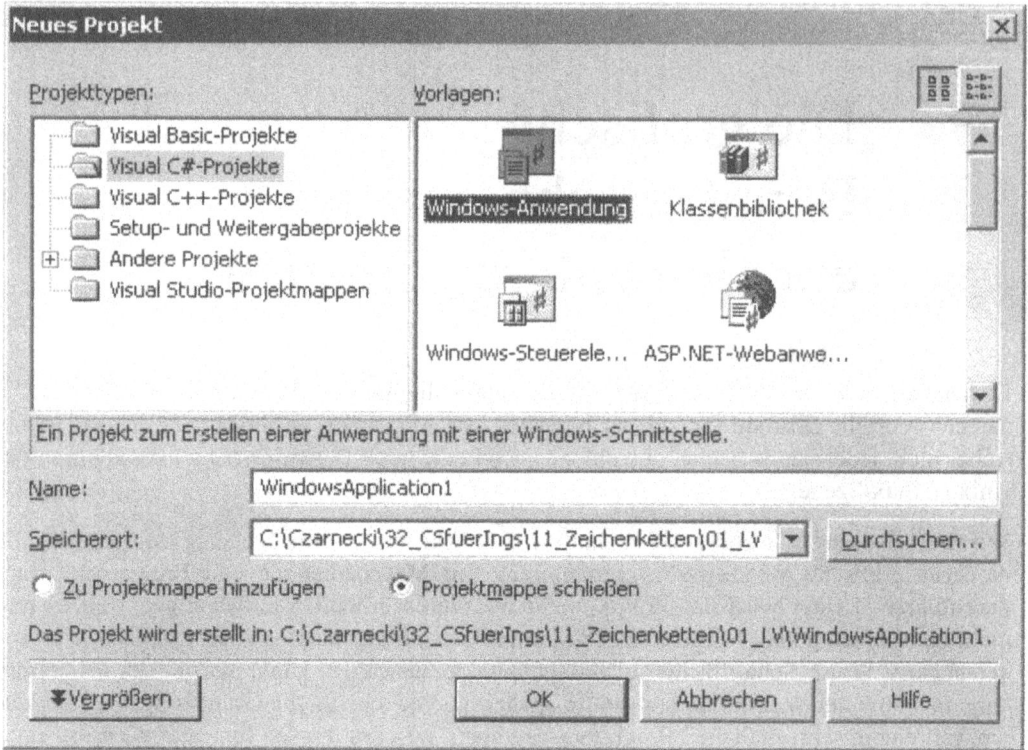

Abbildung 54: Auswahl des Projekttyps mit Visual Studio

Dann wird automatisch der Programmcode generiert, der ein Windows-Fenster mit den Standard-Schaltflächen auf den Bildschirm bringt. Dieser Programmcode ist bereits lauffähig und bringt ein leeres Windows-Fenster auf den Bildschirm, das sich mit dem Kreuz rechts oben wieder schließen lässt.

Abbildung 55: Bildschirmausgabe des automatisch generierten Programms – ein leeres, aber voll funktionsfähiges Fenster

Der erzeugte Quellcode kann untersucht werden, wenn man im Projektmappen-Explorer der Entwicklungsumgebung auf *Form1.cs* rechtsklickt und „Code anzeigen" wählt (Abbildung 56).

Nun weist das mittlere Fenster zwei Registerkarten auf:

– *Form1.cs[Entwurf]* zur grafischen Bearbeitung des Fensters,

– *Form1.cs* zum Bearbeiten des Quellcodes.

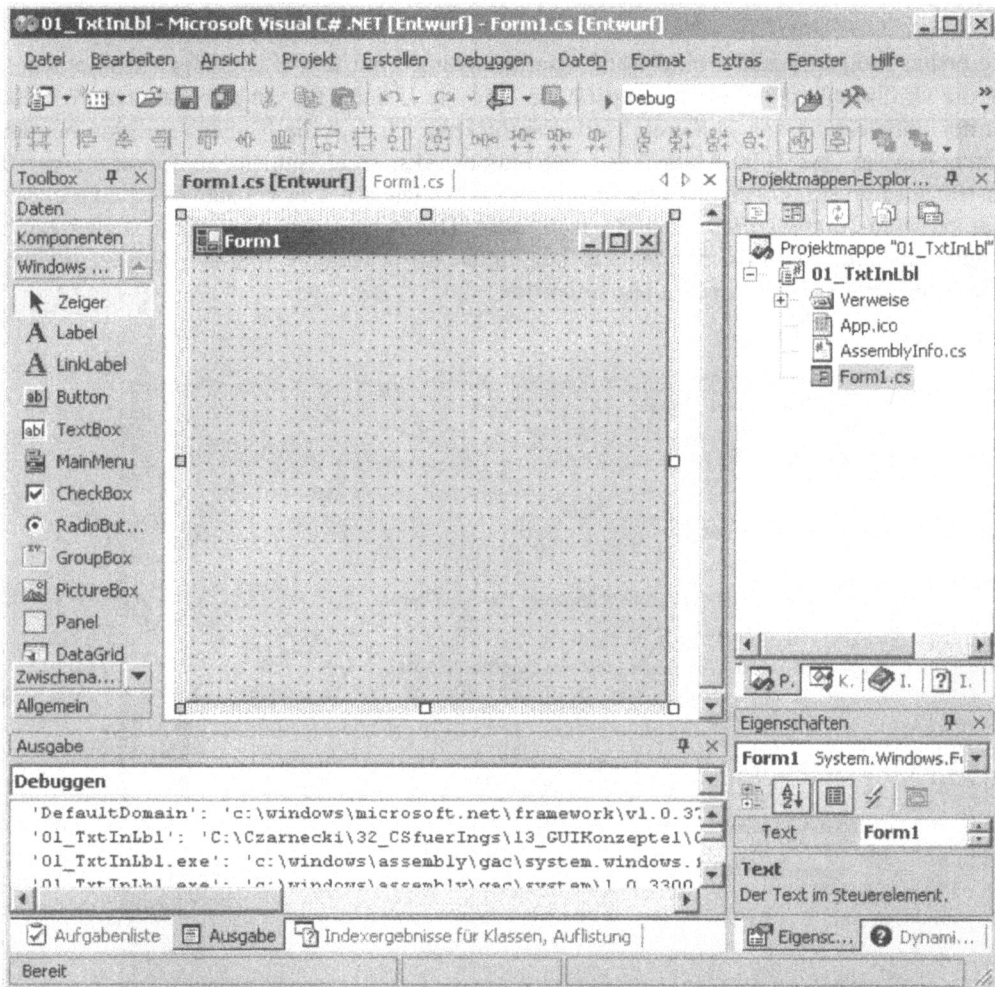

Abbildung 56: Der grafische Entwurf des Programms

Als nächstes betrachten wir den erzeugten Quellcode, indem wir die Registerkarte *Form1.cs* auswählen.

```
using System;   // Basisfunktionen zur Ein-Ausgabe etc.
using System.Drawing;   // Grafikfunktionen
using System.Collections; // Listen
using System.ComponentModel;
  // Komponenten wie Schaltflächen
using System.Windows.Forms; // Formulare
using System.Data; // Datenbankanbindung
```

Die ersten Programmzeilen binden die „Namensräume" mit den notwendigen Bibliotheken für die Grafikfunktionen ein. Namensräume sind die Lösung für ein altbekanntes Problem bei der Entwicklung von größeren Softwareprojekten, nämlich die Namenskonflikte bei der Benennung der über 1000 Klassen des .net-Frameworks. Jeder Namensraum fasst einige 10 bis 100 Klassen zusammen, die thematisch zusammengehören. Der vollständige Name dieser Klassen wäre *NamensraumName.KlassenName*. Damit man den Namensraum aber nicht immer mitschreiben muss, werden die benötigten Namensräume mit den obigen *„using-Anweisungen"* in unsere Anwendung importiert.

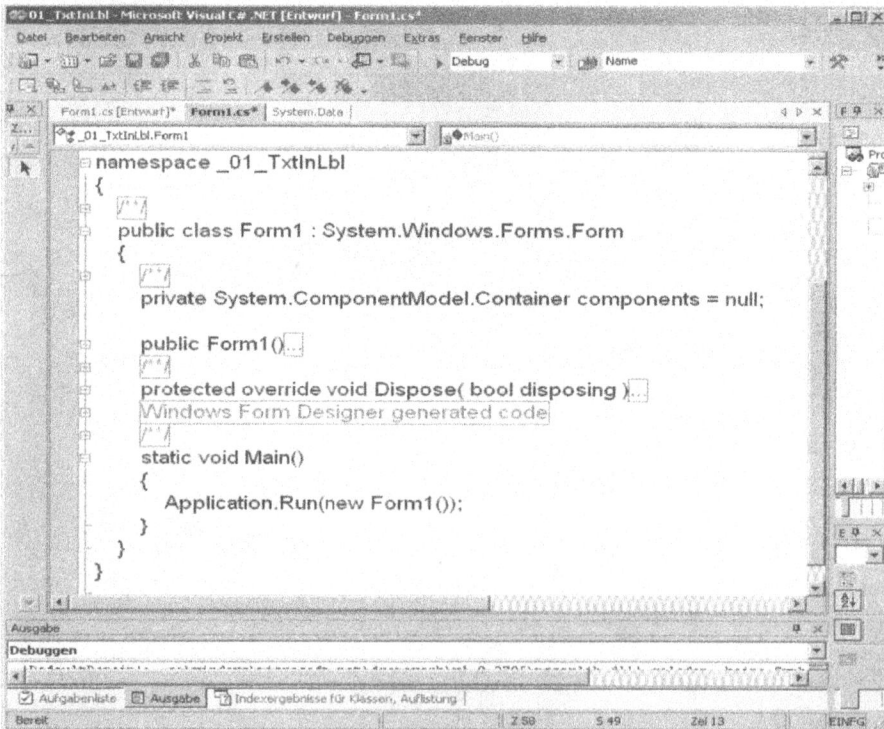

Abbildung 57: Die Struktur des erzeugten Programms

Die Struktur des übrigen Quellcodes ist in Abbildung 57 dargestellt. Bei dieser Darstellung wurde eine ausgesprochen nützliche Eigenschaft von Visual Studio.net ausgenutzt, nämlich das „Zusammenfassen von Codeabschnitten". Wie Sie an den Pluszeichen links vor den einzelnen Codeabschnitten sehen, können die einzelnen Codeblöcke in einer Darstellung ähnlich wie im Windows-Explorer auf- und zugeklappt werden. Hier ist eine Darstellung gewählt, in der zunächst die Struktur des erzeugten Quellcodes sichtbar wird.

Nun zur Erklärung der einzelnen Blöcke:

namespace _01_TxtInLbl{}:

- Das *namespace*-Schlüsselwort wird verwendet, um einen Gültigkeitsbereich zu deklarieren. Wie bereits erwähnt, ermöglicht es dieser Namensraum-Gültigkeitsbereich, Code zu organisieren und global eindeutige Typen zu erstellen. Alle Klassen unserer Anwendung gehören zum o.g. Namensraum. Dadurch, dass alle Klassennamen innerhalb dieses Namensraums definiert werden, kommen sie nicht mit möglicherweise gleichlautenden Bezeichnern in anderen Namensräumen in Konflikt. Möchte man Klassen eines anderen Namensraums hier mitverwenden, muss man diesen mit Hilfe einer *using*-Anweisung einbinden oder den vollständigen qualifizierenden Namen verwenden, wie oben erwähnt.

public class Form1 : System.Windows.Forms.Form{}

- *Form1* wird von *System.Windows.Forms.Form* abgeleitet und erbt damit die Funktionalität dieser Klasse.
- Eine *Form* ist eine Darstellung eines beliebigen Fensters, das in der Anwendung angezeigt wird.
- Mit Hilfe der Eigenschaften der *Form*-Klasse können Sie die Darstellung, Größe, Farbe etc. für das Fenster bestimmen.

private System.ComponentModel.Container components = null;

- Dies ist ein „Container" (=Behälter), der alle Steuerelemente (Schaltflächen, Textfelder etc.) des Formulars aufnehmen wird.
- Im Augenblick ist noch kein Steuerelement in das Formular eingefügt.

public Form1(){}

- Hierbei handelt es sich um den Konstruktor von *Form1*.
- In diesem Konstruktor wird die Methode *InitializeComponent()* aufgerufen, welche alle Steuerelemente auf dem Formular einrichtet. Im Moment sind allerdings noch keine vorhanden. Außerdem werden einige Attribute des Hauptformulars selbst mit Anfangswerten versehen. Die Methode *InitializeComponents()* ist im „Windows Form Designer generated Code" versteckt, also dem Codesegment, der vom „Assistenten für den visuellen Entwurf" der Programmoberfläche verwaltet wird. Diese Methode hat im Moment folgendes Aussehen:

```
private void InitializeComponent()
{
    this.components =
        new System.ComponentModel.Container();
    this.Size =
        new System.Drawing.Size(300,300);
    this.Text = "Form1";
}
```

Sie erzeugt also ein Container-Objekt für die Aufnahme der Steuerelemente und legt die Größe des Hauptfensters fest. Außerdem wird der Text bestimmt, der in die Titelleiste des Hauptfensters geschrieben wird.

protected override void Dispose(bool disposing)

–   Diese Methode wird beim Beenden des Programms aufgerufen und führt die eventuell notwendigen Aufräumarbeiten durch. Hier können Netzwerkverbindungen oder Datenbanken geschlossen oder Daten abgespeichert werden. Die Verwendung dieser Methode hat den Vorteil, dass der Aufruf sowohl durch den Benutzer als auch automatisch durch den Garbage Collector erfolgen kann. Das automatisch erzeugte Programmgerüst sieht folgendermaßen aus:

```
protected override void Dispose( bool disposing )
{
    if( disposing )
    {
        if (components != null)
        {
            components.Dispose();
        }
    }
    base.Dispose( disposing );
}
```

–   Das Schlüsselwort **protected** dient genau wie **private** und **public** der Zugriffsteuerung. Eine Methode mit dem Zugriffsmodifizierer **protected** ist sowohl in der Klasse zugreifbar, in der er deklariert wurde, als auch von jeder anderen Klasse aus, die von der Klasse abgeleitet wurde, in der die Methode deklariert wurde.
–   Der übergebene Parameter vom Datentyp **bool** dient dazu, zwischen den von der .net-Laufzeitumgebung verwalteten und den von ihr nicht verwalteten Objekten zu unterscheiden. Näheres hierzu finden Sie in der Hilfe zu Visual Studio.net unter dem Stichwort „Implementieren einer Dispose-Methode".
–   Mit dem Schlüsselwort **base** wird die **Dispose**-Methode der Basisklasse aufgerufen.

13.2 Einfügen von Steuerelementen

Nun sollen folgende Steuerelemente auf dem Formular angeordnet werden:

– ein Textfeld (*Textbox*),
– eine Befehlsschaltfläche (*Button*),
– ein Bezeichnungsfeld (*Label*).

Diese Elemente werden von der „Toolbox" ganz links in Abbildung 58 mit gedrückter linker Maustaste auf das Formular gezogen.

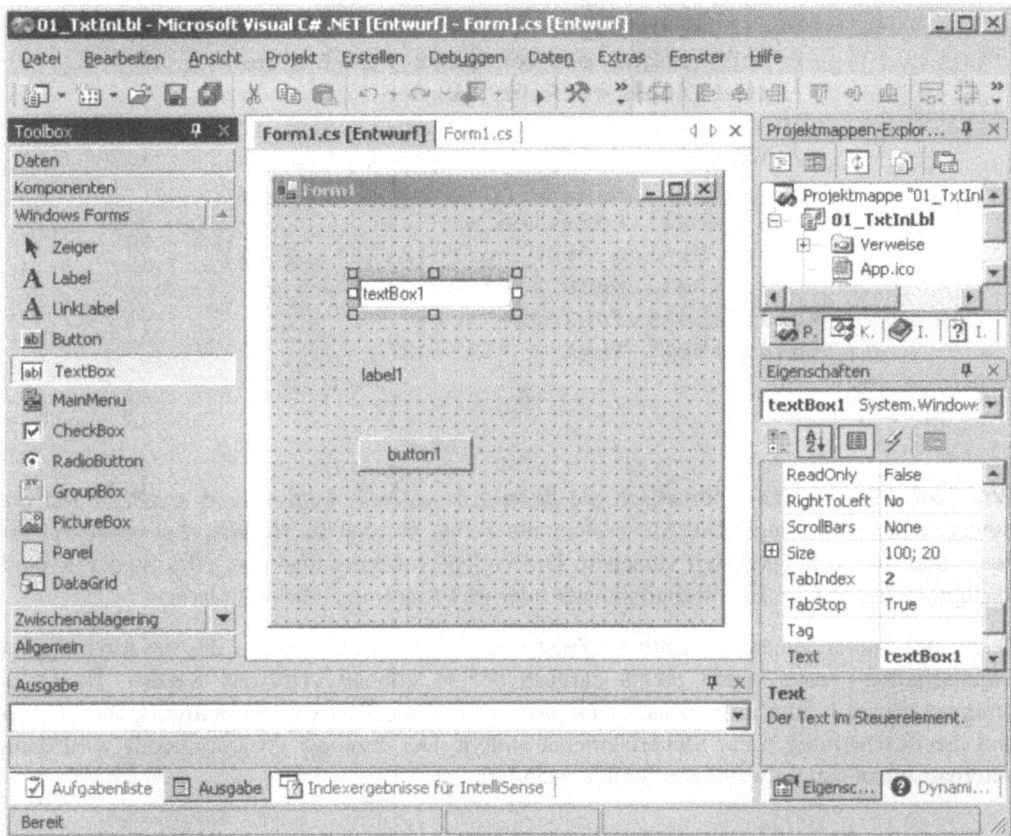

Abbildung 58: Der visuelle Entwurf des Programms wird durchgeführt

Dadurch wird der folgende Quelltext automatisch neu generiert (Auszug):

```
. . .
public class Form1 : System.Windows.Forms.Form
{
     private System.Windows.Forms.Label label1;
     private System.Windows.Forms.Button button1;
     private System.Windows.Forms.TextBox textBox1;
     ..
     private void InitializeComponent()
     {
          this.label1 = new System.Windows.Forms.Label();
          this.button1 = new System.Windows.Forms.Button();
          this.textBox1 =
               new System.Windows.Forms.TextBox();
          this.SuspendLayout();
          // Änderungen sollen erst zum Schluss
          // gemeinsam wirksam werden
          //
          // label1
          //
          this.label1.Location =
               new System.Drawing.Point(56, 104);
          this.label1.Name = "label1";
          this.label1.TabIndex = 0;
          this.label1.Text = "label1";
          . . .
     . . .
```

Wie man sieht, werden automatisch die Referenzen *label1*, *button1* und *textBox1* auf die Steuerelemente angelegt. Die Steuerelemente selbst werden in *InitializeComponent()* erzeugt und mit Anfangswerten versehen. Die vielen Attribute, über die jedes Steuerelement verfügt, lassen sich im Eigenschaftsfenster oder im Programmcode verändern.

Wenn das Steuerelement im Entwurfsfenster angewählt wird, werden dessen Attribute im Eigenschaften-Fenster unten rechts dargestellt und können verändert werden. Der Programmcode wird dann automatisch angepasst. Auf diese Weise kann man z.B. die Namen und die Beschriftungen der Steuerelemente ändern. Der erzeugte Programmcode wird dann automatisch an den notwendigen Stellen geändert.

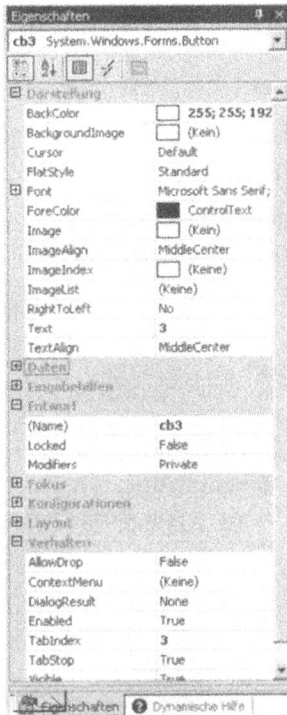

Einige Eigenschaften einer Schaltfläche (button)

Backcolor:	Hintergrundfarbe
BackgroundImage:	Hintergrundbild
Cursor:	Aussehen des Cursors auf dem Steuerelement
Font:	Schriftart und Schriftgröße der Beschriftung
ForeColor:	Vordergrundfarbe
Text:	Beschriftung
TextAlign:	Ausrichtung der Beschriftung
Name:	Bezeichner im Programmcode
Enabled:	Schaltelement kann betätigt werden

Abbildung 59: Einige Eigenschaften einer Schaltfläche

13.3 Ereignisbehandlung

Nun soll noch die gewünschte Funktionalität hinzugefügt werden. Bei Klick auf die Schaltfläche soll der Text im Textfeld in das Label übernommen werden. Das geschieht wie folgt:

– Beim Doppelklicken auf die Schaltfläche **button1** in **Form1.cs[Entwurf]** legt die Programmierumgebung automatisch die folgende Ereignisbehandlungs-Routine an:

```
private void button1_Click(object sender, System.EventArgs e)
{

}
```

– Diese Routine wird automatisch aufgerufen, wenn die Schaltfläche beim Programmlauf angeklickt wird.

– Um den Text zu übernehmen, muss die folgende Zeile in die Routine hineingeschrieben werden:

```
label1.Text = textBox1.Text;
```

Zum Schluss ist noch die Frage zu beantworten, wodurch der automatische Aufruf von *button1_click* bewirkt wird. Dies geschieht durch folgende Zeile in *InitializeComponents()*:

```
this.button1.Click +=
    new System.EventHandler(this.button1_Click);
```

Hiermit wird das Ereignis *Click* der Schaltfläche mit dem Namen *button1* mit der Ereignisbehandlungsroutine *button1_Click* verbunden, so dass diese Methode aufgerufen wird und keine andere. Diese Zuordnung wird von der Entwicklungsumgebung automatisch beim Doppelklicken auf die Schaltfläche *button1* vorgenommen.

Damit sollte das Programm lauffähig sein und die gewünschte Funktionalität aufweisen. Der gesamte Quellcode ist im Anhang zu diesem Kapitel abgedruckt. Natürlich könnte man hier noch viel verbessern, z.B. die Namen bzw. die Beschriftungen der Steuerelemente besser wählen. Die Systematik hierbei läst sich jedoch besser an einem etwas größeren Projekt verdeutlichen.

13.4   Ein einfacher Taschenrechner

Deshalb soll als nächstes ein einfacher „Taschenrechner" programmiert werden, der die vier Grundrechenarten beherrscht (Abbildung 60).

Wir erzeugen dazu mit Hilfe von Visual Studio ein neues Projekt, natürlich wieder eine Windows-Anwendung, und ordnen eine Textbox und die dargestellten 13 Befehlsschaltflächen wie oben dargestellt auf dem Formular an. Größe und Position der Steuerelemente auf dem Formular können mit der Maus genauso verändert werden wie jedes beliebige Windows-Fenster. Die Beschriftungen passen wir mit dem Attribut „Text" im „Eigenschaftenfenster" an, die Größen ziehen wir mit der Maus. Damit können wir das Aussehen des Fensters sehr schnell erzeugen, natürlich noch ohne Funktionalität.

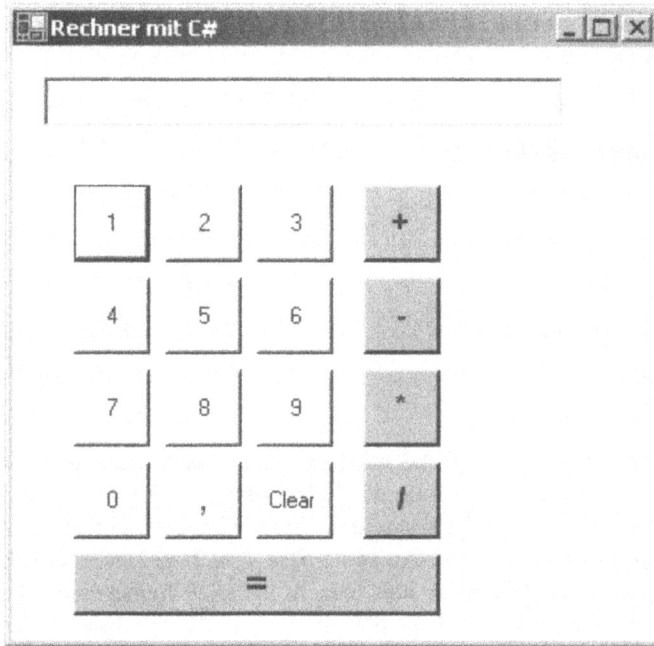

Abbildung 60: Ein einfacher "Taschenrechner"

Leser, die nicht im Besitz von Visual Studio sind, sollten sich das Fenster aufzeichnen und die Punktkoordinaten, außerdem Breite und Höhe der Steuerelemente aufschreiben. Dann können sie die Steuerelemente mit Hilfe der Anweisungen, die oben besprochen wurden, selbst erzeugen, z.B. durch Anweisungen wie in Beispielprogramm 46.

```
namespace Rechner
{
  public class RechnerForm : System.Windows.Forms.Form
  {
    . . .
    private System.Windows.Forms.Button cb0;
    . . .
    private void InitializeComponent()
    {
      this.cb0.BackColor =
        System.Drawing.Color.FromArgb(((System.Byte)(255)),
        ((System.Byte)(255)), ((System.Byte)(192)));
      this.cb0.Location = new System.Drawing.Point(32, 216);

      this.cb0.Name = "cb0";
```

```
        this.cb0.Size = new System.Drawing.Size(40, 40);
        this.cb0.TabIndex = 10;
        this.cb0.Text = "0";
        this.cb0.Click +=
            new System.EventHandler(this.cb_Click);
        . . .
    }
    . . .
}
```

Beispielprogramm 46: Initialisierung der Schaltfläche mit der Zahl 0

Die Eigenschaft **BackColor** setzt die Hintergrundfarbe mit Rot-, Grün- und Blau-Anteilen zwischen 0 und 255, mit **Location** wird die x-y-Position der linken oberen Ecke des Steuerelements in Bildpunktkoordinaten auf dem Formular festgelegt. Dabei wird die x-Achse nach rechts und die y-Achse nach unten aufgetragen. Die Attribute **Size** und **Text** setzen Größe und Beschriftung des Steuerelements, der **TabIndex** legt fest, in welcher Reihenfolge die Steuerelemente aktiv werden, wenn man die Tabulatortaste betätigt. Schließlich wird das Ereignis **Click** wird mit der Ereignisbehandlungsmethode **cb_Click** verbunden, so dass diese Prozedur angesprungen wird, wenn zur Laufzeit des Programms die Schaltfläche **cb0** angeklickt wird (siehe unten).

Die Namensgebung für die Steuerelemente sollte über den Zweck des Steuerelements informieren und eine gewisse Systematik aufweisen. Natürlich hat hierfür jeder Programmierer seine eigenen Vorlieben. Wichtig ist jedoch, dass man die einmal gewählte Systematik möglichst konsequent durchhält, sonst kann man sich seine eigenen Namen nicht merken und muss ständig nachschauen.

Die Namensgebung des Autors zeigt der folgende Programmausschnitt (Beispielprogramm 47):

```
public class RechnerForm : System.Windows.Forms.Form
{
        private System.Windows.Forms.TextBox tbEingabe;
        private System.Windows.Forms.Button cbPlus;
        private System.Windows.Forms.Button cbMinus;
        private System.Windows.Forms.Button cbMal;
        private System.Windows.Forms.Button cbDurch;
        private System.Windows.Forms.Button cbGleich;
        private System.Windows.Forms.Button cbClear;
        private System.Windows.Forms.Button cbKomma;
        private System.Windows.Forms.Button cb0;
```

```
    private System.Windows.Forms.Button cb9;
    private System.Windows.Forms.Button cb8;
    private System.Windows.Forms.Button cb7;
    private System.Windows.Forms.Button cb6;
    private System.Windows.Forms.Button cb5;
    private System.Windows.Forms.Button cb4;
    private System.Windows.Forms.Button cb3;
    private System.Windows.Forms.Button cb2;
    private System.Windows.Forms.Button cb1;
    ...
```

Beispielprogramm 47: Gewählte Namen für die Referenzen

Die ersten beiden Buchstaben kennzeichnen den Typ des Steuerelements. Das hat den Vorteil, dass man sich durch Eingabe dieser beiden Buchstaben und anschließendem „Strg-Leertaste" in Visual Studio alle Steuerelemente des entsprechenden Typs auflisten lassen kann. Die übrigen Zeichen enthalten einen möglichst aussagekräftigen, aber trotzdem nicht zu langen Namen.

Nun kommen wir zur Funktionalität des Programms. Es soll eine erste Zahl durch Anklicken des „Zahlenblocks" und der „Kommataste" eingegeben werden können. Anschließend soll die „Operation" angeklickt und eine zweite Zahl in der gleichen Art und Weise eingegeben werden können. Beim Anklicken des „Gleichheitszeichens" soll das Ergebnis erscheinen.

Das Programm muss sich also zwei Dinge merken:

1. Die erste eingegebene Zahl.

2. Die Operation, die angeklickt wurde.

Dafür braucht unsere Klasse zwei Attribute, die als Variablen hinzuzufügen sind (Beispielprogramm 48).

```
public class RechnerForm : System.Windows.Forms.Form
{
    // Selbst eingefügte Eigenschaften
    private double dblErsteZahl;
    private char chOp;

    // vom Form-Designer generierte Referenzen
    private System.Windows.Forms.TextBox tbEingabe;
    private System.Windows.Forms.Button cbPlus;
    private System.Windows.Forms.Button cbMinus;
            . . . . .
```

Beispielprogramm 48: Zusätzliche Attribute der Klasse

Für das Abspeichern der ersten Zahl wird die Variable *dblErsteZahl* zur Verfügung gestellt, die Rechenoperation in *chOp* abgespeichert.

Als nächstens schreiben wir eine gemeinsame Ereignisbehandlungsroutine für alle Schaltflächen der Zahlen, weil ja immer das gleiche geschehen soll: Die angeklickte Zahl soll hinten an den bisherigen Inhalt der Textbox angefügt werden (Beispielprogramm 49).

```
private void cb_Click(object sender, System.EventArgs e)
{
    string Name = sender.ToString();
    tbEingabe.Text = tbEingabe.Text + Name[Name.Length-1];
}
```

Beispielprogramm 49: Die Ereignisbehandlungsroutine für alle Zahlen

Beim Aufruf von *cb_Click* wird als erster Parameter eine Referenz auf den „Sender" mitgegeben, der das „Ereignis" ausgelöst hat. Dieser wiederum hat wie jedes Objekt eine Methode *ToString()*, die in diesem Fall Typ und Text des Steuerelements als Zeichenkette zurückgibt. Das wird hier ausgenutzt: ganz hinten in dieser Zeichenkette steht die Beschriftung der Schaltfläche, also diejenige Zahl, die rechts hinzugefügt werden soll. Das letzte Zeichen einer Zeichenkette hat den Index *Name.Length-1*, da Zeichenketten nullbasiert sind (siehe Abschnitt 11). Folglich fügen wir in der zweiten Zeile der Routine dieses Zeichen zum bisherigen Inhalt von *tbEingabe.Text* hinzu.

Eine Ereignisbehandlungsroutine hat immer zwei Parameter. Der zweite Parameter kann zusätzliche Informationen beinhalten. Welche das sind, hängt vom Typ des ausgelösten Ereignisses ab. In diesem Fall ist er leer.

Nun müssen wir noch dafür sorgen, dass unsere selbst geschriebene Ereignisbehandlungsroutine beim Klicken auf die Zahlen aufgerufen wird. Dazu müssen wir wieder die Ereignisse *Click* der Schaltflächen mit dieser Routine verbinden, z.B. für *cb1*:

```
this.cb1.Click += new System.EventHandler(this.cb_Click);
```

Wir suchen also die Stellen in *InitializeComponent()*, an der die Schaltflächen erzeugt werden, und fügen dort bei allen Schaltflächen den gleichen *EventHandler* ein.

Die Ereignisbehandlungsroutinen für das Löschen der Anzeige und das Einfügen des Dezimalkommas sind recht einfach (Beispielprogramm 50).

```
private void cbClear_Click(object sender, System.EventArgs e)
{
```

```
   tbEingabe.Text = "";
}

private void cbKomma_Click(object sender, System.EventArgs e)
{
   tbEingabe.Text =  tbEingabe.Text + ",";
}
```

Beispielprogramm 50: Ereignisbehandlungsroutinen für das Löschen der Anzeige und das Einfügen des Dezimalkommas

Auch diese Routinen müssen wir natürlich wieder in das *Click*-Ereignis der entsprechenden Schaltflächen "einhängen", was hier wieder am einfachsten durch Doppelklick auf die Schaltflächen im Entwurfsmodus geschieht. Dies bewirkt gleichzeitig das Anlegen des Funktionsrumpfes für die Ereignisbehandlungsroutine.

Ist die erste Zahl eingegeben, wird der Benutzer auf eine Rechenoperation klicken. Dann müssen zwei Dinge passieren:

1. Die bisher eingegebene Zahl muss gespeichert und aus der Anzeige gelöscht werden.

2. Die Art der Rechenoperation (plus, minus, mal, geteilt) muss gespeichert werden, damit nach Eingabe der zweiten Zahl und abschließendem Betätigen der Gleich-Taste die richtige Rechenoperation durchgeführt wird.

Die erledigt die Methode *cpOp_Click* (Beispielprogramm 51).

```
private void cbOp_Click(object sender, System.EventArgs e)
{
   dblErsteZahl  = Convert.ToDouble(tbEingabe.Text);
   tbEingabe.Text = "";

   string Name = sender.ToString();
   chOp = Name[Name.Length-1];
}
```

Beispielprogramm 51: Ereinisbehandlungsroutine beim Anklicken eines Operatorsysmbols

Auch wieder ist die Methode in die *Click*-Ereignisse der vier Schaltflächen "einzuhängen", die für die Rechenoperationen zuständig sind. Wie beim Zahlenblock wird die Tatsache ausgenützt, dass die Beschriftung der Schaltfläche als letztes Zeichen in *sender.ToString()* enthalten ist.

Die Routine für die Gleich-Schaltfläche muss die gespeicherten Werte dann abfragen (Beispielprogramm 52).

```
private void cbGleich_Click(object sender, System.EventArgs e)
{
  double dblErgebnis;
  switch(chOp)
  {
    case '+':
      dblErgebnis = dblErsteZahl +
        Convert.ToDouble(tbEingabe.Text);
      break;
    case '-':
      dblErgebnis = dblErsteZahl -
        Convert.ToDouble(tbEingabe.Text);
      break;
    case '*':
      dblErgebnis = dblErsteZahl *
        Convert.ToDouble(tbEingabe.Text);
      break;
    case '/':
      dblErgebnis = dblErsteZahl /
        Convert.ToDouble(tbEingabe.Text);
      break;
    default:
      dblErgebnis = Convert.ToDouble(tbEingabe.Text);
      break;
  }
  tbEingabe.Text = dblErgebnis.ToString();
}
```

Beispielprogramm 52: Berechnung des Ergebnisses

Auch diese Routine muss wieder mit dem Click-Ereignis, diesmal von *cbGleich* verbunden werden.

Das wars! Damit sollte der Rechner funktionieren. Natürlich hat er noch einige Schwächen. Er ist z.B. noch nicht gegen Fehlbedienung seitens des Benutzers abgesichert. Der Funktionsumfang lässt ebenfalls noch zu wünschen übrig. Doch damit beschäftigen wir uns im nächsten Kapitel bzw. in der Übung.

13.5 Übungen

Fragen zur Lernzielkontrolle:

Frage 1:

Wie wird die Verknüpfung zwischen Klick-Ereignis und der Ereignisbehandlungsroutine im Programmcode vorgenommen?

Frage 2:

Was bewirkt die Anweisung:

```
label1.Text = textBox1.Text;
```

Übung 1:

Vollziehen Sie die Programmierung des Taschenrechners nach und machen Sie seine Bedienung „narrensicher". Stellen Sie sich dazu den sogenannten „DAB", den „dümmsten anzunehmenden Benutzer" vor. Er wird mindestens versuchen, durch Null zu dividieren und mehrere Dezimalkommas einzugeben. Seine weiteren Möglichkeiten überlasse ich Ihrer Phantasie.

13.6 Anhang: Gesamter Quellcode für das erste Beispiel dieses Abschnitts

Der Anhang zu diesem Abschnitt zeigt den gesamten Quellcode zum ersten Beispiel ohne diejenigen Anweisungen, die nur für die Programmierumgebung von Visual Studio.net erforderlich sind.

```
using System;
using System.Drawing;
using System.Collections;
using System.ComponentModel;
using System.Windows.Forms;
using System.Data;

namespace _01_TxtInLbl
{
  public class Form1 : System.Windows.Forms.Form
```

```csharp
{
  private System.Windows.Forms.Label label1;
  private System.Windows.Forms.Button button1;
  private System.Windows.Forms.TextBox textBox1;
  private System.ComponentModel.Container components = null;

  public Form1()
  {
    InitializeComponent();
  }

  protected override void Dispose( bool disposing )
  {
        if( disposing )
        {
            if (components != null)
            {
              components.Dispose();
            }
        }
        base.Dispose( disposing );
  }

  private void InitializeComponent()
  {
      this.label1 = new System.Windows.Forms.Label();
      this.button1 = new System.Windows.Forms.Button();
      this.textBox1 = new System.Windows.Forms.TextBox();
      this.SuspendLayout();
      //
      // label1
      //
      this.label1.Location =
         new System.Drawing.Point(56, 104);
      this.label1.Name = "label1";
      this.label1.TabIndex = 0;
      this.label1.Text = "label1";
      //
      // button1
      //
      this.button1.Location =
          new System.Drawing.Point(56, 152);
      this.button1.Name = "button1";
      this.button1.TabIndex = 1;
```

```
        this.button1.Text = "button1";
        this.button1.Click +=
            new System.EventHandler(this.button1_Click);
        //
        // textBox1
        //
        this.textBox1.Location =
            new System.Drawing.Point(56, 48);
        this.textBox1.Name = "textBox1";
        this.textBox1.TabIndex = 2;
        this.textBox1.Text = "textBox1";
        //
        // Form1
        //
        this.AutoScaleBaseSize =
            new System.Drawing.Size(5, 13);
        this.ClientSize = new System.Drawing.Size(292, 273);
        this.Controls.AddRange(
            new System.Windows.Forms.Control[] {
                        this.textBox1,
                        this.button1,
                        this.label1});
        this.Name = "Form1";
        this.Text = "Form1";
        this.ResumeLayout(false);

    }
    static void Main()
    {
            Application.Run(new Form1());
    }
    private void button1_Click(
        object sender, System.EventArgs e)
    {
            label1.Text = textBox1.Text;
    }
}
}
```

14 Weiteres über GUI-Konzepte - ein komplexer "Taschenrechner"

Wir wollen uns das Entwurfskonzept des bisher entworfenen "Taschenrechners" noch einmal kritisch anschauen. Woher stammte das Design dieses Rechners?

Die Antwort ist nahe liegend: Wir haben einfach ein Produkt, das seit Jahrzehnten in dieser Form produziert wird, auf unseren Arbeitsplatzrechner übertragen. Der Vorteil dabei ist, dass jeder Benutzer, der schon einmal einen realen Taschenrechner benutzt hat, intuitiv mit diesem Rechner richtig umgehen wird. Dem steht allerdings ein entscheidender Nachteil gegenüber: Wir bringen durch die bloße Übertragung eines Designs aus der realen Welt in die virtuelle Welt unseres Computers auch alle Nachteile, die durch die Randbedingungen beim Entwurf dieses Designs entstanden sind, mit in die virtuelle Welt hinein.

Weshalb sehen reale Taschenrechner so aus, wie sie aussehen und nicht anders? Nun, ein wesentlicher Kostenfaktor ist die Anzeige, das LCD-Display, und daher spart man hier. Wenn die Anzeigen zur Entstehungszeit der Taschenrechner genauso billig gewesen wären wie die Tasten, wäre man sicher auf die Idee gekommen, zwei Anzeigen zu spendieren, weil wir ja auch zwei Zahlen eingeben. Eine dritte Anzeige hätte das Ergebnis aufnehmen können. Das hätte die Übersichtlichkeit sicher erhöht.

Wir haben also unkritisch einen Entwurf übernommen, der aufgrund von Bedingungen entstanden ist, die für uns gar nicht mehr gelten. Damit haben wir uns verhalten, wir die Erbauer der ersten Automobile, die mit einem sehr hohen Fahrgastraum gebaut wurden, weil sie in Anlehnung an das Design der Pferdekutschen entworfen waren. Die Pferdekutschen wiederum mussten deshalb hoch gebaut werden, weil der Kutscher über das Pferd hinwegsehen musste. Die ersten Autobauer benötigten etwa zwanzig Jahre, um zu erkennen, dass das Pferd nicht mehr da war.

14.1 Verbessertes Design des Taschenrechners

Ich halte das folgende Design des "virtuellen" Taschenrechners für wesentlich besser (Abbildung 61).

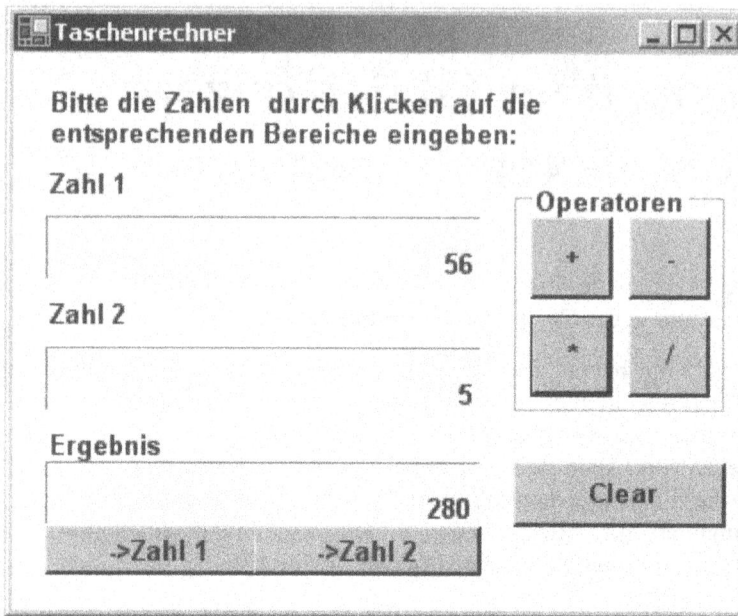

Abbildung 61: Verbessertes Design des Rechners

Hier sind alle Zahlen und das Ergebnis immer sichtbar. Außerdem entfällt das lästige Zwischenspeichern mit all seinen Möglichkeiten der Fehlbedienung. Wird eine der beiden Zahlen verändert, muss das Ergebnis natürlich automatisch wieder gelöscht werden. Die unteren beiden Schaltflächen dienen dazu, ein berechnetes Zwischenergebnis als Zahl 1 oder Zahl 2 weiter zu verwenden.

Beim Klicken auf die Felder für Zahl 1 oder Zahl 2 öffnet sich ein weiteres Fenster zur Eingabe der jeweiligen Zahl (Abbildung 62).

Hier hat man nun die Möglichkeit, eine Zahl einzugeben und eine Anzahl von Funktionen auf diese Zahl anzuwenden. Beim Klicken auf OK wird diese Zahl dann übernommen.

Dieses Eingabefeld lässt sich nun beliebig erweitern, ohne dass die Übersichtlichkeit des Rechners darunter leidet. Außerdem ist dieses Eingabefeld weiter verwendbar, wenn man den Taschenrechner um komplexe Zahlen erweitert.

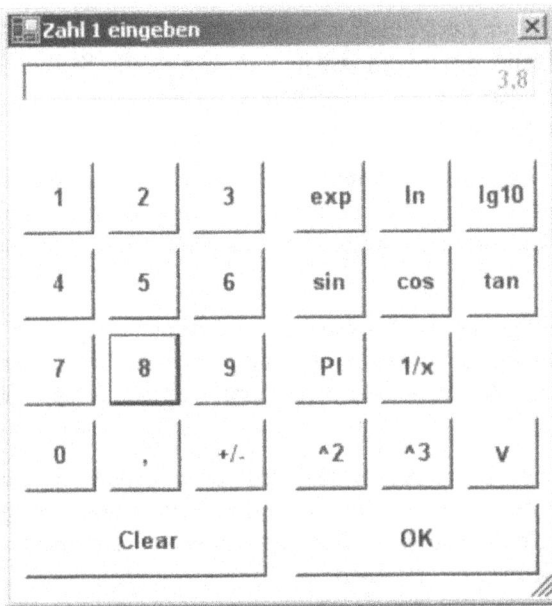

Abbildung 62: Eingabefeld des Rechners von Abbildung 61

Der um die komplexe Rechnung erweiterte Rechner selbst könnte dann z.B. wie in Abbildung 63 aussehen.

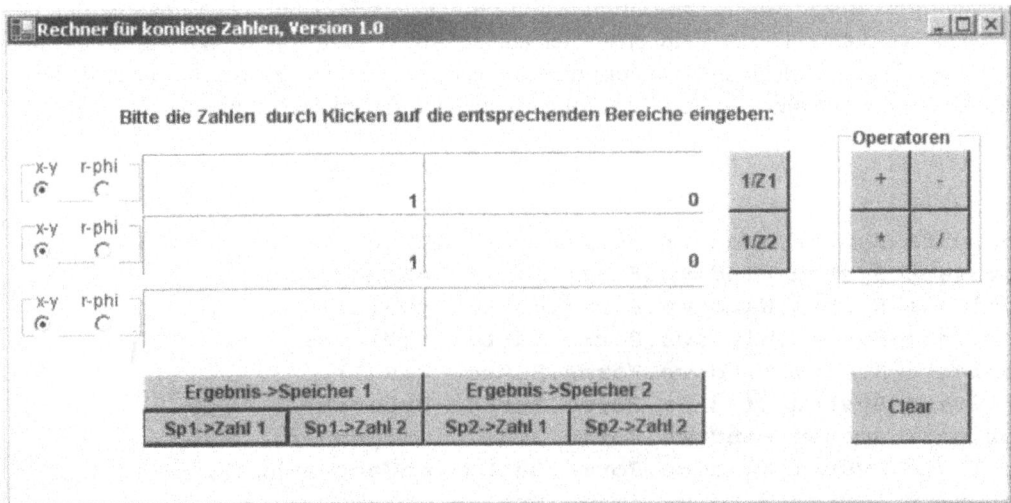

Abbildung 63: Erweiterung des Rechners von Abbildung 61 auf komplexe Rechnung

Hier muss nun die Möglichkeit zur Eingabe von vier Zahlen vorgesehen werden. In der Praxis liegen je nach der zu lösenden Aufgabe die Eingangsdaten in der Form Realteil-Imaginärteil (x-y) oder auch Betrag-Phase (r-φ) vor. Die Eingabefelder sollten daher zwischen diesen beiden Darstellungsarten umschaltbar sein.

Jede dieser insgesamt vier Eingaben kann von unserem Eingabefeld erledigt werden. Wenn man viele Zwischenrechnungen machen muss, um die Komponenten der komplexen Zahlen zu berechnen, könnte man das Programm auch so entwerfen, dass man noch einen reellen Taschenrechner dazwischen schaltet.

Als grafisches Element zur Umschaltung zwischen x-y-Eingabe und r-φ-Eingabe des komplexen Rechners sehen Sie ganz links die sog. „RadioButtons", mit denen aus mehreren Möglichkeiten eine ausgewählt werden kann. Auch das berechnete Ergebnis soll in beiden Darstellungen abzulesen sein.

Zusätzlich sind hier zwei Zwischenspeicher für komplexe Zahlen vorgesehen. Damit können Ergebnisse zwischengespeichert und weiter verwendet werden. Auch die direkte Invertierung einer komplexen Zahl ist vorgesehen, weil sie die häufig notwendige Umrechnung zwischen komplexen Widerstanden und komplexen Leitwerten erleichtert.

14.2   1. Variante: reeller Taschenrechner

Nach diesen Vorreden machen wir uns nun an die Programmierung des ersten Rechners für reelle Zahlen. Die grafischen Elemente Schaltfläche (***button***) und Bezeichnungsfeld (***label***) kennen Sie bereits. Neu ist das Gruppierungsfeld (***groupBox***) für die Aufnahme der vier Rechenoperationen. Dieses Feld dient hier nur als optisches Element. Wir ziehen die notwendigen Steuerelemente auf das Formular und vergeben geeignete Namen. Meine Bezeichner für diese Elemente zeigt der Programmauszug nach Beispielprogramm 53.

```
   .  .  .
private System.Windows.Forms.Label lbZahl1;
private System.Windows.Forms.Label lbZahl2;
private System.Windows.Forms.Button cbPlus;
private System.Windows.Forms.Button cbMinus;
private System.Windows.Forms.Button cbMal;
private System.Windows.Forms.Button cbDurch;
private System.Windows.Forms.Label lbErgebnis;
private System.Windows.Forms.Button cbUebernahme1;
private System.Windows.Forms.Button cbUebernahme2;
private System.Windows.Forms.Button cbClear;
```

```
private System.Windows.Forms.Label lbErklaerung1;
private System.Windows.Forms.Label lbBeschr1;
private System.Windows.Forms.Label lbBeschr2;
private System.Windows.Forms.Label lbBeschrErg;
private System.Windows.Forms.GroupBox gbOp;
 . . .
```

Beispielprogramm 53: Die Referenzen auf die Steuerelemente des Taschenrechners werden möglichst sprechend bezeichnet

Für die Zahlenanzeigen wurden Bezeichnungsfelder (*label*) verwendet, weil eine direkte Texteingabe in die Felder nicht möglich sein soll. Eine andere Möglichkeit sind Textfelder, die für eine direkte Eingabe gesperrt werden.

Für die Eingabe fügen wir mit Visual Studio unter „Projekt -> Windows Form hinzufügen …" ein Windows-Formular hinzu und vergeben hierfür den Namen *Eingabe.cs*. Auch dieses Formular können wir grafisch bearbeiten. Meine Bezeichner für die Steuerelemente auf diesem Formular sind wie folgt (Beispielprogramm 54):

```
 . . .
private System.Windows.Forms.Button cb1;
private System.Windows.Forms.Button cb2;
private System.Windows.Forms.Button cb3;
private System.Windows.Forms.Button cb4;
private System.Windows.Forms.Button cb5;
private System.Windows.Forms.Button cb6;
private System.Windows.Forms.Button cb7;
private System.Windows.Forms.Button cb8;
private System.Windows.Forms.Button cb9;
private System.Windows.Forms.Button cb0;
private System.Windows.Forms.TextBox tbEingabe;
private System.Windows.Forms.Button cbKomma;
private System.Windows.Forms.Button cbPlusminus;
private System.Windows.Forms.Button cbClear;
private System.Windows.Forms.Button cbOK;
private System.Windows.Forms.Button cbExp;
private System.Windows.Forms.Button cbLn;
private System.Windows.Forms.Button cbLog10;
private System.Windows.Forms.Button cbSinus;
private System.Windows.Forms.Button cbCosinus;
private System.Windows.Forms.Button cbTan;
private System.Windows.Forms.Button cbPi;
private System.Windows.Forms.Button cbHoch2;
private System.Windows.Forms.Button cbHoch3;
```

```
private System.Windows.Forms.Button cbWurzel;
private System.Windows.Forms.Button cbldurchX;
. . .
```

Beispielprogramm 54: Die Referenzen auf die Steuerelemente des Eingabeformulars

Die Namen erklären sich wohl von selbst. Wie man sieht, habe ich hier für die Zahlenanzeige ein Textfeld verwendet und kein Bezeichnungsfeld. Wie oben bereits erwähnt, kann man ein Textfeld durch Setzen des Attributs *enabled* auf *false* gegen direkte Eingaben sperren. Damit verhält es sich praktisch wie ein Bezeichnungsfeld.

Als nächstes programmieren wir die Funktionalität des Eingabefelds. Das können wir genauso machen wie im letzten Kapitel durchgeführt. Die Speicher für die erste Zahl und die Operation brauchen wir allerdings nicht, weil ja nur eine Zahl eingegeben wird und nichts gerechnet wird. Etwas Fehlerprüfung sollten wir allerdings schon durchführen. Meine Variante von *cb_Click()* für die Zifferneingabe zeigt der nächste Programmauszug (Beispielprogramm 55):

```
private void cb_Click(object sender, System.EventArgs e)
{
        string strZiffer = sender.ToString();
        int Laenge = strZiffer.Length;
        tbEingabe.Text = tbEingabe.Text + strZiffer[Laenge-1];

        string strAnzeige = tbEingabe.Text.ToString();
        Laenge = strAnzeige.Length;

        // führende Null entfernen,
        // wenn an zweiter Stelle kein Komma steht:
        if (Laenge > 1)
            if(strAnzeige[0] == '0' && strAnzeige[1] != ',')
                tbEingabe.Text = strAnzeige.Remove(0,1);

        // führende Nullen bei negativem Vorzeichen entfernen:
        if (strAnzeige[0]=='-' &&
            strAnzeige[1]=='0' &&
            strAnzeige[2]!=',')
            tbEingabe.Text = '-' + strAnzeige.Remove(0,2);

}
```

Beispielprogramm 55: Die Ereignisprozedur für die Zifferneingabe

Diese Variante verhindert die Eingabe von mehreren führenden Nullen. Dazu verwendet man die Methode **Remove(x,y)** der Klasse *string*, die beginnend ab dem *x*-ten Zeichen (nullbasiert) *y* Zeichen entfernt.

Auch die Eingabe mehrerer Dezimalkommata sollte verhindert werden (Beispielprogramm 56):

```
private void cbKomma_Click(object sender, System.EventArgs e)
{
        if (tbEingabe.Text == "")
        {
                tbEingabe.Text = "0,";
                return;
        }

        int iTest;
        iTest = tbEingabe.Text.IndexOf("," ,0,
            tbEingabe.Text.Length);
        if( iTest == -1)
                tbEingabe.Text =  tbEingabe.Text + ",";
}
```

Beispielprogramm 56: Die Ereignisprozedur für die Eingabe des Dezimalkommas

Die Methode **IndexOf()** der Klasse *string* liefert die Position eines zu suchenden Zeichens, im vorliegenden Fall diejenige des Kommas. Falls kein Komma in der Zeichenkette enthalten ist, gibt die Methode den Wert -1 zurück. Nur in diesem Fall wird das Komma zu *tbEingabe.Text* hinzugefügt.

Auch das Minuszeichen vor der Zahl darf nur einmal eingegeben werden können. Klickt man ein weiteres Mal auf die entsprechende Schaltfläche, sollte es wieder verschwinden (Beispielprogramm 57).

```
private void cbPlusminus_Click(object sender,
  System.EventArgs e)
{
        if(tbEingabe.Text == "") return;

        int iTest;
        iTest = tbEingabe.Text.IndexOf
            ("-" ,0, tbEingabe.Text.Length);
        if( iTest == -1)
                tbEingabe.Text =  "-" + tbEingabe.Text;
```

```
        else
        {
                double dblWert = ConvertToDouble(tbEingabe.Text);
                dblWert = -1 * dblWert;
                tbEingabe.Text = dblWert.ToString();
        }
}
```

Beispielprogramm 57: Ein "Toggle" (Hin-und Her-Schalter) für das Minuszeichen

Meine Methode ***ConvertToDouble()***, die hier verwendet wird, fängt die Ausnahme ab, wenn die Zeichenkette kein gültiges Zahlenformat beim Konvertieren in eine Gleitkommazahl aufweist und wird an verschiedenen Stellen benutzt (Beispielprogramm 58).

```
private double ConvertToDouble(string strToConvert)
{
        double dblConverted;
        try
        {
           dblConverted = Convert.ToDouble(strToConvert);
           return dblConverted;
        }
        catch
        {
           MessageBox.Show("kein gültiges Zahlenformat!");
           dblConverted = 0.0;
           return dblConverted;
        }

}
```

Beispielprogramm 58: String-double-Wandlung mit Fehlerprüfung

Alle Aufrufe der mathematischen Funktionen werden durch ähnliche Ereignisbehandlungsroutinen bearbeitet. Als Beispiel sei die Routine ***cbSinus_Click*** gezeigt (Beispielprogramm 59).

```
private void cbSinus_Click(object sender, System.EventArgs e)
{
        double dblAnzeige = ConvertToDouble(tbEingabe.Text);
        tbEingabe.Text = Convert.ToString(Math.Sin(dblAnzeige));
}
```

Beispielprogramm 59: Die Ereignisbehandlungsroutine für die Sinusfunktion

Als nächstes muss die Frage beantwortet werden, wie das Eingabeformular eigentlich aufgerufen wird. Auch hierfür ist natürlich eine entsprechende Methode verantwortlich, die jetzt allerdings *public* sein muss, weil sie ja von einer anderen Klasse aus aufgerufen wird (Beispielprogramm 60):

```
public double LeseZahl(string strText, string strZahl)
{
    this.Text = strText;
    this.tbEingabe.Text = strZahl;
    this.ShowDialog();
    if (tbEingabe.Text != "")
        return ConvertToDouble(tbEingabe.Text);
    else
        return 0.0;
}
```

Beispielprogramm 60: Der Aufruf des Formulars für die Zahleneingabe

Herzstück dieser Methode ist der Aufruf von *ShowDialog()*. Dadurch wird das Fenster des Eingabeformulars geöffnet und die Eingaben können gemacht werden. Wenn der Benutzer dann auf OK klickt, startet die folgende Routine (Beispielprogramm 61):

```
private void cbOK_Click(object sender, System.EventArgs e)
{
        this.Close();
}
```

Beispielprogramm 61: Schließen des Formulars

Damit wird der Dialog beendet und die Programmausführung mit der auf *ShowDialog()* folgenden Zeile fortgesetzt.

Jedesmal, wenn das Eingabeformular benötigt wird, kann mit Hilfe von *new* ein solches Formular erzeugt werden, z.B. für die Eingabe der ersten Zahl. Dann wird die Methode *LeseZahl()* dieser Klasse aufgerufen und der Rückgabewert weiter verwendet (Beispielprogramm 62):

```
private void lbZahl1_Click(object sender, System.EventArgs e)
{
    lbErgebnis.Text = "";
    Eingabe eEingabe = new Eingabe();
    double dblEingabe = eEingabe.LeseZahl(
        "Zahl 1 eingeben", lbZahl1.Text);
```

```
      lbZahl1.Text = Convert.ToString(dblEingabe);
}
```

Beispielprogramm 62: Erzeugung und Aufruf eines Eingabeformulars

Dieser Vorgang kann sehr gut in einer weiteren Diagrammform der Unified Modelling Language (UML) dargestellt werden, nämlich dem Sequenzdiagramm. Dieses Diagramm ist von oben nach unten zu lesen und zeigt die Erzeugung und Vernichtung der Objekte und den Nachrichtenaustausch zwischen ihnen. Das „Sequenzdiagramm" für Beispielprogramm 62 zeigt Abbildung 64 mit ausführlicher Erläuterung.

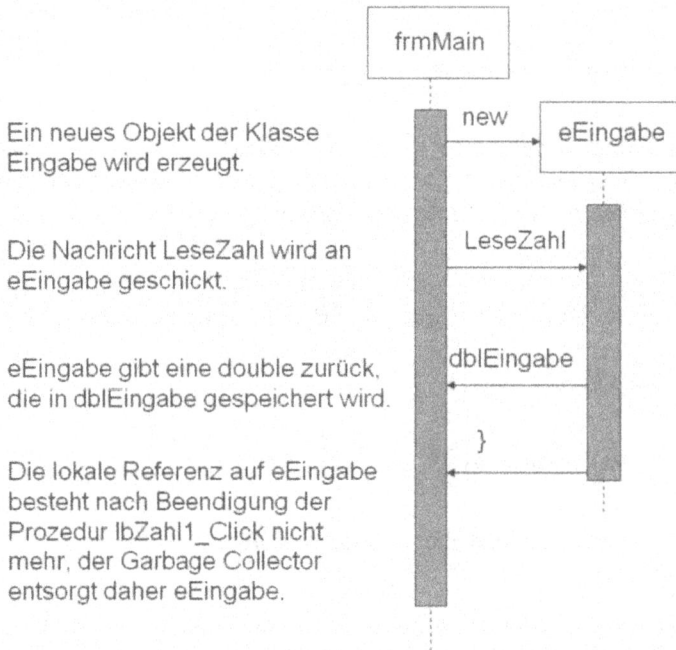

frmMain

Ein neues Objekt der Klasse Eingabe wird erzeugt. — new → eEingabe

Die Nachricht LeseZahl wird an eEingabe geschickt. — LeseZahl

eEingabe gibt eine double zurück, die in dblEingabe gespeichert wird. — dblEingabe

Die lokale Referenz auf eEingabe besteht nach Beendigung der Prozedur lbZahl1_Click nicht mehr, der Garbage Collector entsorgt daher eEingabe.

}

Abbildung 64: Sequenzdiagramm für den Aufruf des Eingabeformulars

Damit wird der Rest der Programmierung des Rechners sehr einfach, z.B. die Addition (Beispielprogramm 63):

```
private void cbPlus_Click(object sender, System.EventArgs e)
{
    double dblZahl1 = Convert.ToDouble(lbZahl1.Text);
```

```
    double dblZahl2 = Convert.ToDouble(lbZahl2.Text);
    lbErgebnis.Text = Convert.ToString(dblZahl1 + dblZahl2);
}
```

Beispielprogramm 63: Ereignisbehandlung für die Addition

14.3   2. Variante: Rechner für komplexe Zahlen

Bei der Erweiterung des Rechners auf komplexe Zahlen kann das Eingabeformular zunächst unverändert übernommen werden. Allerdings sind gewisse Erweiterungen sinnvoll, weil die Praxis gezeigt hat, dass in der Elektrotechnik oft einige vorbereitende reelle Berechnungen nötig sind, um zu den Komponenten einer komplexen Zahl für einen Widerstand etc. zu kommen. Diese Überlegungen sollen hier aber zunächst zurückgestellt werden. Wir benötigen also nur ein neues Hauptformular, wie oben dargestellt. Ich verwende folgende Namen für die einzelnen Steuerelemente (Beispielprogramm 64):

. . .

```
private System.Windows.Forms.GroupBox gbGrundrechenarten;
private System.Windows.Forms.Button cbPlus;
private System.Windows.Forms.Button cbMinus;
private System.Windows.Forms.Button cbMal;
private System.Windows.Forms.Button cbDurch;
private System.Windows.Forms.Button cbClear;
private System.Windows.Forms.Label lbZahl1Real;
private System.Windows.Forms.Label lbZahl2Real;
private System.Windows.Forms.Label lbZahl3Real;
private System.Windows.Forms.Label lbZahl1Imag;
private System.Windows.Forms.Label lbZahl2Imag;
private System.Windows.Forms.Label lbZahl3Imag;
private System.Windows.Forms.GroupBox gbZahl1;
private System.Windows.Forms.RadioButton rbRecht1;
private System.Windows.Forms.RadioButton rbPolar1;
private System.Windows.Forms.GroupBox gbZahl2;
private System.Windows.Forms.RadioButton rbPolar2;
private System.Windows.Forms.RadioButton rbRecht2;
private System.Windows.Forms.GroupBox gbZahl3;
private System.Windows.Forms.RadioButton rbPolar3;
private System.Windows.Forms.RadioButton rbRecht3;
private System.Windows.Forms.Button cbSpeichern1;
private System.Windows.Forms.Button cbSpeichern2;
```

```
private System.Windows.Forms.Button cbUebernahme11;
private System.Windows.Forms.Button cbUebernahme12;
private System.Windows.Forms.Button cbUebernahme21;
private System.Windows.Forms.Button cbUebernahme22;
private System.Windows.Forms.Button cb1DurchZ1;
private System.Windows.Forms.Button cb1DurchZ2;
private System.Windows.Forms.Label lbErklaerung1;. . .
```

Beispielprogramm 64: Die Referenzen für die Steuerelemente des komplexen Taschenrechners

Die Namen sollten sich wieder weitgehend selbst erklären (vgl. auch Abbildung 60). Zum Beispiel bezeichnen *cbPlus*, *cbMinus*, *cbMal* und *cbDurch* die Schaltflächen für die vier Grundrechenarten. Sie werden im Gruppierungsfeld *gbGrundrechenarten* plaziert, das hier nur zur optischen Gruppierung dient. Die Schaltflächen *cbClear* setzt die Anzeigen zurück. Die Bezeichnungsfelder *lbZahl1Real* bis *lbZahl3Imag* dienen zur Eingabe bzw. Darstellung der zwei komplexen Zahlen bzw. des Ergebnisses. Eigentlich hätte man statt *...Real* und *...Imag* auch neutralere Bezeichner verwenden können, weil die Zahlen ja nicht nur nach Realteil und Imaginärteil, sondern auch in der Form Betrag und Phase dargestellt werden können. In diesem Fall wird in *...Real* der Betrag angezeigt, in *...Imag* die Phase. Die Namen *rb...1* bis *rb...3* bezeichnen die Optionsschaltfelder zur Umschaltung zwischen rechtwinkliger und polarer Darstellung für Zahl 1, Zahl 2 und das Ergebnis, auf sie wird im weiteren Text noch eingegangen. Die Schaltflächen *cbSpeichern1* bis *cbUebernahme21* werden für das Zwischenspeichern eines Ergebnisses in Speicher 1 oder Speicher 2 bzw. für das Übertragen des gespeicherten Ergebnisses in Zahl 1 bzw Zahl 2 verwendet. Die Schaltflächen *cbDurch1* bzw. *cbDurch2* invertieren die komplexe Zahl 1 bzw. Zahl 2 direkt in der Anzeige.

Um zwischen der polaren und der rechtwinkligen Darstellung der komplexen Zahlen umzuschalten, werden *RadioButtons* (deutsch: Optionsschaltflächen) verwendet. Diese Schaltflächen treten immer in einer Gruppe auf und beeinflussen sich gegenseitig, weil immer nur eine Schaltfläche aus dieser Gruppe aktiviert sein kann. Die Gruppenzuordnung wird dadurch vorgenommen, dass sie in einem *GroupBox*-Steuerelement (Gruppierungsfeld) angeordnet werden, welches gleichzeitig einen optischen Rahmen um die eingeschlossene Gruppe anzeigt.

Um zwischen der polaren und der rechtwinkligen Darstellung der komplexen Zahlen zu unterscheiden, werden jeweils zwei Optionsschaltflächen in einem Gruppierungsfeld angeordnet. Die Aktivierung einer Optionsschaltfläche wird zur Laufzeit durch einen Punkt optisch angezeigt. Klickt der Anwender auf die eine Optionsschaltfläche, wird automatisch die Aktivierung der anderen Optionsschaltfläche aufgehoben.

Der Zustand der Optionsschaltflächen lässt sich über das boolesche Attribut *Checked* abfragen und beeinflussen.

Als Speicher für Zwischenergebnisse werden zwei Objekte der Klasse *CKomplexeZahl* verwendet, die in Abschnitt 9 beschrieben wurde. Sie werden als Referenzen in der Klasse *frmMain* definiert, die das Hauptformular enthält, und im Konstruktor dieses Formulars erzeugt (Beispielprogramm 65):

```
public class frmMain : System.Windows.Forms.Form
{
    private CKomplexeZahl cSpeicher1;
    private CKomplexeZahl cSpeicher2;
        . . .
    public frmMain()
    {
        InitializeComponent();
        cSpeicher1 = new CKomplexeZahl();
        cSpeicher2 = new CKomplexeZahl();
    }
        . . .
```

Beispielprogramm 65: Erzeugung der Objekte der Klasse CKomplexeZahl

Die einzelnen Zahlen werden im Prinzip genauso eingelesen, wie beim vorigen Rechner, z.B. für die erste Zahl (Beispielprogramm 66), nämlich über das dort entworfene Eingabeformular, welches hier weiter verwendet wird (und gegebenenfalls für die neue Verwendung weiter entwickelt wird).

```
private void lbZahl1Real_Click(object sender,
    System.EventArgs e)
{
    lbZahl3Real.Text = "";
    lbZahl3Imag.Text = "";
    Eingabe eEingabe = new Eingabe();
    double dblEingabe = eEingabe.LeseZahl("Zahl 1",
        lbZahl1Real.Text);
    lbZahl1Real.Text = Convert.ToString(dblEingabe);

}
```

Beispielprogramm 66: Einlesen des Realteils bzw. des Betrags der ersten komplexen Zahl

Bevor etwas gerechnet wird, müssen die Anzeigen gelesen und in eine komplexe Zahl geschrieben werden. Dabei muss unterschieden werden, ob die angezeigte Darstellung gerade rechtwinklig oder polar ist. Dies erledigen die Methoden *LeseZ1()* und *LeseZ2()*. Beide Methoden müssen den Zustand der Optionsschaltflächen abfragen. Das Beispiel zeigt das Lesen der Zahl Z1 (Beispielprogramm 67):

```
private CKomplexeZahl LeseZ1()
{
  CKomplexeZahl cZahl1;
  if(rbRecht1.Checked == true)
  {
     cZahl1 = new CKomplexeZahl(
     Convert.ToDouble(lbZahl1Real.Text),
     Convert.ToDouble(lbZahl1Imag.Text));
  }
  else
  {
     cZahl1 = new CKomplexeZahl('P',
     Convert.ToDouble(lbZahl1Real.Text),
     Convert.ToDouble(lbZahl1Imag.Text));
  }
  return cZahl1;
}
```

Beispielprogramm 67: Lesen der komplexen Zahl Z1.

Den eigentlichen Rechenvorgang führt die Methode **Rechne()** durch. Sie ruft **LeseZ1()** und **LeseZ2()** auf (Beispielprogramm 68):

```
private void Rechne(char op)
{
     CKomplexeZahl cZahl1, cZahl2, cZahl3;
     cZahl1 = LeseZ1();
     cZahl2 = LeseZ2();

     cZahl3 = new CKomplexeZahl();

     switch (op)
     {
          case '+':
               cZahl3 = cZahl1 + cZahl2; break;
          case '-':
               cZahl3 = cZahl1 - cZahl2; break;
          case '*':
               cZahl3 = cZahl1 * cZahl2; break;
          case '/':
               if(cZahl2.Betrag() != 0.0)
                    cZahl3 = cZahl1 / cZahl2;
               else
```

```
            {
                    MessageBox.Show(
                    "Division durch Null nicht möglich");
                    return;
            }
            break;
    }

    if(rbRecht3.Checked == true)
    {
        lbZahl3Real.Text =
            Convert.ToString(cZahl3.Real());
        lbZahl3Imag.Text =
            Convert.ToString(cZahl3.Imag());
    }
    else
    {
        lbZahl3Real.Text =
            Convert.ToString(cZahl3.Betrag());
        lbZahl3Imag.Text =
            Convert.ToString(cZahl3.Winkel());
    }
}
```

Beispielprogramm 68: Berechnung des komplexen Ergebnisses

Man sieht an dieser Methode sehr deutlich, wie kurz der Programmcode für die eigentliche Rechnung durch die Operatorenüberladung innerhalb der Klasse **CKomplexeZahl** wird. Damit die richtige Darstellungsform des Ergebnisses ausgegeben wird, muss der Zustand des Radiobuttons **rbRecht3** abgefragt werden.

Rechne() wiederum wird von den vier Ereignisbehandlungsroutinen für die vier Grundrechenarten mit dem richtigen Übergabeparameter aufgerufen, z.B. von **cbPlus_Click** (Beispielprogramm 69).

```
private void cbPlus_Click(object sender, System.EventArgs e)
{
    Rechne('+');
}
```

Beispielprogramm 69: Die Ereignisbehandlungsroutine für die Addition von zwei komplexen Zahlen

Die erhaltenen Ergebnisse können zwischengespeichert werden, z.B. in *cSpeicher2* (Beispielprogramm 70).

```
private void cbSpeichern2_Click(object sender,
   System.EventArgs e)
{
      if (lbZahl3Real.Text == "" ||
          lbZahl3Imag.Text == "") return;

      if(rbRecht3.Checked == true)

             cSpeicher2.SchreibeRechtwinklig(
                    Convert.ToDouble(lbZahl3Real.Text),
                    Convert.ToDouble(lbZahl3Imag.Text)
                    );
      else
             cSpeicher2.SchreibePolar(
                    Convert.ToDouble(lbZahl3Real.Text),
                    Convert.ToDouble(lbZahl3Imag.Text)
                    );
}
```

Beispielprogramm 70: Zwischenspeichern der Ergebnisse

Die gespeicherten Werte können dann wieder in Felder für die komplexen Zahlen Z1 oder Z2 geschrieben werden, z.B (Beispielprogramm 71):

```
private void cbUebernahme21_Click(object sender,
   System.EventArgs e)
{
      rbRecht1.Checked = true;
      rbPolar1.Checked = false;

      lbZahl1Real.Text = cSpeicher2.Real().ToString();
      lbZahl1Imag.Text = cSpeicher2.Imag().ToString();

      lbZahl3Real.Text = "";
      lbZahl3Imag.Text = "";
}
```

Beispielprogramm 71: Ereignisbehandlungsroutine für die Übertragung des Werts aus Speicher 2 in die Anzeige 1

Natürlich sind auch hier wieder die Ereignisbehandlungsroutinen den entsprechenden Ereignissen zuzuordnen. Wie das bewerkstelligt wird, hatten wir bereits im vorigen Kapitel besprochen.

14.4   Übungen

Übung 1:

Sie sollten anhand der Besprechung in diesem Abschnitt in der Lage sein, mit Hilfe von Visual Studio beide Rechnervarianten zu realisieren. Bitte tun Sie das jetzt.

Falls sie Visual Studio nicht zur Verfügung haben, können Sie ein Anwendungsgerüst mit der Rechneroberfläche ohne Funktionalität von der Homepage des Verlags herunterladen. Die Funktionalität müssen Sie selbst hinzufügen.

Natürlich können Sie auch den kompletten Rechner dort bekommen. Aber wie heißt es so schön? --- selbst programmieren macht schlau!

15 Analyse von Wechselstromschaltungen

Zum Abschluss dieses Buchs soll ein etwas größeres Projekt im Mittelpunkt stehen, welches viele der bisher entworfenen Klassen verwendet und weiterentwickelt. Das hat folgende Vorteile:

- Der Klassenentwurf und die Zusammenarbeit verschiedener Klassen lassen sich nur an einem größeren Projekt behandeln,
- die erzeugte Software ist auch wirklich nützlich für den Anwender, d.h. sie kann verwendet werden, um doch schon etwas komplexere (im doppelten Sinn des Wortes) Probleme zu lösen.

15.1 Anforderungen

Unsere Software soll folgende Anforderungen erfüllen:

- Die Bauelemente einer Wechselstromschaltung sollen in tabellarischer Form eingegeben werden,
- ein Schaltplan soll automatisch gezeichnet werden,
- alle Ströme und Spannungen in der Schaltung sollen auf Knopfdruck berechnet werden können,
- das Ergebnis soll in numerischer Form und in Form eines Zeigerdiagramms ausgegeben werden.

Natürlich sind alle diese Punkte im Rahmen dieses Lehrbuchs nur bedingt zu erfüllen. Vor allem beim automatischen Zeichnen des Schaltplans müsste man eigentlich im Rahmen eines Pflichtenhefts genau spezifizieren, wie viele Knoten das Netzwerk maximal haben darf, usw. Auch die Toleranz gegenüber Fehlbedienung seitens des Nutzers wäre bei einem kommerziellen Projekt noch genauer festzulegen.

An dieser Stelle soll statt einer Spezifikation die grafische Oberfläche des Programms dargestellt werden. Die passiven Bauelemente der Schaltung können zum Beispiel in einer gemeinsamen Tabelle verwaltet werden, weil sie einheitlich durch Name, Wert und die Anschlussknoten beschrieben werden können:

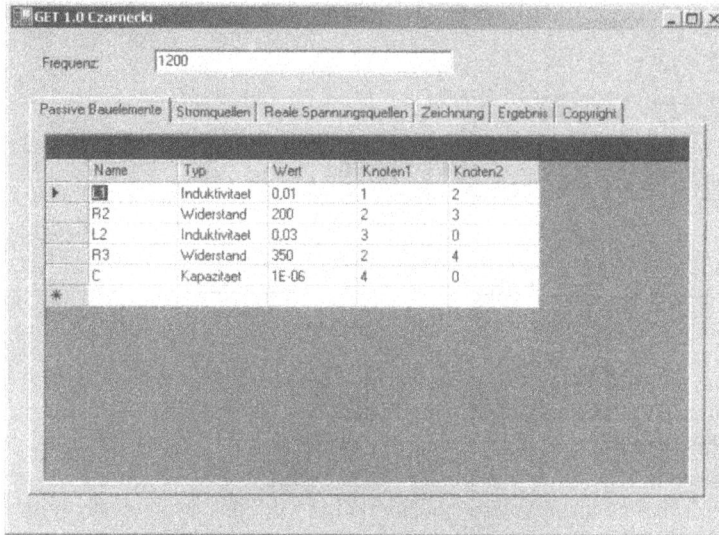

Abbildung 65: Eingabe der passiven Bauelemente

Für Stromquellen und Spannungsquellen sind dagegen zwei getrennte Tabellen vorzusehen, weil bei dem gewählten Berechnungsverfahren nur Stromquellen ohne Innenwiderstand berücksichtigt werden können. Spannungsquellen müssen dagegen immer einen (u.U. sehr kleinen) Innenwiderstand in Reihe aufweisen. Daraus ergeben sich zwei weitere Registerzungen:

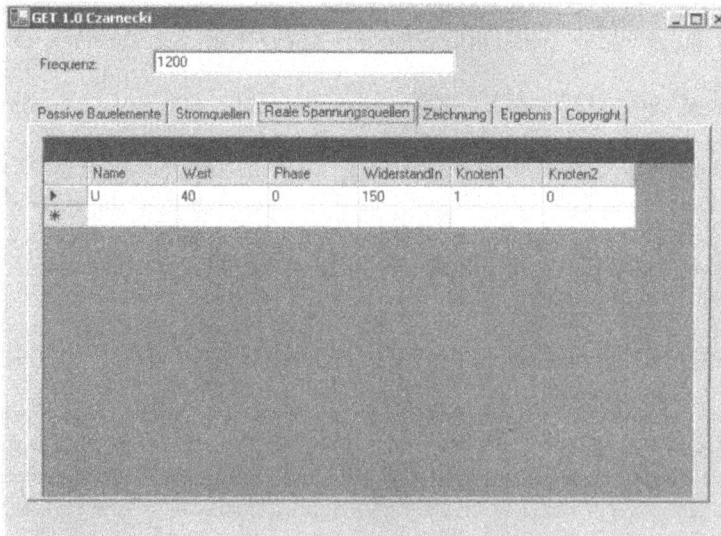

Abbildung 66: Eingabe der Spannungsquellen mit Innenwiderstand

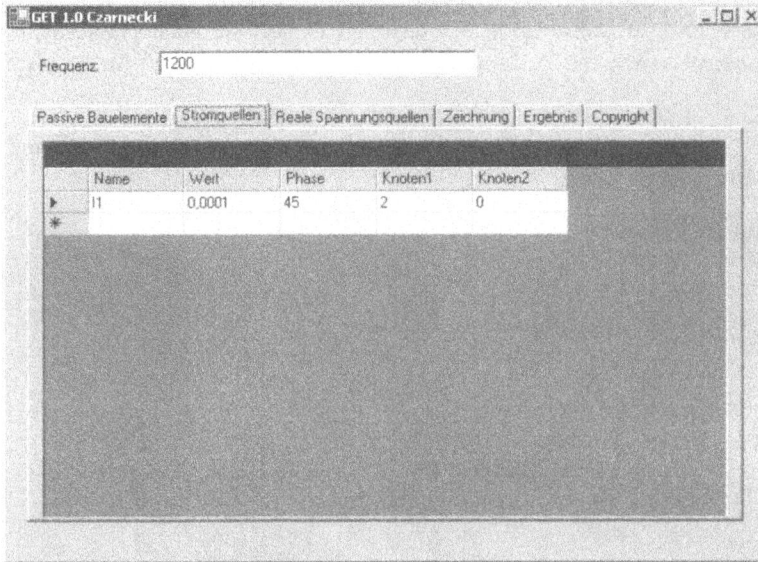

Abbildung 67: Eingabe der Stromquellen

Die Zeichnung wird ebenfalls auf einer getrennten Registerkarte dargestellt:

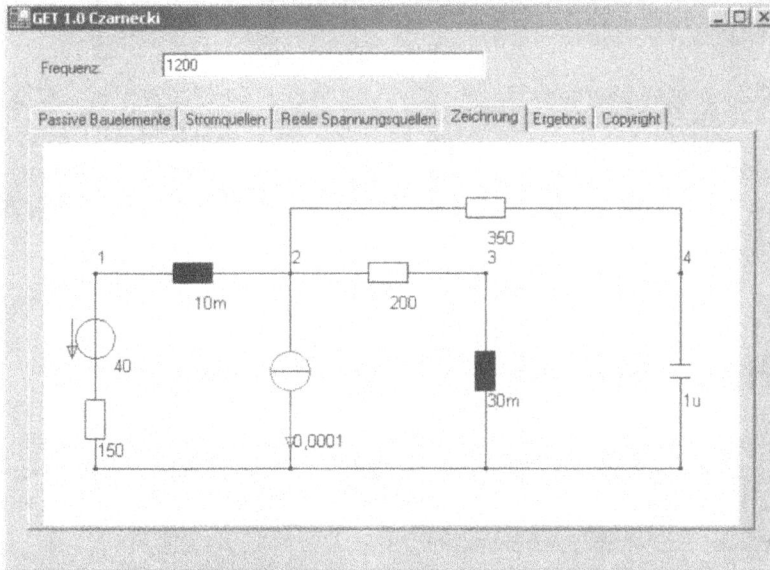

Abbildung 68: Ausgabe des Schaltplans

Die Knoten sollen in der gezeigten Art dargestellt werden. Die automatische Zeichnung kann nur bei einfachen Schaltungen vernünftig funktionieren, sonst wird der Programmieraufwand zu groß. Etwas Intelligenz soll sie allerdings schon haben, z.B. soll sie auch bei parallelen Bauelementen zwischen den Knoten die Verbindungslinien noch automatisch korrekt zeichnen.

Die Ergebnisausgabe soll numerisch und als Zeigerdiagramm erfolgen, damit die Korrektheit auch anschaulich überprüft werden kann.

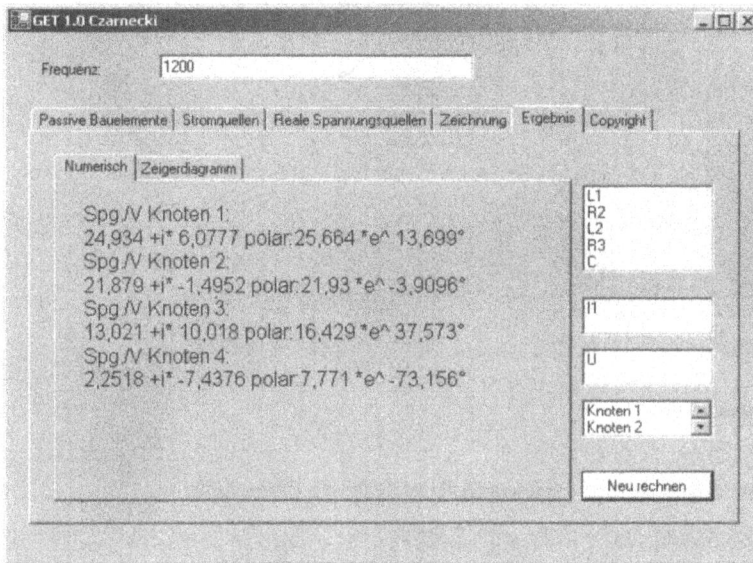

Abbildung 69: Ausgabe des Ergebnisses in numerischer Form

Strom und Spannung an den einzelnen Bauelementen sollen durch Auswahl aus Listen ausgegeben werden können. Abbildung 70 zeigt die Richtigkeit des Reims: „An der Induktivität kommt der Strom zu spät".

15.2   Knotenpotentialverfahren

Die Berechnung der Ströme und Spannungen in der Schaltung soll mit Hilfe des Knotenpotentialverfahrens durchgeführt werden. Das Verfahren ist z.B. in Führer / Heidemann / Nerreter, Grundgebiete der Elektrotechnik, Band 1 [9] ausführlich beschrieben. Daher können wir uns hier mit einer kurzen Zusammenfassung begnügen

In einer elektrischen Schaltung sind Strom und Spannung an jedem elektrischen Zweipol zunächst unbekannt. Bezeichnen wir deren Anzahl mit n, sind das 2*n Unbekannte. Beim

Knotenpotentialverfahren wird die Anzahl der Unbekannten zunächst reduziert auf die Anzahl der Knoten in der Schaltung minus 1. Wenn man einen Knoten als Referenzknoten mit der laufenden Nummer 0 bezeichnet, sind die verbleibenden Unbekannten die Spannungen zwischen den Knoten in der Schaltung und diesem Referenzknoten. Die Unbekannten können dann aus einem linearen Gleichungssystem berechnet werden, das die Struktur:

Knoten-Leitwertmatrix * Knotenspannungsvektor = rechte Seite

hat.

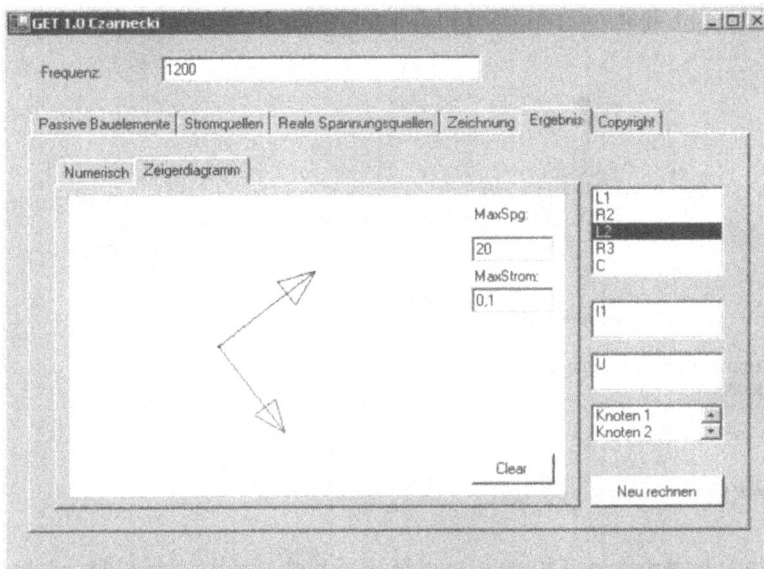

Abbildung 70: Ausgabe des Ergebnisses in grafischer Form.

Die genaue Ableitung ergibt, dass für die einzelnen Elemente in diesem Gleichungssystem die folgenden Regeln anwendbar sind:

Für die Knoten-Leitwertmatrix gilt:

- Sie ist symmetrisch zur Hauptdiagonalen,
- die Hauptdiagonalelemente sind positiv, die restlichen Elemente sind negativ,
- jedes Hauptdiagonalelement wird aus der Summe der Leitwerte gebildet, die mit einem Pol am zugehörigen Knoten liegen,
- die weiteren Elemente der Zeile werden durch die negativen Summen der Leitwerte derjenigen Elemente gebildet, die vom betrachteten Knoten zum jeweiligen Nachbarknoten führen.

Für die rechte Seite gilt:

– Sie wird von den Quellenströmen der Stromquellen in der Schaltung gebildet,
– fließt in den betreffenden Knoten ein Quellenstrom hinein, wird der Wert mit positivem
   Vorzeichen in der rechten Seite gewertet, ansonsten mit negativem Vorzeichen,
– lineare Spannungsquellen (mit Innenwiderstand>0) müssen in Stromquellen umgewandelt werden,
– ideale Spannungsquellen (mit Innenwiderstand = 0) können nicht allgemein berücksichtigt werden.

Die Umwandlung von linearen Spannungsquellen in lineare Stromquellen zeigt das nächste
Bild:

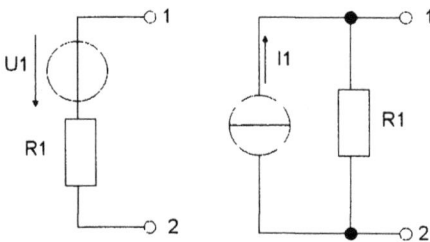

Damit beide Schaltungen an den Klemmen 1 und 2 das gleiche
Verhalten aufweisen, muss gelten:
I1 = U1 / R1

Abbildung 71: Umwandlung von Quellen

Die Anwendung der gerade besprochenen Regeln an einer Beispielschaltung zeigt das nächste Bild:

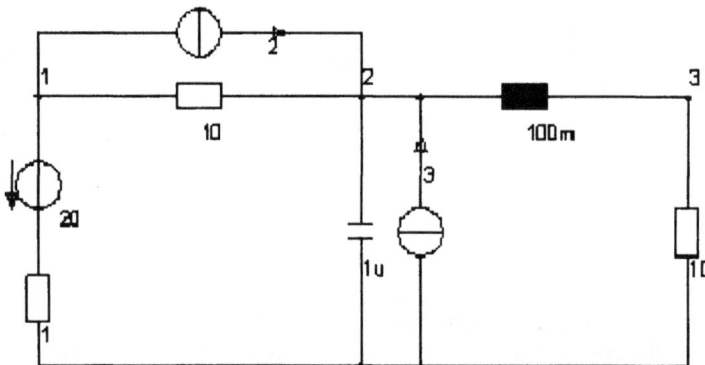

Abbildung 72: Beispielschaltung zur Ermittlung des Gleichungssystems

Die Anwendung der oben genannten Regeln führt bei einer Kreisfrequenz ω=1000/s, bei der die Schaltung betrieben wird, zu dem folgenden Gleichungssystem:

$$\begin{bmatrix} 1,1 & -0,1 & -0 \\ -0,1 & 0,1-j0,009 & j0,01 \\ -0 & j0,01 & 0,1-j0,01 \end{bmatrix} S \bullet \begin{bmatrix} \underline{U}_1 \\ \underline{U}_2 \\ \underline{U}_3 \end{bmatrix} = \begin{bmatrix} 18 \\ 5 \\ 0 \end{bmatrix} A$$

Abbildung 73: Gleichungssystem der Beispielschaltung

Soweit zum elektrotechnischen Hintergrund unseres Programms. Falls Sie die Ermittlung des Gleichungssystems nicht nachvollziehen können, sollten Sie in der o.g. Literaturempfehlung die entsprechenden Seiten durcharbeiten.

15.3   Softwarekonzept und Klassenaufteilung

Welche Klassen brauchen wir für unser Programm? Folgende Einteilung bietet sich an:

CZweipol

- Oberklasse sowie abgeleitete Klassen für alle Schaltelemente wie Widerstände, Stromquellen usw.,

CKomplexeZahl

- führt alle Rechenoperationen mit komplexen Zahlen durch,

CKomplexesGleichungssystem

- löst ein Gleichungssystem beliebiger Ordnung im Komplexen mit Hilfe des Gauß-Algorithmus,

CListe

- mit Listenelementen, um auf die Schaltelemente in der Schaltung zuzugreifen,

frmHauptformular als GUI,

evt. Hilfsklassen für Zeichenobjekte usw.

Die Namensräume mit den entsprechenden Klassen zeigt die Klassenansicht von Visual Studio:

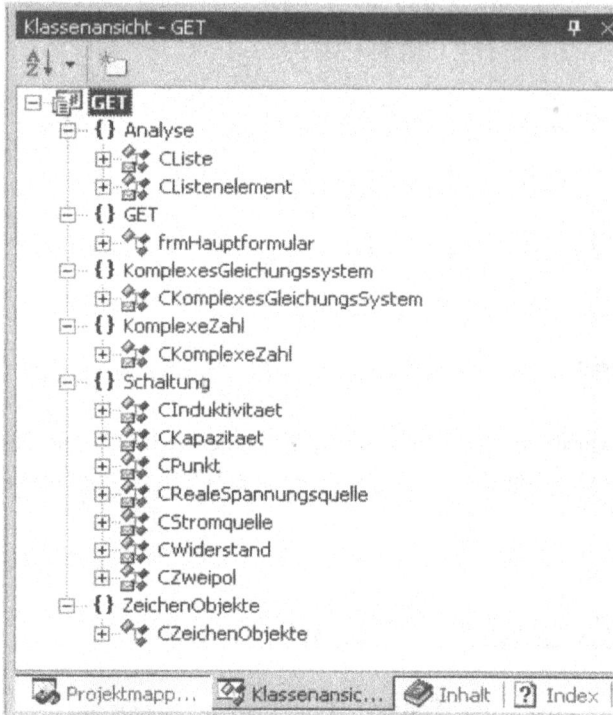

Abbildung 74: Namensräume und Klassen des Projekts

Zunächst zur Klasse *CZweipol* (Abbildung 75): Deren Vererbungsstruktur wurde bereits in den Abschnitten 7 und 8 besprochen, dort allerdings eher mit Anwendung auf ein Zeichenprogramm. Um mit diesen Klassen auch Schaltungsanalyse betreiben zu können, kommt als zusätzliches Attribut eine komplexe Zahl hinzu, die das Verhalten eines Objekts dieser Klasse in einer elektrischen Schaltung beschreibt.

Die Klasse *CKomplexeZahl* wurde ausführlich in Abschnitt 9 besprochen.

Die Klasse *CKomplexesGleichungssystem* besitzt als wichtigste Methode *Gauss()*, welche die komplexe Lösung des Gleichungssystems zurückgibt. Weiterhin benötigt man Setz- und Lesefunktionen. Die Knoten-Leitwertmatrix und die rechte Seite werden in Feldern gespeichert. Die Ordnung des Gleichungssystems wird im Attribut *iDimension* gespeichert und steuert sowohl die Reservierung von Speicherplatz als auch die Obergrenze der Schleifen für den Algorithmus nach Gauß. Dieser Algorithmus wird in Abschnitt 10 behandelt. Er muss auf komplexe Zahlen erweitert werden, was mit Hilfe der für die Klasse *CKomplexeZahl* definierten Operatoren kein großes Problem darstellt.

```
using System;
using KomplexeZahl;
using System.Drawing;
using ZeichenObjekte;

namespace Schaltung
{
    /**/
    abstract class CZweipol
    {
        // protected, damit in den abgeleiteten Klassen darauf
        // zugegriffen werden kann.
        protected CKomplexeZahl z;
        public CKomplexeZahl komplZahl...
        abstract public void SchreibeWerteAufKonsole();
        /**/
        virtual public void Zeichne(Graphics g, int x1, int y1,
            int x2, int y2, int groesse)...
    }
    /**/
    class CWiderstand : CZweipol
    {
        private double mDblWiderstand;
        public override void Zeichne(Graphics g, int x1, int y1,
            int x2, int y2, int groesse)...
        public CWiderstand(double dblWert)...
        // Kontrollausgabe
        public override void SchreibeWerteAufKonsole()...
    }
    /**/
```

Abbildung 75: Die Vererbungsstruktur der Klassen, die elektrische Bauteile beschreiben

```
using System;
using KomplexeZahl;

namespace KomplexesGleichungssystem
{
    /**/
    class CKomplexesGleichungsSystem
    {
        private CKomplexeZahl[,] oMatrix;
        private CKomplexeZahl[] oRechteSeite;
        private int iDimension;

        public CKomplexesGleichungsSystem(int iErhDimension)...
        public CKomplexesGleichungsSystem(CKomplexeZahl[,] kM, CKomplexeZahl[] kR)...
        public override string ToString()...
        public void setMatrixElementRect(int iZeile, int iSpalte,
            double dblReal, double dblImag)...
        public void setMatrixElementPolar(int iZeile, int iSpalte,
            double dblBetrag, double dblPhase)...
        public void setRechteSeiteElementRect(int iZeile,
            double dblReal, double dblImag)...
        public void setRechteSeiteElementPolar(int iZeile, double dblBetrag,
            double dblPhase)...
        public CKomplexeZahl[] Gauss()...
    }
}
```

Abbildung 76: Die Struktur der Klasse CKomplexesGleichungsSystem

Die Klasse *CListe* enthält die Bauteile der Schaltung als Listenelemente, d.h. mit der Information, zwischen welchen Knoten sie angeschlossen sind.

Wichtigste Methoden:

ErstelleMatrix() zum automatischen Aufstellen der Knoten-Leitwertmatrix,

ErstelleRechteSeite() zum automatischen Erstellen der rechten Seite des Gleichungssystems.

```
using System;
using KomplexesGleichungssystem;
using Schaltung;
using KomplexeZahl;
using System.Drawing;


namespace Analyse
{
    class CListenelement
    {
        public CZweipol e;
        public int iKn1;
        public int iKn2;
        public CListenelement(CZweipol einElement, int iKnoten1, int iKnoten2)...
    }
    class CListe
    {
        public System.Collections.ArrayList aListe;
        public CListe()...
        public void Einfuegen(CListenelement e)...
        public CKomplexeZahl[] ErmittleKnotenspannungen()...
        public void Zeichne(Graphics g)...
        /**/
        public CKomplexeZahl[,] ErstelleMatrix()...
        public CKomplexeZahl[] ErstelleRechteSeite()...
        private int FindeMaximaleKnotennummer()...
    }
}
```

Abbildung 77: Die Struktur der Klassen CListenelement und CListe

15.4 Verwendete Steuerelemente

15.4.1 Registerklassen-Steuerelement (TabControl)

Registerkarten sind ein nützliches Hilfsmittel, um einen Dialog übersichtlicher zu gliedern und einzelne Funktionalitäten zusammenzufassen. Eine einzelne Registerkarte wird durch ein Objekt der Klasse *TabPage* beschrieben. Alle Registerkarten zusammen werden in einer Auflistung verwaltet, der *TabControl*, die einen Rahmen für alle Registerkarten bereitstellt.

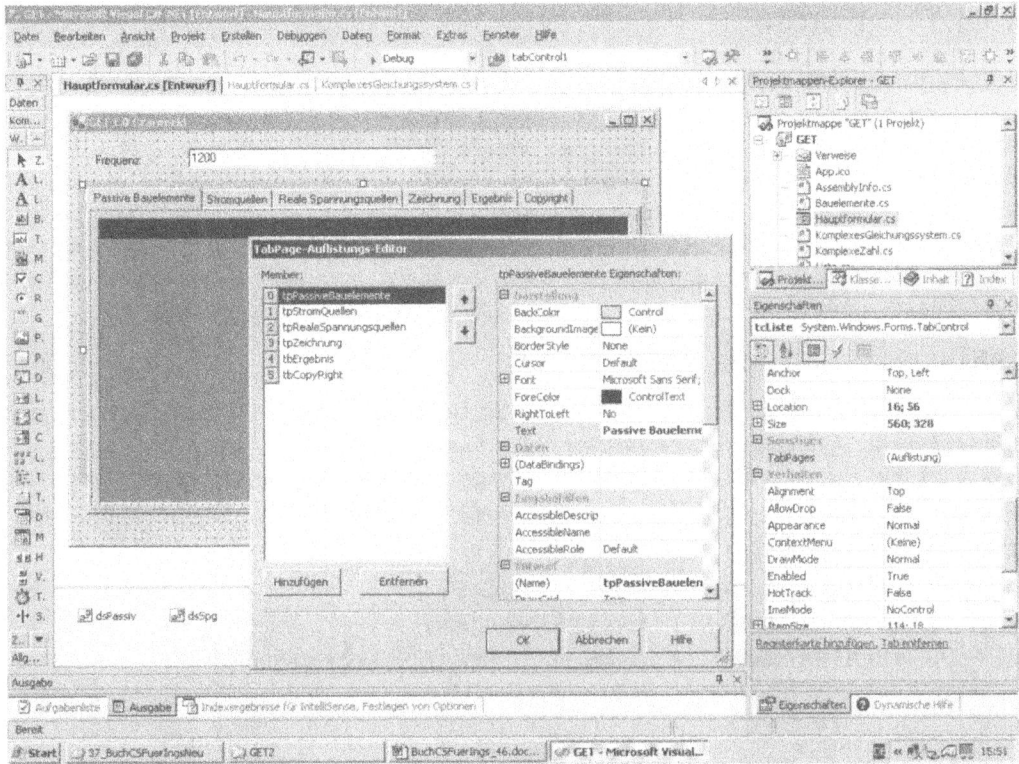

Abbildung 78: TabControl mit Auflistungs-Editor.

Die Abbildung 78 zeigt den Auflistungs-Editor, der sich nach Doppelklick auf die Eigenschaft **TabPages** im Eigenschaftenfenster öffnet. Hier können die einzelnen Registerkarten hinzugefügt und bearbeitet werden. Anschließend können die einzelnen Karten im Entwurfsmodus angewählt und mit Steuerelementen belegt werden.

15.4.2 Panel

Das Panel-Steuerelement kann wie die **TabPage** als Container für andere Steuerelemente dienen und ein Graphics-Objekt erzeugen, wodurch Zeichnungen auf ihm möglich sind. Es wird im Rahmen des Projekts dazu verwendet, grafische Ausgaben wie die des Schaltplans oder des Zeigerdiagramm aufzunehmen.

15.4.3   ListBox

Bei der Ausgabe der Ergebnisse der Berechung ist es erforderlich, dem Anwender eine Auflistung der Elemente in der Schaltung anzubieten, aus denen er eines auswählen kann. Nach
Auswahl werden Strom und Spannung an diesem Element numerisch oder grafisch angezeigt. Dazu dienen mehrere Objekte der Klasse *ListBox*, die zur Laufzeit gefüllt werden. Sie
werden zunächst zur Entwurfszeit wie alle anderen Steuerelemente mit dem FormDesigner
auf die entsprechende Stelle des Formulars gezogen. Zur Laufzeit werden die vom Benutzer
eingetragenen Elemente der Schaltung dann aus der entsprechenden Tabelle gelesen und mit
der Methode *Add()* in die Listbox eingetragen, z.B. durch folgende Anweisung:

```
lbBauelemente.Items.Add(strBez);
```

Beim Klicken auf den entsprechenden Eintrag in der *ListBox* wird dann das Ereignis
lbBauelemente_SelectedIndexChanged() ausgelöst. Wie bei jeder Ereignisbehandlungsroutine wird der Auslöser des Ereignisses als Objektreferenz mit dem Namen *sender* an die
Routine übergeben. Darüber lässt sich der ausgewählte Eintrag mit den folgenden Programmzeilen ermitteln.

```
ListBox lElemente = (ListBox)sender;
int iIndex = lElemente.SelectedIndex;
string strEintrag = lElemente.Items[iIndex].ToString();
```

15.4.4   DataGrid und DataSet

Die Klasse *DataSet* verwaltet Daten in tabellarischer Form. Ein Objekt der Klasse *DataSet*
wird genauso in ein Projekt eingefügt wie die anderen Steuerelemente auch. Allerdings muss
in der Toolbox eine andere Registerkarte ausgewählt werden und das Objekt ist zur Laufzeit
nicht auf dem Formular sichtbar. Den gesamten Vorgang zeigt Abbildung 79. In gleicher
Weise wird ein *DataGrid* dem Projekt hinzugefügt (Registerkarte Windows Forms in der
Toolbox). Das *DataGrid* dient zur Anzeige und Editierung der im *DataSet* verwalteten Daten. Es ist auf dem Formular sichtbar.

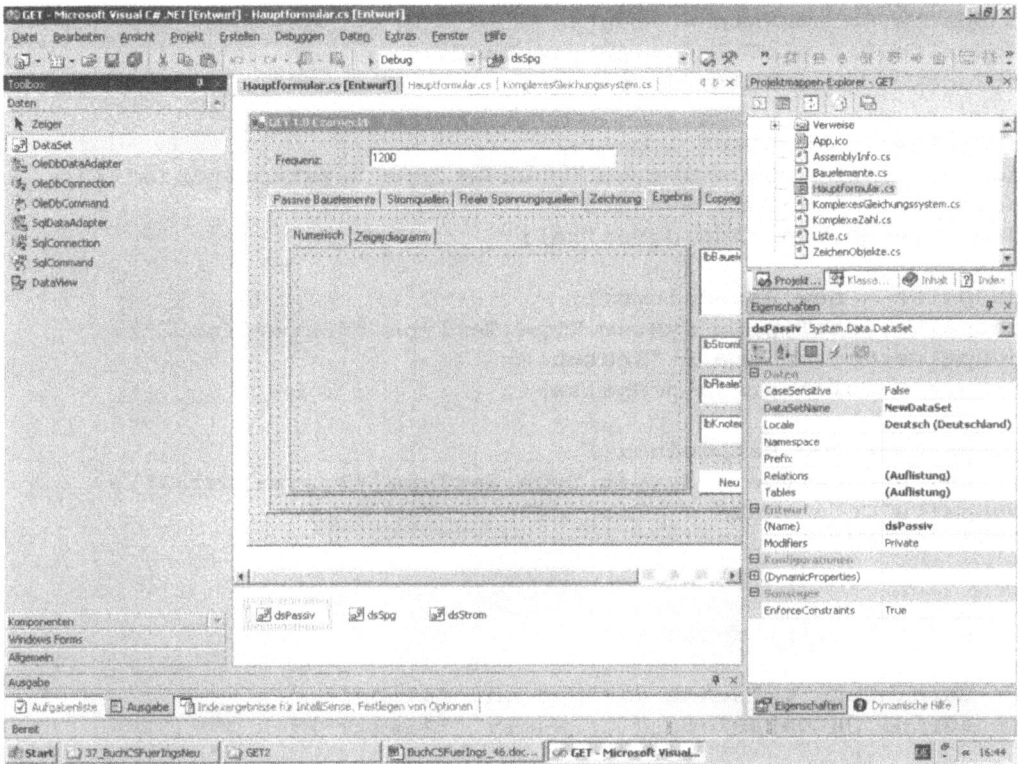

Abbildung 79: Das DataSet dsPassiv wurde dem Projekt hinzugefügt

Die Struktur der verwalteten Daten und das Einfügen einiger Beispieldaten, die vom Benutzer aber jederzeit veränderbar sind, zeigt beispielhaft der folgende Programmtext, der innerhalb des Konstruktors des Hauptformulars ausgeführt werden kann.

```
DataTable dtPassiv = new DataTable("Passiv");
DataColumn dcSpalte;

// erzeugt eine neue Spalte
dcSpalte = new DataColumn();
// der Datentyp der Spalte wird festgelegt
dcSpalte.DataType = System.Type.GetType("System.String");
// der Spaltenname muss eindeutig sein
dcSpalte.Unique = true;
dcSpalte.ColumnName = "Name";
dtPassiv.Columns.Add(dcSpalte);

dcSpalte = new DataColumn();
dcSpalte.DataType = System.Type.GetType("System.String");
```

```
dcSpalte.ColumnName = "Typ";
dcSpalte.DefaultValue = "Widerstand";
dtPassiv.Columns.Add(dcSpalte);


dcSpalte = new DataColumn();
dcSpalte.DataType = System.Type.GetType("System.Double");
dcSpalte.ColumnName = "Wert";
dtPassiv.Columns.Add(dcSpalte);


dcSpalte = new DataColumn();
dcSpalte.DataType = System.Type.GetType("System.Int32");
dcSpalte.ColumnName = "Knoten1";
dtPassiv.Columns.Add(dcSpalte);


dcSpalte = new DataColumn();
dcSpalte.DataType = System.Type.GetType("System.Int32");
dcSpalte.ColumnName = "Knoten2";
dtPassiv.Columns.Add(dcSpalte);



dsPassiv.Tables.Add(dtPassiv);

// Verbindung zwischen dataSet und DataGrid
dataGrid1.SetDataBinding(dsPassiv, "Passiv");


// Anfangswerte
DataRow eineZeile = dtPassiv.NewRow();
eineZeile["Name"] = "L1";
eineZeile["Typ"] = "Induktivitaet";
eineZeile["Wert"] = 0.01;
eineZeile["Knoten1"] = 1;
eineZeile["Knoten2"] = 2;
dtPassiv.Rows.Add(eineZeile);


eineZeile = dtPassiv.NewRow();
eineZeile["Name"] = "R2";
eineZeile["Typ"] = "Widerstand";
eineZeile["Wert"] = 200;
eineZeile["Knoten1"] = 2;
eineZeile["Knoten2"] = 3;
dtPassiv.Rows.Add(eineZeile);
```

Beispielprogramm 72: Verwendung von DataSet und DataGrid

Zur Laufzeit des Programms müssen die in der Tabelle stehenden und vom Benutzer eventuell geänderten Werte wieder ausgelesen werden. Dies geschieht z.B. in einer Schleife mit der Laufvariablen *i*. Die einzelnen Elemente des **DataGrid** können wie bei einem zweidimensionalen Feld mit eckigen Klammern angesprochen werden.

```
string strBez;
strBez = dataGrid1[i,0].ToString().Trim();
```

Die Methode **Trim()** entfernt eventuell vorhandene führende und abschließende Leerzeichen.

15.5 Einige Klassen des Projekts im Einzelnen

Die Klasse **CListe** schickt in der Methode **ErmittleKnotenspannungen()** eine Nachricht an ein Objekt der Klasse CKomplexesGleichungssystem, um das Gleichungssystem zu lösen:

```
public CKomplexeZahl[] ErmittleKnotenspannungen()
{
    CKomplexeZahl[,] lMatrix;
    lMatrix = ErstelleMatrix();
    CKomplexeZahl[] lRechteSeite;
    lRechteSeite = ErstelleRechteSeite();
    // erzeugen des Gleichungssystems
    CKomplexesGleichungsSystem lSystem =
        new CKomplexesGleichungsSystem(lMatrix, lRechteSeite);
    // Gleichungssystem lösen
    CKomplexeZahl[] lErg = lSystem.Gauss();
    return lErg;
}
```

Beispielprogramm 73: Die Ermittlung der Knotenspannungen

In der Methode **ErstelleMatrix()** wird die Matrix aufgestellt. Dazu müssen alle Elemente der Liste durchlaufen werden:

```
public CKomplexeZahl[,] ErstelleMatrix()
{
    CKomplexeZahl[,] kMatrix;
    int iDimension = FindeMaximaleKnotennummer();
    kMatrix = new CKomplexeZahl[iDimension, iDimension];
    for(int i = 0; i<iDimension; i++)
```

```
    {
        for(int j = 0; j<iDimension; j++)
            kMatrix[i,j] = new CKomplexeZahl(0.0, 0.0);
    }
    CListenelement lfdElement;
    for (int i=0; i<aListe.Count; i++)
    {
        lfdElement = (CListenelement)aListe[i];
        if(lfdElement.e.GetType().Name != "CStromquelle")
        {
            // Hauptdiagonale
            if(lfdElement.iKn1 != 0)
                kMatrix[lfdElement.iKn1-1,lfdElement.iKn1-1] =
                    kMatrix[lfdElement.iKn1-1,lfdElement.iKn1-1] +
                    lfdElement.e.komplZahl;
            if(lfdElement.iKn2 != 0)
                kMatrix[lfdElement.iKn2-1,lfdElement.iKn2-1] =
                    kMatrix[lfdElement.iKn2-1,lfdElement.iKn2-1] +
                    lfdElement.e.komplZahl;
            // Nebenelemente
            if(lfdElement.iKn1 != 0 && lfdElement.iKn2 != 0)
            {
                kMatrix[lfdElement.iKn1-1,lfdElement.iKn2-1] =
                    kMatrix[lfdElement.iKn1-1,lfdElement.iKn2-1] -
                    lfdElement.e.komplZahl;
                // Symmetrie herstellen
                kMatrix[lfdElement.iKn2-1,lfdElement.iKn1-1] =
                    kMatrix[lfdElement.iKn1-1,lfdElement.iKn2-1];
            }
        }
    }
    return kMatrix;
}
```

Beispielprogramm 74: Die Berechnung der Matrix

Damit ist die Besprechung dieses Projekts abgeschlossen. Natürlich sind noch einige Dinge offen geblieben, z.B. wie sich die Liste zeichnet. Die wesentlichen Dinge sollten trotzdem klar geworden sein: Wie verteilt man die Arbeiten auf die verschiedenen Klassen, wer macht was?

16 Anhang

16.1 Verwendete Literatur

[1] Rechenberg; Was ist Informatik; Hanser; 3.Auflage 2000

[2] Boles; Programmieren spielend gelernt; Teubner; 2.Auflage 2002

[3] Rembold, Levi; Einführung in die Informatik für Naturwissenschaftler und Ingenieure; Hanser; 3.Auflage 1999

[4] Gumm, Sommer; Einführung in die Informatik; Oldenbourg; 4. Auflage 2000

[5] Goll, Grüner, Wiese; C als erste Programmiersprache; Teubner; 3.Auflage 2000

[6] Oesterreich; Objektorientierte Softwareentwicklung, Analyse und Design mit der Unified Modeling Language; Oldenbourg; 5. Auflage 2001

[7] Rießinger; Mathematik für Ingenieure, Springer; 1.Auflage 1996; Seite 357ff

[8] Bronstein, Semendjajew; Taschenbuch der Mathematik; Harri Deutsch; 23.Auflage 1987; S. 736

[9] Führer, Heidemann, Nerreter; Grundgebiete der Elektrotechnik, Band 1; Hanser; 6.Auflage 1997

Empfehlenswerte Bücher zur Programmiersprache C#:

Kühnel; Visual C#; Galileo Computing; 2003

Hanisch; GoTo C#; Addison Wesley; 2002

Deitel; C# -- How To Program; Prentice Hall, 2002.

16.2   Schlüsselwörter der Programmiersprache C#

Folgende Wörter sind Schlüsselwörter der Programmiersprache C# und dürfen nicht als Bezeichner verwendet werden:

abstract: In einer Klassendeklaration kann mit diesem Schlüsselwort angegeben werden, dass die Klasse nur als Basisklasse anderer Klassen verwendet werden soll.

as: Dieser Operator wird eingesetzt, um Konvertierungen zwischen kompatiblen Typen durchzuführen.

base: Hiermit kann innerhalb einer abgeleiteten Klasse auf Attribute und Methoden der Basisklasse zugegriffen werden.

bool: Dieser Datentyp wird für logische Variablen verwendet.

break: Mit der ***break***-Anweisung wird die direkt umschließende Schleife oder Bedingungs-anweisung, in der sie auftritt, beendet. Die Steuerung wird an die Anweisung übergeben, die auf die beendete Anweisung folgt, falls vorhanden.

byte: Dieser Datentyp wird für kleine ganzzahlige Werte verwendet.

case: Verwendung zusammen mit ***switch***

catch: Verwendung zusammen mit ***try***

char: Datentyp für Zeichen

checked: zur Überprüfung auf Überlauf

class: zur Definition einer Klasse

const: zur Definition von Konstanten

continue: Mit der ***continue***-Anweisung wird die Steuerung an die nächste Iteration der ein-schließenden Iterationsanweisung, in der sie auftritt, übergeben.

decimal: Das ***decimal***-Schlüsselwort kennzeichnet einen 128-Bit-Datentyp. Im Vergleich zu Gleitkommatypen verfügt dieser Typ über höhere Genauigkeit und einen kleineren Wertebe-reich. Dadurch eignet er sich für Finanz- und Währungskalkulationen.

defaul:Verwendung zusammen mit switch

delegate: Delegaten entsprechen weitestgehend den Funktionszeigern in C++, sie sind je-doch typsicher und geschützt.

do: Mit der ***do***-Anweisung wird eine Anweisung oder ein Anweisungsblock wiederholt aus-geführt, bis ein bestimmter Ausdruck zu ***false*** ausgewertet wird.

double: Das ***double***-Schlüsselwort kennzeichnet einen einfachen Typ, in dem 64-Bit-Gleitkommawerte gespeichert werden.

else: Verwendung zusammen mit *if*

enum: Das *enum*-Schlüsselwort wird zum Deklarieren einer Enumeration verwendet. Dies ist ein eigener Typ, der aus einer Gruppe benannter Konstanten, der so genannten Enumeratorliste, besteht. Jeder Enumerationstyp verfügt über einen zugrunde liegenden Typ, der einem beliebigen ganzzahligen Typ außer *char* entsprechen kann.

event: wird zur Angabe eines Ereignisses verwendet

explicit: Mit dem *explicit*-Schlüsselwort wird ein expliziter benutzerdefinierter Typkonvertierungsoperator deklariert.

extern: In einer Methodendeklaration kann mit dem *extern*-Modifizierer angegeben werden, dass die Methode extern implementiert wird. Der *extern*-Modifizierer wird häufig mit dem *DllImport*-Attribut verwendet.

false: Literal für Variable vom Datentyp *bool*

finally: Verwendung zusammen mit *try*

fixed: verhindert die Umsetzung einer Variablen durch den Garbage Collector

float: kennzeichnet einen einfachen Typ, in dem 32-Bit-Gleitkommawerte gespeichert werden.

for: Mit der *for*-Schleife wird eine Anweisung oder ein Anweisungsblock wiederholt ausgeführt, bis ein bestimmter Ausdruck zu *false* ausgewertet wird.

foreach: Mit der *foreach*-Anweisung wird eine Gruppe von eingebetteten Anweisungen für jedes Element in einem Array oder einer Objektauflistung wiederholt.

goto: Mit der *goto*-Anweisung wird die Programmsteuerung direkt an eine Anweisung mit Marke übergeben.

if: Die *if*-Anweisung stellt eine Steuerungsanweisung dar, die einen Codeblock ausführt, wenn ein Ausdruck zu *true* ausgewertet wird.

implicit: Mit dem *implicit*-Schlüsselwort wird ein impliziter benutzerdefinierter Typkonvertierungsoperator deklariert.

in: Verwendung zusammen mit *foreach*

int: Das *int*-Schlüsselwort kennzeichnet einen ganzzahligen Typ.

interface: zur Definition einer Schnittstelle

internal: Bei dem *internal*-Schlüsselwort handelt es sich um einen Zugriffsmodifizierer.

is: Mit dem *is*-Operator wird überprüft, ob der Laufzeittyp eines Objekts mit einem angegebenen Typ kompatibel ist.

lock: zur Synchronisierung paralleler Ausführungspfade eines Programms (Threads).

long: Datentyp für große Ganzzahlen

namespace: Dieses Schlüsselwort wird verwendet, um einen Gültigkeitsbereich zu deklarieren. Dieser Namespace-Gültigkeitsbereich ermöglicht es, Code zu organisieren und global eindeutige Typen zu erstellen.

new: Erstellung neuer Objekte auf dem Heap

null: Literal, das einen Nullverweis repräsentiert, also einen Verweis, der sich auf kein Objekt bezieht.

object: Datentyp für Referenzen

operator: zur Überladung von Operatoren

out: zur Rückgabe von Parametern aus Methoden

override: zum Überschreiben von Methoden der Basisklasse in einer abgeleiteten Klasse

params: zur Übergabe einer veränderbaren Anzahl von Parametern an eine Methode

private: Zugriffsmodifizierer

protected: Zugriffsmodifizierer

public: Zugriffsmodifizierer

readonly: setzt Feldelemente auf nur lesbar

ref: zur Referenzübergabe an Methoden

return: Mit dieser Anweisung wird die Ausführung der Methode, in der sie auftritt, beendet. Die Steuerung wird an die aufrufende Methode zurückgegeben.

sbyte: ganzzahliger Datentyp

sealed: Eine versiegelte Klasse kann nicht vererbt werden. Eine versiegelte Klasse darf nicht als Basisklasse verwendet werden. Mit dem *sealed*-Modifizierer kann in einer Klassendeklaration eine versehentliche Vererbung der Klasse verhindert werden.

short: ganzzahliger Datentyp

sizeof: zur Ermittlung der Größe in Byte eines Datentyps

stackalloc: reserviert Speicherplatz auf dem Stack

static: Mit diesem Modifizierer kann eine statische Eigenschaft deklariert werden, der zum Typ selbst und nicht zu einem bestimmten Objekt gehört.

string: Folge von Zeichen

struct: Ein *struct*-Typ ist ein Werttyp, der Konstruktoren, Konstanten, Felder, Methoden, Eigenschaften, Indexer, Operatoren und geschachtelte Typen enthalten kann.

switch: Steuerungsanweisung, die mehrere Auswahlmöglichkeiten behandelt, indem die Steuerung an eine der *case*-Anweisungen innerhalb ihres Blocks übergeben wird.

this: verweist auf das aktuelle Objekt, für das eine Methode aufgerufen wurde

throw: Auftreten einer Ausnahme während der Programmausführung

true: Literal für Variablen vom Datentyp bool

try: zum Abfangen von Fehlern

typeof: zum Ermitteln des Typs eines Objekts

uint: Datentyp für ganzzahlige Variablen

ulong: Datentyp für ganzzahlige Variablen

unchecked: zum Ausschalten der Überlaufprüfung

unsafe: für den Einsatz von Zeigern

ushort: Datentyp für ganzzahlige Variablen

using: zum Einbinden von Namensräumen

virtual: Das *virtual*-Schlüsselwort wird zum Ändern einer Methoden- oder Eigenschaften-deklaration verwendet. In diesem Fall wird die Methode oder Eigenschaft als virtueller Member bezeichnet. Die Implementierung eines virtuellen Members kann durch einen *override* Member in einer abgeleiteten Klasse geändert werden.

volatile: Dieses Schlüsselwort gibt ein Feld an, das im Programm z. B. vom Betriebssystem, der Hardware oder einem gleichzeitig ausgeführten Thread geändert werden kann.

void: Wenn *void* als Rückgabetyp für eine Methode verwendet wird, bedeutet dies, dass die Methode keinen Wert zurückgibt.

while: Mit der *while*-Anweisung wird eine Anweisung oder ein Anweisungsblock ausge-führt, bis ein bestimmter Ausdruck den Wert *false* liefert.

16.3   Verzeichnis der Abbildungen

16.4   Lösungen zu den Übungen

16.4.1   Kapitel 3

Übung 1:

```
using System;

class Uebung1
{
  static void Main(string[] args)
  {
      double dR1, dR2, dRs, dRp;
      string sR1, sR2;
      Console.WriteLine("Bitte R1 eingeben:");
      sR1 = Console.ReadLine();
      Console.WriteLine("Bitte R2 eingeben:");
      sR2 = Console.ReadLine();
      dR1 = Convert.ToDouble(sR1);
      dR2 = Convert.ToDouble(sR2);
      dRs = dR1 + dR2;
      dRp = 1/(1/dR1 + 1/dR2);
      Console.WriteLine(
          "Der Reihenwiderstand ist " + dRs + " Ohm.");
      Console.WriteLine(
          "Der Parallelwiderstand ist " + dRp + " Ohm.");

      Console.Read();


  }
}
```

Übung 2:

```
using System;

class Uebung2
{
    static void Main(string[] args)
    {
      string Eingabe;
      double C;
      double L;
      double fr;

      Console.Write(
        "Bitte den Wert für die Kapazität C eingeben: ");
      Eingabe = Console.ReadLine();
      C = Convert.ToDouble(Eingabe);

      Console.Write(
        "Bitte den Wert für die Induktivität L eingeben: ");
      Eingabe = Console.ReadLine();
      L = Convert.ToDouble(Eingabe);

      fr = 1.0 / (2.0 * Math.PI * Math.Sqrt(L*C));

      Console.WriteLine(
        "Die Resonanzfrequenz ist " + fr + " Hz.");
      Console.Read();
    }
}
```

16.4.2   Kapitel 4

Übung 1:

```
using System;

class Abs4Ueb1
{
    static void Main()
```

```
{
    string Eingabe;
    double C;
    double f=1;
    double Xc;

    Console.Write(
"Bitte den Wert der Kapazität in Mikrofarad eingeben: ");
    Eingabe = Console.ReadLine();
    C = Convert.ToDouble(Eingabe) * 1E-6;

    do
    {
        Xc = -1.0 / (2.0 * Math.PI * f * C);
        Console.WriteLine("f = " + f + ", Xc = " + Xc);
        if (f<10)
            f = f+1;
        else
            if (f<100)
                f = f+10;
            else
                f = f + 100;
    }while(f<=1000);

    Console.Read();
    }
}
```

Übung 2:

```
using System;

class Abs4Ueb2
{

    static void Main()
    {
        double C = 1e-6;
        double L = 1e-3;
        double fr = 1.0 / (2.0 * Math.PI * Math.Sqrt(L*C));
        double U = 1;
        double Z;
```

```
        double f;
        double w;

        for(f = 0.9 * fr; f <= 1.1 * fr; f = f + fr / 100.0)
        {
            w = 2.0 * Math.PI * f;
            Z = Math.Abs(w*L - 1.0 / (w*C));
            Console.WriteLine("f = " + f + ", I = " + U/Z);
        }

        Console.WriteLine("Wert bei Resonanzfrequenz:");
        w = 2.0 * Math.PI * fr;
        Z = Math.Abs(w*L - 1.0 / (w*C));
        Console.WriteLine("f = " + f + ", I = " + U/Z);
        // funktioniert wegen der Rundungsfehler,
        // eigentlich müsste der Strom unendlich groß
        // werden!

        Console.Read();
    }

}
```

Übung 3:

```
using System;

namespace QuadGl
{

    class KQGl
    {

        static void Main()
        {
            Console.WriteLine("Bitte a eingeben:");
            double a = Convert.ToDouble(Console.ReadLine());
            Console.WriteLine("Bitte b eingeben:");
            double b = Convert.ToDouble(Console.ReadLine());
            Console.WriteLine("Bitte c eingeben:");
            double c = Convert.ToDouble(Console.ReadLine());


            int ErgTyp=9;
            double epsilon = 1e-12 ;
```

```
double d ;
double x1=0.0, x2=0.0 ;

if( Math.Abs( a ) < epsilon )
{
    if(  Math.Abs( b ) < epsilon )
    {
        if(  Math.Abs( c ) < epsilon )
            ErgTyp = 0;
        else
            ErgTyp = 1;
    }
    else
    {
        x1 = -c/b ;
        ErgTyp = 2;
    }
}
else
{
    d = b * b - 4 * a * c ;
    if( d > epsilon )
    {
        x1 = ( -b + Math.Sqrt( d ) ) / ( 2 * a ) ;
        x2 = ( -b - Math.Sqrt( d ) ) / ( 2 * a ) ;
        ErgTyp = 3;
    }
    if(  Math.Abs(d) < epsilon )
    {
        x1 = -b/(2*a);
        ErgTyp = 4;
    }
    if(d < -epsilon )
    {
        x1 = -b/(2*a) ;
        x2 = Math.Sqrt( -d ) / ( 2*a ) ;
        ErgTyp = 5;
    }
}
// Ausgabe der Ergebnisse
if(ErgTyp==0)
    Console.WriteLine(
 "Jede Zahl x (reell oder komplex) ist Lösung! ");
if(ErgTyp==1)
    Console.WriteLine(
   "Es gibt keine Lösung (reell oder komplex)! ");
if(ErgTyp==2)
```

```
        {
            Console.WriteLine(
                "Einzige Lösung x = " + x1) ;
            Console.WriteLine(
                "Kontrolle: {0}", a*x1*x1 + b*x1 + c);
        }
        if(ErgTyp==3)
        {
            Console.WriteLine(
    "Es gibt zwei reelle Lösungen der Vielfachheit 1 : \n" +
                "x1 = " + x1 + "\nx2 = " + x2)   ;
            Console.WriteLine(
                "Kontrolle x1: {0}", a*x1*x1 + b*x1 + c);
            Console.WriteLine(
                "Kontrolle x2: {0}", a*x2*x2 + b*x2 + c);
        }
        if(ErgTyp==4)
        {
            Console.WriteLine(
    "Es gibt eine reelle Lösung der Vielfachheit 2 : \n" +
                "x1 = " + x1) ;
            Console.Write(
                "Kontrolle x1: {0}", a*x1*x1 + b*x1 + c);
        }
        if(ErgTyp==5)
            Console.WriteLine(
                "Es gibt 2 konjugiert kompl. Lösungen : \n" +
                "x1 = " + x1 + " + j " + Math.Abs(x2) +
                "\nx2 = " + x1 + " - j " + Math.Abs(x2)) ;
        if(ErgTyp==9)
            Console.WriteLine("Fehler");
        Console.Read();


        }
    }
}
```

16.4.3   Kapitel 5

```
using System;


class Einlesen
```

```
{

    static void Main(string[] args)
    {
      string Eingabe;
      double Zahl;
      bool blErfolg = false;

      do
      {
          Console.WriteLine("Bitte eine Gleitkommazahl: ");
          Eingabe = Console.ReadLine();
          try
          {
              Zahl = Convert.ToDouble(Eingabe);
              blErfolg = true;
              Console.WriteLine(
                "Die Eingabe {0} wurde umgewandelt in {1}",
                Eingabe, Zahl);
          }
          catch(FormatException e)
          {
              Console.WriteLine(
          "Die Eingabe {0} konnte nicht umgewandelt werden",
                Eingabe);
          }
      }while(blErfolg == false);


      Console.Read();
    }
}
```

16.4.4   Kapitel 6

Übung 1, 2:

```
using System;

class KomplexFunktionen
```

```
{
    static void Main(string[] args)
    {
        double dblRe, dblIm;
        double dblBetrag, dblWinkel;

        for(double d=0.0; d<=2*Math.PI; d=d+Math.PI/4)
        {
            dblBetrag = Betrag(4*Math.Cos(d), 4*Math.Sin(d));
            dblWinkel = Winkel(4*Math.Cos(d), 4*Math.Sin(d));
            Console.WriteLine("Betrag: {0} Winkel: {1}",
                dblBetrag, dblWinkel);

        }
        Console.Read();

    }
    static double Betrag(double Re, double Im)
    {
        double Be;
        Be = Math.Sqrt(Re * Re + Im * Im);
        return Be;
    }

    static double Winkel(double Re, double Im)
    {

        double Wi = 0.0;
        if (Re > 0.0)
            Wi = 180.0 / Math.PI * Math.Atan(Im / Re);

        if (Re < 0.0)
            Wi = 180.0 / Math.PI * Math.Atan(Im / Re) + 180.0;

        if (Re == 0)
            if (Im < 0)
                Wi = -90.0;
            else
                Wi = 90.0;

        return Wi;
    }
}
```

Übung 3:

```
using System;


class Schaltung
{

    static void Main()
    {
        double R1=30, R2=10, R3=20, R4=20, R5=10;
        double U1=20;
        double Rges = BerechneGesamtwiderstand(
            R1, R2, R3, R4, R5);
        double Iges = BerechneStrom(Rges, U1);
        double SpgKn1 = BerechneSpgKn1(U1, Iges, R1);
        double SpgKn2 = BerechneSpgKn2(SpgKn1, Iges, R2);
        double SpgKn3 = BerechneSpgKn3(SpgKn2, R4, R5);
        Console.WriteLine("Spg. Knoten1: " + SpgKn1 +
            " V\nSpg. Knoten2: " + SpgKn2 +
            " V\nSpg. Knoten3: " + SpgKn3 + " V");
        Console.Read();
    }

    static double BerechneGesamtwiderstand(
            double R1, double R2,
            double R3, double R4, double R5)
    {
        double Rges;
        Rges = 1 / (1 / (R4+R5) + 1/R3) + R1 + R2;
        return Rges;
    }

    static double BerechneStrom(double Rges, double U1)
    {
        double Iges = U1 / Rges;
        return Iges;
    }

    static double BerechneSpgKn1(
            double U1, double Iges, double R1)
    {
        double SpgKn1 = U1 - Iges*R1;
```

```
      return SpgKn1;
   }

   static double BerechneSpgKn2(
      double SpgKn1, double Iges, double R2)
   {

      double SpgKn2 = SpgKn1 - Iges*R2;
      return SpgKn2;
   }

   static double BerechneSpgKn3(
      double SpgKn2, double R4, double R5)
   {

      double SpgKn3 = SpgKn2 * R5 / (R4+R5);
      return SpgKn3;
   }
}
```

16.4.5   Kapitel 7

Die Abbildung 30 muss noch um eine ideale Stromquelle ergänzt werden, die ebenfalls aus CZweipol abgeleitet wird. Die reale Stromquelle enthält die ideale Stromquelle und einen zusätzlichen parallelen Widerstand.

übrige Kapitel:

Aus Platzgründen können die übrigen Lösungen hier nicht abgedruckt werden. Sie sind jedoch online auf der Homepage des Verlags zu finden.

16.5   Index